ACCESO GRATIS ***a la Lectura en la Nube***

Para visualizar el libro electrónico en la nube de lectura envíe junto a su nombre y apellidos una fotografía del código de barras situado en la contraportada del libro y otra del ticket de compra a la dirección:

ebooktirant@tirant.com

En un máximo de 72 horas laborales le enviaremos el código de acceso con sus instrucciones.

La visualización del libro en **NUBE DE LECTURA** excluye los usos bibliotecarios y públicos que puedan poner el archivo electrónico a disposición de una comunidad de lectores. Se permite tan solo un uso individual y privado

LA TRATA DE SERES HUMANOS. GUÍA ACADÉMICA MULTIDISCIPLINAR PARA SU VISIBILIZACIÓN

COMITÉ CIENTÍFICO DE LA EDITORIAL TIRANT LO BLANCH

Procedimiento de selección de originales, ver página web:
www.tirant.net/index.php/editorial/procedimiento-de-seleccion-de-originales

LA TRATA DE SERES HUMANOS. GUÍA ACADÉMICA MULTIDISCIPLINAR PARA SU VISIBILIZACIÓN

Miriam Salvador García
Elvira C. Cabrera Rodríguez
Dirección

tirant lo blanch
Valencia, 2025

En caso de erratas y actualizaciones, la Editorial Tirant lo Blanch publicará la pertinente corrección en la página web www.tirant.com.

EDITA: TIRANT LO BLANCH
C/ Artes Gráficas, 14 - 46010 - Valencia
TELFS.: 96/361 00 48 - 50
FAX: 96/369 41 51
Email: tlb@tirant.com
www.tirant.com
Librería virtual: www.tirant.es
DEPÓSITO LEGAL: V-4876-2025
ISBN: 979-13-7021-533-0
MAQUETA: Disset Ediciones

Si tiene alguna queja o sugerencia, envíenos un mail a: *atencioncliente@tirant.com*. En caso de no ser atendida su sugerencia, por favor, lea en *www.tirant.net/index.php/empresa/politicas-de-empresa* nuestro procedimiento de quejas.

Responsabilidad Social Corporativa: http://www.tirant.net/Docs/RSCTirant.pdf

A todas las víctimas de trata de seres humanos, con la esperanza de que la verdad, la justicia y la dignidad prevalezcan siempre.

Sostengo que cuanto más indefensa es una criatura, más derechos tiene a ser protegida por el hombre contra la crueldad del hombre.

Mahatma Gandhi

Índice

Prólogo

Según el *Resumen ejecutivo anual de trata y explotación de seres humanos 2024*, elaborado por el Centro de Inteligencia contra el Terrorismo y el Crimen Organizado (CITCO), adscrito a la Secretaría de Estado de Seguridad del Ministerio del Interior, la Policía Nacional y la Guardia Civil liberaron en dicho año a 1.794 víctimas de redes de trata y de explotación sexual o laboral, incluyendo 32 menores. Ello supuso la detención de 966 personas y la desarticulación de 110 organizaciones y grupos criminales. En un campo con una altísima victimización oculta, sabemos que estos datos son la punta del iceberg. En todo caso, cada una de esas personas cuenta, no como un número más, sino como un ser sufriente al que debemos una respuesta acorde con el derecho victimal, profundamente enraizado en los derechos humanos universales, más allá de lo meramente simbólico.

La obra de doce capítulos que el/la lector/a tiene en sus manos constituye una contribución fundamental y original al conocimiento victimológico, definido por su carácter interdisciplinar y aplicado. Precisamente, asistimos al cuarenta aniversario de la *Declaración de principios fundamentales de justicia para las víctimas de delitos y del abuso de poder*, aprobada el 29 noviembre 1985 por la Asamblea General, en su resolución 40/34, y en cuya creación tuvo un gran papel la Sociedad Mundial de Victimología.

No se nos escapa que las víctimas de trata, en esa mitad de la década de los ochenta, no tenían el protagonismo que ostentan en la actualidad, al menos en el plano legislativo. Lo cierto es que una mirada histórica sobre la evolución normativa de los derechos de las víctimas nos hace concluir que hay víctimas más visibles que otras, como el título del libro nos sugiere. El término "victimidad" se refiere precisamente al reconocimiento social y legal de la condición de víctima, donde median una serie de factores que hacen que dicho reconocimiento se encuentre desigualmente repartido, tanto en el plano normativo como aplicado. Es aquí donde entra en juego el concepto de Nils Christie, manejado inconscientemente en ocasiones, pero siempre presente, de "víctima ideal". Lo cierto es que muchas víctimas de trata, con gran protagonismo de las mujeres, siguen sin ser víctimas ideales o merecedoras de reconocimiento en el imaginario de diferentes colectivos sociales y profesionales. Por ejemplo, existen víctimas de trata que ostentan el doble rol de víctima y ofensora, lo que se conoce como solapamiento victimal, sin perjuicio, en su caso, de la aplicación del principio de no punición, un instrumento único para este tipo de victimización.

En la actualidad, contamos con textos jurídicos vinculantes, tanto a escala internacional, europea como interna, sobre los derechos de las víctimas de trata. Sin embargo, las evaluaciones externas e investigaciones empíricas sobre la realización de dichos derechos arrojan un panorama muy poco satisfactorio, tal y como vienen recalcando, entre otros, los informes del Grupo de Expertos en lucha contra la trata de seres humanos del Consejo de Europa (GRETA). En particular, en su último informe, se destacan las dificultades para identificar a las víctimas, en concreto cuando son menores y la trata se ha facilitado por internet, así como la aplicación deficiente y diversa del principio, ya mencionado, de no punición. Además, de señalar el aumento de la explotación laboral y la necesidad de contar con inspecciones laborales más adecuadas, el GRETA subraya la necesidad de reforzar los sistemas de protección de la infancia y de integrar las medidas contra la trata de personas en las respuestas humanitarias. Por su parte, la Agencia de la Unión Europea de Derechos Fundamentales reitera la necesidad de un enfoque integrado y ha publicado diversos manuales y recomendaciones para profesionales con el objetivo de proteger los derechos de las víctimas de trata con diferentes fines.

En definitiva, queda mucho por hacer. Por todo ello, cabe reiterar que este Manual, dirigido por las Profesoras Elvira C. Cabrera Rodríguez y Miriam Salvador García, con un elenco muy destacable de autores, constituye una obra imprescindible para entender los alcances logrados sobre una realidad compleja y multidisciplinar. Dichos avances solo podrán llevarse a la práctica mediante una integración coordinada que disminuya la brecha existente entre los derechos en el texto y los derechos en acción, considerando las particularidades de cada forma de victimización.

Sin duda, esta obra favorece dicha integración desde un enfoque interdisciplinar e interprofesional de los derechos humanos que permite llevar a cabo pasos concretos para aminorar la victimización primaria y secundaria en contextos de trata. Dicha aminoración constituye una obligación institucional, pero también una tarea social con implicación de los medios y de la opinión pública, tal y como queda reflejado en estas páginas, tan interesantes como interpeladoras, y que nos dirigen hacia políticas y acciones públicas y mediáticas que no produzcan más daño a las víctimas y a la propia sociedad global o, si se quiere, "glocalizada", donde las injusticias estatales y mundiales se trasladan a experiencias locales. Este Manual nos invita a pensar y actuar desde todos estos estos prismas.

Gema Varona Martínez
Directora del Instituto Vasco de Criminología (Universidad del País Vasco)
Presidenta de la Sociedad Mundial de Victimología

Capítulo I

La trata de seres humanos: un atentado contra los derechos humanos

MIRIAM SALVADOR GARCÍA
Universidad Camilo José Cela
Orcid: https://orcid.org/0000-0002-6686-5256

1. INTRODUCCIÓN

La trata de seres humanos es un fenómeno global y complejo que afecta a millones de personas en todo el mundo. Según el Protocolo de Palermo, la trata se define como el reclutamiento, transporte, transferencia, acogida o recepción de personas mediante amenaza, uso de la fuerza u otras formas de coacción, con fines de explotación (Naciones Unidas, 2000). Esta práctica constituye una violación grave de los derechos humanos y es considerada una forma moderna de esclavitud. El fenómeno de la trata puede adoptar diversas formas, incluyendo la explotación sexual, el trabajo forzado, la servidumbre doméstica y la extracción de órganos, entre otras.

Las cifras de la trata de seres humanos son alarmantes. Según el Informe Global sobre la Trata de Personas, publicado en 2024 por la Oficina de las Naciones Unidas contra la Droga y el Delito (UNODC), miles de personas, la mayoría mujeres y niños, son víctimas de trata cada año. Las causas subyacentes son la pobreza, la desigualdad de género, la falta de oportunidades educativas y laborales, y los conflictos armados, que crean un terreno fértil para que los tratantes se aprovechen de las vulnerabilidades de las personas.

Por ello, este fenómeno representa una grave violación de los derechos humanos, y los marcos jurídicos actuales son insuficientes para proteger la dignidad y los derechos de las víctimas.

Este capítulo analiza la trata desde una perspectiva de derechos humanos, con tres objetivos: proporcionar una visión general de su magnitud y diversidad; evaluar la efectividad de las políticas internacionales y nacionales; y, por último, destacar la importancia de un enfoque multidisciplinar que involucre a profesionales, académicos, ONG y universidades.

Abordar la trata de seres humanos desde el punto de vista de los derechos humanos es fundamental, ya que pone en el centro del debate la dignidad, libertad e igualdad de las víctimas. Este enfoque reconoce a las personas afectadas como titulares de derechos, en lugar de meros objetos de intervención. Implica no solo la persecución de los tratantes, sino también la protección y asistencia adecuadas a las víctimas para garantizar su recuperación y reintegración social.

La perspectiva de los derechos humanos pone de manifiesto la necesidad de estrategias integrales que aborden las causas estructurales de la trata, como la pobreza y la discriminación, y promueve la participación de las víctimas en la formulación de políticas y programas de intervención. Al adoptar este enfoque, los Estados y las organizaciones de la sociedad civil pueden desarrollar respuestas más eficaces y sostenibles para erradicar la trata de seres humanos.

2. DEFINICIÓN Y CONCEPTUALIZACIÓN DE LA TRATA DE SERES HUMANOS

La trata de seres humanos se define en el artículo 3 del Protocolo de Palermo como "la captación, el transporte, el traslado, la acogida o la recepción de personas, recurriendo a la amenaza o al uso de la fuerza u otras formas de coacción, al rapto, al fraude, al engaño, al abuso de poder o de una situación de vulnerabilidad, o a la concesión o recepción de pagos o beneficios para obtener el consentimiento de una persona que tenga autoridad sobre otra, con fines de explotación". La explotación incluye, al menos, la explotación de la prostitución ajena, trabajos o servicios forzados, esclavitud o prácticas análogas, servidumbre o la extracción de órganos (Naciones Unidas, 2000).

Nos encontramos ante un fenómeno que comprende tres elementos: en primer lugar, una serie de acciones relacionadas con el movimiento de personas, que permiten identificar a distintos actores dentro de un sistema complejo (captación, transporte, traslado, acogida o recepción); en segundo lugar, el recurso a mecanismos que implican coacción y/o el abuso de poder, que limitan la libertad de elección (amenaza o uso de la fuerza u otras formas de coacción, rapto, fraude, engaño, abuso de poder o de una situación de vulnerabilidad, o la concesión o recepción de pagos o beneficios para obtener el consentimiento de una persona que tenga autoridad sobre otra); y en tercer lugar, el "propósito de explotación". A continuación, indica que "esa explotación incluirá, como mínimo, la explotación de la prostitución ajena u otras formas de explotación sexual, los trabajos o servicios forzados, la esclavitud o las prácticas análogas a la esclavitud, la servidumbre o la extracción de órganos" (análisis de la definición en: Pérez Alonso 2008, 173-188; Gallagher 2010, 25-42; y de manera general, en: Rodríguez López 2016).

Según el Informe Global sobre la Trata de Personas 2024 de la Oficina de las Naciones Unidas contra la Droga y el Delito (UNODC), más de 50.000 víctimas fueron detectadas y reportadas por países de todo el mundo en 2020. Sin embargo, la ONU estima que la cifra real es mucho mayor, ya que muchas víctimas nunca llegan a ser identificadas (UNODC, 2024).

La trata de personas adopta múltiples formas, entre las que destacan:

- Explotación sexual: Es la modalidad más frecuente a nivel global, representando el 50% de los casos detectados. Afecta principalmente a mujeres y niñas (UNODC, 2023).
- Trabajo forzado: Las víctimas, predominantemente hombres y niños, son obligadas a trabajar en condiciones de explotación en sectores como agricultura, minería, construcción y servicio doméstico.
- Mendicidad forzada: Implica la utilización de personas, especialmente menores, para pedir limosna en beneficio de los tratantes.
- Extracción de órganos: Aunque menos común, es una modalidad particularmente grave y difícil de detectar.
- Otras formas: Incluyen matrimonios forzados, explotación en actividades delictivas y adopciones ilegales (UNODC, 2023).

Aunque suelen confundirse, existen diferencias notables entre la trata de personas y el delito de tráfico de migrantes que resumimos a continuación en la siguiente Tabla:

	Trata de Personas	**Tráfico de Migrantes**
Objetivo	Explotación (sexual, laboral, etc.)	Cruce ilegal de fronteras por lucro
Consentimiento	No existe o está viciado (por engaño/coacción)	El migrante consiente el cruce
Frontera	Puede ser interna o transnacional	Siempre transnacional
Relación	Control y explotación continua	Finaliza tras el cruce

Fuente: Naciones Unidas (2000), UNODC (2024)

En algunos casos, el tráfico de migrantes deriva en trata, como cuando los migrantes son explotados en el país de destino (Murillo Soriano et al., 2024).

3. FACTORES QUE CONTRIBUYEN A LA TRATA DE SERES HUMANOS

Los estudios recientes identifican diversos factores que contribuyen a la persistencia de la trata de seres humanos. Entre los principales factores destacan:

1. Vulnerabilidad Socioeconómica y de Género: las mujeres y niñas, que constituyen el 71% de las víctimas, son especialmente vulnerables debido a la pobreza y la desigualdad de género (Lerma, 2019; UNODC, 2024).
2. Deficiencias en los Marcos Legales e Institucionales: Existen brechas en la identificación y asistencia a víctimas (Alonso García, 2020). En España, la falta de protocolos unificados dificulta la detección temprana (Rodríguez, 2021).
3. Sesgos Institucionales: las instituciones priorizan la explotación sexual, descuidando otras formas de trata, como el trabajo forzado (Rodrigues, 2019).
4. Factores Estructurales: se identifican varios elementos estructurales que facilitan la trata, entre ellos destacamos los siguientes:
   - La invisibilidad del fenómeno y ambigüedades legales (Rodrigues, 2019).
   - La falta de coordinación entre agencias y países (Murillo Soriano et al., 2024).
   - La ausencia de un enfoque holístico en contextos de conflicto (Garbellini Filho, 2024).
5. Deficiencias en la Protección de Derechos: la falta de un enfoque centrado en la víctima y la victimización secundaria perpetúan la vulnerabilidad (Alonso García, 2020). La escasa capacitación de profesionales en salud y educación limita la identificación de víctimas (Greenbaum et al., 2023).

4. LA TRATA DE SERES HUMANOS COMO VIOLACIÓN DE LOS DERECHOS HUMANOS

La trata de seres humanos representa una de las violaciones más graves de los derechos humanos en la actualidad, constituyendo un atentado directo contra la dignidad y los derechos fundamentales de las personas. Numerosos estudios identifican múltiples dimensiones de esta vulnerabilidad.

La trata atenta contra diversos derechos fundamentales protegidos por convenios internacionales y la mayoría de los textos constitucionales:

1. Dignidad Humana: constituye el derecho fundamental más severamente vulnerado, siendo considerado intangible y superior a la voluntad personal en condiciones de explotación (Zúñiga Rodríguez, 2018). La dignidad humana ha sido también reconocida, a nivel constitucional, como un principio fundamental[1]. La protección de la dignidad debe priorizarse especialmente en situaciones de vulnerabilidad objetiva (Rodrigues, 2019).

2. Libertad y Autonomía: se vulnera el derecho a la autodeterminación y la libertad de movimiento, derechos reconocidos en todos los textos constitucionales. Las víctimas frecuentemente se encuentran en situaciones donde su autonomía está comprometida debido a condiciones de necesidad o vulnerabilidad (Rodrigues, 2019).

Por otro lado, el impacto de la trata en las víctimas es profundo y multidimensional, destacando las siguientes manifestaciones:

a) Impacto Físico y Psicológico:

- Las víctimas sufren graves consecuencias que requieren atención especializada, incluyendo apoyo psicológico profesional (García, 2020).
- La investigación señala la necesidad de servicios diferenciados según el género y tipo de explotación sufrida (Lerma, 2019).

b) Impacto Social:

- Las víctimas enfrentan riesgos de victimización secundaria en los procesos de identificación y asistencia (García, 2020).

---

[1] la Constitución española, en su artículo 10.1, sostiene que "La dignidad de la persona, los derechos inviolables que le son inherentes, el libre desarrollo de la personalidad, el respeto a la ley y a los derechos de los demás son fundamento del orden político y de la paz social".

- El estigma social y la marginación complican su recuperación y reintegración.

Gran parte de la doctrina identifica patrones claros de vulnerabilidad entre los que destaca el colectivo de mujeres y niñas, que constituyen el 61% de las víctimas de trata (UNODC, 2024) quienes enfrentan formas específicas de explotación y violencia de género. Por otro lado, los migrantes y las personas en situación de precariedad, constituyen el segundo grupo de especial vulnerabilidad debido a su situación administrativa y económica (Murillo Soriano et al., 2024). En este caso, la vinculación entre asistencia a víctimas y leyes de inmigración agrava su vulnerabilidad.

En cuanto a la respuesta institucional y la protección, numerosos estudios señalan deficiencias significativas en el marco legal, donde se advierte la necesidad de un enfoque holístico que priorice la protección integral de las víctimas (Garbellini Filho, 2024).

En este sentido, dada la complejidad del fenómeno es fundamental implementar leyes integrales que aborden todas las formas de explotación (García, 2020).

En cuanto a las medidas de protección se recomienda un enfoque multidisciplinar que incluya prevención, protección y persecución del delito (Murillo Soriano et al., 2024). Es crucial desvincular la asistencia a las víctimas de su estatus migratorio.

En suma, los principales desafíos identificados en el sistema de protección internacional incluyen sesgos institucionales, como el enfoque limitado principalmente a la explotación sexual, descuidando otras formas de trata.

Por otro lado, las políticas contradictorias complican la protección efectiva de las víctimas (Zúñiga Rodríguez, 2018).

En este sentido, destacamos la importancia de reforzar la coordinación y cooperación entre gobiernos, organizaciones e instituciones internacionales (Murillo Soriano et al., 2024). Es necesario un sistema coordinado y eficiente para el registro y protección de víctimas. Las fuentes de información que en España registran datos oficiales sobre el fenómeno de la trata, vienen establecidas por el Ministerio del Interior, a través del Centro de Inteligencia contra el Crimen Organizado (CICO) que cuenta con una base de datos específica para la recogida de datos sobre el fenómeno y que se ha ido adaptando en la actualidad al Sistema de Gestión de Datos sobre Trata de Seres Humanos (BDTRATA), para poder incorporar no sólo los datos depurados y analizados que se han tenido disponibles hasta el momento sobre la trata de seres humanos con fines de explotación sexual, sino añadir otros tipos de trata que se registren de las actuaciones de las Fuerzas y Cuerpos de Seguridad del Estado (Ministerio del Interior, 2023).

5. MARCO JURÍDICO INTERNACIONAL Y NACIONAL

El marco jurídico para combatir la trata de seres humanos se ha desarrollado significativamente en las últimas décadas, estableciendo un entramado normativo multinivel que abarca instrumentos internacionales, regionales y nacionales, en materia de prevención, persecución penal y protección de las víctimas.

A nivel internacional, el instrumento más relevante es el Protocolo para Prevenir, Reprimir y Sancionar la Trata de Personas, Especialmente Mujeres y Niños, adoptado el 15 de noviembre de 2000, conocido como Protocolo de Palermo. Este protocolo complementa la Convención de las Naciones Unidas contra la Delincuencia Organizada Transnacional, del que extraemos la definición del fenómeno y en el que destacan las siguientes disposiciones:

- Penalización obligatoria de la trata (Artículo 5).
- Protección y asistencia a víctimas (Artículos 6-8).
- Medidas de prevención y cooperación internacional (Artículos 9-13).

El marco internacional se complementa con otros Instrumentos de las Naciones Unidas que refuerzan la protección jurídica:

- Convención contra la Delincuencia Organizada Transnacional (2000).
- Convención sobre los Derechos del Niño y su Protocolo Facultativo.
- Convenios de la OIT sobre trabajo forzoso.
- Convención sobre la Eliminación de todas las Formas de Discriminación contra la Mujer.

Los instrumentos internacionales establecen mecanismos de cooperación que incluyen:

- Asistencia judicial recíproca.
- Extradición.
- Intercambio de información.
- Asistencia técnica y capacitación.

En el ámbito europeo, el marco normativo se ha fortalecido significativamente a través de diversos instrumentos. La Directiva 2011/36/UE sobre prevención y lucha contra la trata de seres humanos y protección de las víctimas, complementado por el Convenio del Consejo de Europa sobre la Lucha contra la Trata de Seres Humanos del año 2005, constituyen las principales normas regionales. Estos instrumentos han establecido un enfoque integral que prioriza la protección de las víctimas y la prevención del delito, reconociendo la complejidad del fenómeno y la necesidad de respuestas coordinadas entre los Estados miembros.

Entre las principales disposiciones de la Directiva destacan:

- Armonización de definiciones y sanciones penales
- Establecimiento de penas mínimas (mínimo 5 años de prisión)
- Responsabilidad de personas jurídicas
- Medidas de protección y asistencia a víctimas

La Directiva fue enmendada en 2022 para fortalecer la protección de víctimas y mejorar la cooperación judicial.

Asimismo, la UE ha desarrollado estrategias específicas para combatir este fenómeno, Nos referimos a:

- Estrategia de la UE contra la Trata (2021-2025)
- Estrategia de Seguridad de la Unión (2020)
- Directiva 2012/29/UE sobre derechos de las víctimas

Por otro lado, el marco europeo incluye mecanismos de implementación entre los que destacamos los siguientes:

- Coordinador de la UE contra la Trata
- Eurostat para recopilación de datos
- Eurojust y Europol para cooperación judicial y policial
- Programas de financiación específicos

Por su parte, el Convenio del Consejo de Europa establece un enfoque centrado en los derechos humanos, un mecanismo de monitoreo independiente y el principio de no sanción a las víctimas. Entre las disposiciones clave de esta norma destacamos:

- Identificación y protección de víctimas
- Período de reflexión y recuperación
- Permiso de residencia para víctimas

En España, la evolución del marco jurídico refleja un progresivo reconocimiento de la gravedad del fenómeno y la necesidad de protección integral de las víctimas. La legislación española actual incorpora medidas específicas para la identificación y asistencia a las víctimas.

El marco normativo en España en materia de trata de seres humanos se recoge principalmente en el Código Penal, que tipifica y sanciona esta actividad delictiva. La Ley Orgánica 10/2022, de 6 de septiembre, de Garantía Integral de la Libertad Sexual, refuerza y actualiza las disposiciones existentes, alineándose con los estándares internacionales y europeos.

En concreto, el artículo 177 del Código Penal tipifica la trata de seres humanos, incluyendo la captación, transporte, traslado, acogida o recepción de personas mediante amenazas, coacción, engaño o abuso de poder, con fines de explotación sexual, laboral, o para la mendicidad, entre otros. Las penas pueden variar desde prisión hasta multas, dependiendo de la gravedad y las circunstancias del delito[2].

Además, la normativa contempla medidas específicas para la protección de las víctimas, incluyendo la asistencia integral y la protección de sus derechos, en línea con los compromisos internacionales asumidos por España, como el Convenio de Varsovia y las directivas europeas.

La Ley Orgánica 10/2022 también establece medidas para la prevención, detección y persecución de la trata, así como protocolos de actuación para los diferentes ámbitos públicos y privados, reforzando la coordinación interinstitucional y la protección social de las víctimas.

El análisis de la situación en España revela que la trata de personas y la explotación sexual afectan principalmente a mujeres y niñas, con nacionalidades como rumana, colombiana y española, predominantemente y edades comprendidas entre 33 y 37 años. La mayoría de los delincuentes son hombres, aunque también hay participación femenina. La detección y reconocimiento de las víctimas sigue siendo un desafío debido a la falta de mecanismos efectivos y datos precisos, especialmente en casos de menores y mujeres migrantes en situación irregular. Para abordar esta problemática, se están implementando diversos planes y estrategias, como el Plan Cami-

---

2 STS 396/2019, de 24 de julio: condena por trata de seres humanos con fines de explotación sexual, reconociendo la situación de vulnerabilidad de las víctimas y la coacción ejercida por los tratantes.

no (2022-2026)[3], que busca proteger los derechos de las víctimas, reducir la demanda, mejorar la detección, garantizar la autonomía económica y habitacional, y facilitar el acceso a salud y regularización documental. Además, se promueven acciones de sensibilización, formación del personal, creación de centros especializados y coordinación interinstitucional. La inversión en estas acciones es significativa, con un enfoque en la atención integral, la protección de menores y la lucha contra la explotación sexual, en un contexto donde la trata es una actividad criminal altamente rentable. La participación de diferentes ministerios y organizaciones civiles, junto con mecanismos de seguimiento y evaluación, son clave para la implementación efectiva de estos planes y la protección de las víctimas.

La evolución del marco jurídico también refleja un creciente reconocimiento de la necesidad de adoptar un enfoque basado en derechos humanos y sensible al género.

Los estudios más recientes siguen insistiendo en la importancia de fortalecer la cooperación internacional y la coordinación entre gobiernos, organizaciones e instituciones (Murillo Soriano et al., 2024). Esta cooperación resulta especialmente relevante dado el carácter transnacional del delito y la necesidad de respuestas coordinadas para su prevención y persecución. El marco jurídico actual reconoce esta dimensión transnacional y establece mecanismos de cooperación, aunque su implementación efectiva sigue siendo un desafío significativo.

6. PREVENCIÓN Y LUCHA CONTRA LA TRATA DE SERES HUMANOS

La prevención y lucha contra la trata de seres humanos debe fundamentarse en un enfoque integral basado en los derechos humanos, reconociendo que este fenómeno constituye una de las violaciones más graves de la dignidad y los derechos fundamentales de las personas. La investigación contemporánea enfatiza que cualquier estrategia de prevención efectiva debe partir del reconocimiento de la dignidad inherente de cada individuo y su derecho inalienable a la libertad y la seguridad (Zúñiga Rodríguez, 2018). Este enfoque basado en derechos humanos resulta especialmente relevante considerando que la trata afecta desproporcionadamente

[3] Plan Operativo para la Protección de los Derechos Humanos de mujeres y niñas víctimas de trata, explotación sexual y mujeres en contextos de prostitución (2022-2026) "Plan Camino".

a grupos vulnerables, con estudios que indican que el 61% de las víctimas son mujeres y niñas (UNODC, 2024).

Las estrategias de prevención deben trascender el enfoque meramente punitivo para abordar las causas estructurales que facilitan la vulneración de derechos humanos. La investigación señala la importancia crucial de desarrollar programas educativos y de sensibilización que promuevan el respeto por los derechos fundamentales y aumenten la conciencia social sobre esta problemática (Murillo Soriano et al., 2024). Estas iniciativas deben complementarse con medidas que fortalezcan la protección de los derechos de los grupos más vulnerables, incluyendo migrantes y personas en situación de precariedad económica, cuya vulnerabilidad se ve frecuentemente exacerbada por políticas migratorias restrictivas.

El papel de las organizaciones no gubernamentales y entidades del tercer sector resulta fundamental en la protección de los derechos humanos de las víctimas. Estas organizaciones no solo proporcionan asistencia directa, sino que también desempeñan un rol crucial en la identificación de violaciones de derechos y en la promoción de cambios estructurales. Su trabajo se ve fortalecido cuando existe una coordinación efectiva con instituciones públicas y otros actores relevantes, permitiendo un abordaje integral que prioriza la protección de los derechos fundamentales de las víctimas.

Por otro lado, la protección efectiva de los derechos humanos requiere un sistema coordinado de prevención y asistencia que trascienda las fronteras nacionales. Los estudios más recientes destacan la importancia de establecer mecanismos de cooperación internacional que permitan una respuesta coordinada y efectiva frente a las violaciones de derechos humanos asociadas a la trata (Murillo Soriano et al., 2024). Esta cooperación debe materializarse en acciones concretas que fortalezcan la prevención y la protección de los derechos fundamentales de las víctimas, incluyendo su derecho a la dignidad, la libertad y la seguridad personal.

Un aspecto crucial en la prevención desde un enfoque de derechos humanos es la necesidad de garantizar que las medidas de identificación y asistencia a víctimas sean sensibles a sus necesidades específicas y respeten su dignidad. La investigación recomienda la participación de profesionales especializados, incluyendo psicólogos y representantes de asociaciones especializadas, que puedan asegurar un tratamiento respetuoso y evitar la victimización secundaria (Alonso García, 2020). Este enfoque centrado en la víctima debe priorizar la protección de sus derechos fundamentales por encima de otras consideraciones, como el control migratorio o la persecución del delito (Zúñiga Rodríguez, 2018).

La efectividad de las estrategias de prevención basadas en derechos humanos requiere también abordar las contradicciones y limitaciones de los marcos institucionales existentes. Los estudios señalan la importancia de desvincular la asistencia a víctimas de su situación migratoria y de establecer sistemas multiagenciales que permitan una mejor coordinación en la protección de derechos. Estas medidas deben complementarse con esfuerzos sostenidos para combatir la impunidad y asegurar el acceso efectivo a la justicia para todas las víctimas.

Los estudios más recientes concluyen que el éxito en la prevención y lucha contra la trata requiere un compromiso sostenido con la protección de los derechos humanos, materializado en recursos adecuados y medidas concretas que aborden tanto las causas inmediatas como las estructurales de este fenómeno (Murillo Soriano et al., 2024). Este compromiso debe reflejarse en la implementación de políticas y programas que prioricen la dignidad y los derechos fundamentales de las personas, especialmente aquellas en situación de mayor vulnerabilidad.

Para ilustrar esto de manera práctica y accesible para estudiantes, consideremos cómo la prevención puede integrarse en contextos cotidianos como campañas de sensibilización en redes sociales o talleres educativos que expliquen cómo identificar señales de trata, fomentando una sociedad más vigilante y empática.

7. EL ROL DE LOS PROFESIONALES DEL DERECHO, LA CRIMINOLOGÍA Y LAS RELACIONES INTERNACIONALES

La complejidad del fenómeno de la trata de seres humanos requiere la participación activa y coordinada de profesionales de diversas disciplinas como el derecho, la criminología y las relaciones internacionales, que posean una formación específica y actualizada en esta materia. Esta especialización resulta crucial para abordar efectivamente las múltiples dimensiones del fenómeno y proporcionar una respuesta integral a las necesidades de las víctimas.

Los profesionales del derecho desempeñan un papel fundamental en la interpretación y aplicación de los marcos normativos. Es fundamental disponer de la capacidad para comprender y abordar las complejidades legales específicas de la trata, especialmente en casos que involucran elementos transnacionales (Fernando Gonzalo, 2019). Los juristas deben estar preparados para navegar las intersecciones entre diferentes marcos legales, incluyendo el derecho penal, migratorio y de protección internacional.

En el ámbito de la criminología, los profesionales contribuyen significativamente al desarrollo de estrategias de prevención y detección efectivas. Diferentes estudios destacan la importancia de su papel en la identificación de patrones delictivos y en el desarrollo de metodologías de investigación que permitan una mejor comprensión del fenómeno (Alonso García, 2020). La experiencia de estos profesionales resulta particularmente valiosa en el diseño de protocolos de identificación y asistencia a víctimas que eviten la victimización secundaria.

Por su parte, los especialistas en relaciones internacionales aportan una perspectiva crucial para comprender y abordar la dimensión transnacional de la trata. Su conocimiento resulta fundamental para fortalecer los mecanismos de cooperación internacional y desarrollar respuestas coordinadas efectivas (Murillo Soriano et al., 2024). Estos profesionales facilitan la comprensión de las dinámicas globales que influyen en el fenómeno y contribuyen al desarrollo de estrategias de prevención más efectivas.

La formación continua y la sensibilización de estos profesionales constituye un elemento crítico para mejorar la respuesta institucional frente a la trata. Los estudios señalan la necesidad de desarrollar programas de capacitación específicos que aborden no solo los aspectos técnicos de su labor, sino también la dimensión humana y las necesidades específicas de las víctimas. Esta formación debe incluir aspectos relacionados con la perspectiva de género y la atención a grupos especialmente vulnerables.

La colaboración interdisciplinaria emerge como un elemento fundamental para el éxito de las intervenciones profesionales. Para ello es necesario crear equipos multidisciplinares que permitan abordar de manera integral las diferentes dimensiones del fenómeno (Zúñiga Rodríguez, 2018). Esta colaboración facilita el intercambio de conocimientos y experiencias, enriqueciendo la práctica profesional y mejorando la calidad de la atención proporcionada.

Los desafíos en la práctica profesional son diversos y complejos. Los estudios identifican como principales retos la necesidad de superar barreras institucionales, la falta de recursos adecuados y la dificultad para mantener una coordinación efectiva entre diferentes actores (Alonso García, 2020). Sin embargo, estos desafíos también presentan oportunidades para innovar en las aproximaciones profesionales y desarrollar nuevas metodologías de trabajo.

Numerosos estudios recientes señalan la importancia de que los profesionales adopten un enfoque centrado en los derechos humanos y la dignidad de las víctimas (Rodrigues, 2019). Este enfoque debe guiar todas las intervenciones profesionales, desde la identificación inicial hasta el seguimiento a largo plazo de los casos. Los profesionales deben ser capaces de reconocer y abordar las necesidades específicas de cada víctima, considerando sus circunstancias particulares y su contexto cultural.

Las oportunidades en la práctica profesional se multiplican cuando existe una adecuada coordinación entre diferentes disciplinas y sectores. Asimismo, debemos reconocer el potencial de las nuevas tecnologías y metodologías de trabajo colaborativo para mejorar la efectividad de las intervenciones profesionales (Murillo Soriano et al., 2024). Estas herramientas pueden facilitar la comunicación entre profesionales y mejorar el seguimiento de los casos.

La especialización profesional debe complementarse con una comprensión profunda de las dinámicas sociales y culturales que influyen en el fenómeno de la trata. Los profesionales deben estar preparados para abordar la complejidad de cada caso individual mientras mantienen una perspectiva amplia sobre las causas estructurales del problema (Lerma, 2019). Esta doble perspectiva resulta fundamental para desarrollar intervenciones efectivas que contribuyan tanto a la atención inmediata como a la prevención a largo plazo.

8. ANÁLISIS PRÁCTICO: EVOLUCIÓN JUDICIAL Y FISCAL DEL DELITO DE TRATA DE SERES HUMANOS EN ESPAÑA (2023)

Este apartado tiene como finalidad ofrecer una visión empírica y actualizada del fenómeno de la trata de seres humanos en España, a partir de los datos recogidos por la Fiscalía General del Estado en su memoria anual de 2023. El análisis se centra en la actividad de los fiscales especialistas, la evolución de los procedimientos judiciales, el perfil de las víctimas y tratantes, así como las dificultades probatorias y jurídicas que enfrenta la persecución penal de este delito.

8.1. Incremento de la actividad judicial y fiscal

En 2023 se incoaron un total de 250 procedimientos judiciales por delitos de trata de seres humanos, lo que representa un incremento del 22,5

% respecto al año anterior. Las comunidades autónomas con mayor incidencia fueron Andalucía (52), Madrid (39), Valencia (30) y Cataluña (27). Además, se abrieron 162 diligencias de seguimiento por parte de la Fiscalía, un 29 % más que en 2022.

Este aumento se atribuye a la reactivación de los flujos migratorios tras la pandemia, al incremento de investigaciones policiales y a una mayor coordinación institucional.

8.2. Modalidades delictivas y perfil de las víctimas

La trata con fines de explotación sexual sigue siendo la modalidad más frecuente (72 %), seguida por la trata laboral (25 %). En 2023 se identificaron:

- 543 víctimas de trata sexual, de las cuales el 95,7 % son mujeres, incluyendo 22 personas transexuales.
- 212 víctimas de trata laboral, mayoritariamente hombres.
- Casos aislados de trata para actividades delictivas (10), mendicidad (4) y matrimonios forzados (3).

Las víctimas de trata sexual son predominantemente latinoamericanas (Colombia, República Dominicana, Venezuela, Paraguay), mientras que las de trata laboral proceden de países como Mali, Rumanía, Marruecos y Ucrania.

8.3. Perfil de los tratantes y dificultades probatorias

En los casos de trata sexual, el 56,8 % de los investigados son mujeres, lo que refleja un cambio en el perfil del tratante. Muchos de ellos son familiares o conocidos de las víctimas, lo que dificulta la denuncia y la persecución penal.

Se constata una resistencia judicial a conceder el estatuto de testigo protegido o a autorizar la prueba preconstituida en casos donde las víctimas conocían que iban a ejercer la prostitución, aunque fueran engañadas sobre las condiciones. Esto ha exigido un esfuerzo adicional por parte del Ministerio Fiscal para demostrar que el consentimiento es irrelevante cuando existe explotación.

8.4. Espacios de explotación y nuevas formas delictivas

La explotación sexual se produce mayoritariamente en pisos, chalets y casas particulares, lo que dificulta la investigación por la protección constitucional del domicilio. Además, se ha detectado que muchos de estos espacios funcionan como centros de distribución de drogas, aumentando el control sobre las víctimas.

En cuanto a la trata laboral, se ha identificado su presencia en sectores como el servicio doméstico, agricultura, construcción, restauración y ganadería. La vulnerabilidad de las víctimas, la deficiencia en la tipificación penal y la itinerancia de los trabajadores dificultan la persecución.

8.5. Jurisprudencia relevante y excusa absolutoria

En 2023 se dictaron 29 sentencias en primera instancia por delitos de trata, de las cuales 18 fueron condenatorias. El Tribunal Supremo ha confirmado varias condenas y ha abordado la aplicación de la excusa absolutoria del artículo 177 bis.11 CP en casos donde la víctima participó en delitos como estafa o tráfico de drogas bajo coacción.

Este enfoque jurisprudencial plantea un reto: garantizar que las víctimas no sean penalizadas por actos cometidos bajo explotación, sin que ello derive en impunidad para delitos graves.

8.6. Propuesta de actividad práctica para el aula

Se propone a los estudiantes analizar un caso real extraído de la memoria fiscal, como el de la Sentencia de la Audiencia Provincial de Oviedo SAP 230/2022, y responder a las siguientes cuestiones:

- ¿Qué elementos del tipo penal de trata se acreditan?
- ¿Qué pruebas se valoran como suficientes?
- ¿Qué dificultades enfrenta el tribunal para calificar los hechos?
- ¿Qué medidas de protección se otorgan a la víctima?
- ¿Cómo se aplica la excusa absolutoria en casos de participación delictiva?

Esta actividad permite aplicar los conocimientos teóricos a la práctica judicial, fomentar el análisis crítico y sensibilizar sobre la complejidad del fenómeno desde una perspectiva jurídica y de derechos humanos.

9. CONCLUSIONES

La trata de seres humanos constituye una de las violaciones más graves de los derechos fundamentales en el siglo XXI. A lo largo de este capítulo hemos analizado su complejidad jurídica, su impacto en las víctimas y los desafíos institucionales que plantea. Desde una perspectiva de derechos humanos, es esencial reconocer que las personas afectadas no son meros objetos de protección, sino titulares de derechos que deben ser garantizados por los Estados.

En el plano jurídico, hemos visto cómo el marco internacional, especialmente el Protocolo de Palermo y la Directiva 2011/36/UE, establecen obligaciones claras para prevenir, sancionar y reparar este delito. A nivel nacional, el artículo 177 bis del Código Penal español y la Ley Orgánica 10/2022 refuerzan la protección de las víctimas, aunque persisten retos en su implementación efectiva.

Para los estudiantes de Derecho, Criminología y Relaciones Internacionales, este fenómeno representa un campo de estudio multidisciplinar que exige una comprensión profunda de los principios jurídicos, la cooperación internacional y la atención a las víctimas. Es fundamental que los futuros profesionales desarrollen una sensibilidad ética y jurídica que les permita actuar con rigor, empatía y compromiso social.

Asimismo, la lucha contra la trata requiere una respuesta coordinada entre instituciones públicas, organizaciones civiles y organismos internacionales. La prevención debe ir acompañada de políticas educativas, campañas de sensibilización y mecanismos eficaces de identificación y asistencia. Solo desde un enfoque integral, centrado en la dignidad humana, será posible erradicar esta forma moderna de esclavitud.

En definitiva, la trata de seres humanos interpela directamente a los valores democráticos y al Estado de Derecho. Su erradicación no solo es una obligación jurídica, sino también un imperativo ético que debe guiar la acción de los poderes públicos y de la sociedad en su conjunto.

10. REFERENCIAS BIBLIOGRÁFICAS

Alonso, N. (2020). La trata de seres humanos en España: Víctimas invisibles entre la represión y la protección. *Revista de Derecho Penal y Criminología*, 23, 13-44.

Bermejo, R. (2021). Trata de seres humanos. *EUNOMÍA. Revista En Cultura De La Legalidad*, (21), 277-293.

Del Pino, C. (2017). LA VULNERACIÓN DE LOS DERECHOS EN EL FENÓMENO DE LA TRATA. *revista de direito da cidade,* 9(4), 1475–1498. doi:10.12957/rdc.2017.29151

Fernando, P. (2019). Marco jurídico internacional y europeo de la lucha contra la trata de seres humanos. *Revista Internacional de Doctrina y Jurisprudencia,* 20, 1-28.

Fiscalía General del Estado. (2024). Actividad de los fiscales especialistas en trata de personas y extranjería en el ámbito de la persecución penal. En *Memoria anual 2023* (pp. 622–642). Ministerio de Justicia. https://www.fiscal.es

Garbellini, A. (2024). Trata de personas en conflictos armados: Una crítica del régimen regulatorio del Protocolo de Palermo. *Revista Internacional de Derechos Humanos,* 28 (1), 45-67.

Lerma, B. (2019). La esclavitud contemporánea y la trata de seres humanos desde una perspectiva de género. *Revista de Estudios Jurídicos,* 19, 1-30.

Murillo, M., Pérez, A., & Rodríguez, S. (2024). Derechos humanos y justicia en la protección de poblaciones vulnerables: Un análisis multidisciplinar. *Revista de Derechos Humanos,* 15 (1), 78-96.

Rodrigues, C. (2019). Los desafíos jurídicos en la lucha contra la trata de seres humanos: Entre la invisibilidad y la protección de la dignidad humana. *Revista de Derecho Penal,* 42, 167-189.

Torres, N., & Villacampa, C. (2017). Protección jurídica y asistencia para víctimas de trata de seres humanos. *Revista General de Derecho Penal,* 27, 1-30.

Villacampa, C. y Torres, N. (2021). La detección e identificación de víctimas de trata por las entidades del tercer sector: Un estudio empírico en España. *Revista Electrónica de Ciencia Penal y Criminología,* 23, 1-25.

Zúñiga, L. (2018a). Trata de seres humanos y criminalidad organizada transnacional: Problemas de política criminal desde los derechos humanos. *Revista Penal,* 41, 181-207.

Zúñiga, L. (2018b). *El concepto de criminalidad organizada transnacional: Problemas y propuestas.* Revista de Derecho Penal y Criminología, 9, 75-103.

Capítulo II

Delincuencia organizada transnacional y trata de seres humanos

LAURA ZÚÑIGA RODRÍGUEZ
Universidad de Salamanca
https://orcid.org/0000-0002-8696-8025

1. INTRODUCCIÓN

El fenómeno de la trata de seres humanos tan invisible como de continua actualidad, sigue despertando la sensibilidad de todas las personas preocupadas por los derechos humanos. La explotación de un ser humano por otro repugna los sentimientos de empatía que toda persona con un mínimo de humanidad posee. La cosificación a la que se ven sometidas las víctimas de trata en un mercado de servicios prohibidos en alza en sociedades hedonistas, con particular énfasis en el mercado del sexo, es un asunto que hace mucho tiempo preocupa a la Comunidad Internacional, especialmente a Naciones Unidas.

En el trasfondo de este fenómeno late la extrema pobreza, la falta de oportunidades para los jóvenes, la carencia de ayudas sociales para mujeres con hijos, etc., situaciones de vulnerabilidad que vuelven a las personas presa de grupos desalmados o depredadores particulares, redes internacionales de la criminalidad profesional que ven el ánimo de lucro en captar personas necesitadas para explotarlas de distintas maneras.

En el Informe del Secretario General de Naciones Unidas, Kofi Annan, *Un concepto más amplio de libertad: desarrollo, seguridad y derechos humanos* (2005), este dirigente mundial llama la atención sobre la necesidad de conjugar los tres ejes: desarrollo, seguridad y derechos humanos para comprender la libertad, algo que resulta fundamental en la comprensión de la trata. En el numeral 15 señala:

> El concepto más amplio de la libertad supone que los hombres y mujeres de todas partes del mundo tienen derecho a ser gobernados por su propio consentimiento, al amparo de la ley, en una sociedad en que todas las personas, sin temor a la discriminación ni a las represalias, gocen de libertad de opinión, de culto y de asociación. También deben verse libres de la miseria, de manera que se levanten para ellas las sentencias de muerte que imponen la

> pobreza extrema y las enfermedades infecciosas, y libres del temor, de manera que la violencia y la guerra no destruyan su existencia y sus medios de vida. Ciertamente, todos los seres humanos tienen derecho a la seguridad y el desarrollo. (Asamblea General de las Naciones Unidas [AGNU], 2005, p. 6).

La explotación y esclavización de las personas tiene como trasfondo, en la mayoría de los casos, la extrema pobreza, la falta de oportunidades y las necesidades de supervivencia que no son satisfechas por los Estados mínimos o fallidos, o situaciones de guerras o conflictos armados, sequías, cambio climático, etc. En estos supuestos parece que el consentimiento y la libertad vienen viciados socialmente por las grandes diferencias situacionales entre los países exportadores de víctimas y los países receptores del consumo de estos servicios prohibidos. Todos los trabajos e informes internacionales ponen el acento sobre este flujo mundial de víctimas con perfiles de vulnerabilidad extrema para satisfacer demandas de otros lados del planeta de servicios prohibidos, especialmente de carácter sexual o trabajos forzosos. De ahí que el tratamiento requiera trabajos multidisciplinares para abordar las diferentes aristas de esta problemática como el que proyecta este libro y no basta el enfoque penal para hacer frente ante tamaño flagelo.

Este trabajo se centrará en la dimensión transnacional orquestada por la delincuencia organizada de buena parte de este fenómeno, señalando especialmente las disonancias entre los estudios criminológicos que señalan diferentes datos y características que debieran atenderse, como el aumento significativo de casos, y los bajos índices de condenas por los problemas de aplicabilidad de las leyes penales para detener y condenar estos delitos de suma gravedad que afectan a los derechos humanos.

2. LA TRATA DE SERES HUMANOS COMO FENÓMENO PROTOTIPO DE LA DELINCUENCIA ORGANIZADA TRANSNACIONAL

El fenómeno de la trata de seres humanos posee diversas dimensiones que lo hacen poliédrico, lo cual dificulta su detección, persecución y sanción. Esta impunidad hace de esta forma de delincuencia sumamente rentable, es decir, el riesgo de condena suele ser bastante bajo, con lo cual la prevención que pregona la acción penal suele tener un efecto disuasorio bastante limitado. Ello explica las grandes ganancias que animan al mercado ilícito de la explotación de personas, lamentablemente. Se estima que dichas ganancias alcanzan los 40 millones de dólares al año y afectan a 2,5 millones de personas en todo el mundo (Segura, 2023). Según ha afirmado Beatriz Sánchez, fiscal de Sala de Trata de Personas y Extranjería de la Fiscalía General del Estado, en un Congreso de 2023:

> Es un negocio que mueve muchísimo dinero, es una de las actividades más lucrativas del mundo, solo por detrás del tráfico de armas. Y al mismo nivel que las drogas, así que imagínense las dificultades para erradicar las grandes mafias dedicadas a la trata de seres. (Segura, 2023).

Varios aspectos abonan para dificultar, en primer lugar, su detección. La visibilidad de estos delitos suele estar opacada por otros fenómenos que acompañan a la trata como la inmigración clandestina, la prostitución coactiva, los trabajos forzosos, los matrimonios impuestos y los diferentes tráficos ilícitos que muchas veces enmascaran realidades de explotación personal. En este contexto resulta difícil detectar a las víctimas de trata porque suelen estar camufladas en actuaciones supuestamente legales, como lo son el ejercicio de la prostitución o labores de agricultura o servicio doméstico o empresas de modelaje, de producción de pornografía, de masajes, de alterne, etc. Es decir, se trata de un fenómeno oculto, difícilmente detectable y, por tanto, también difícilmente medible. Detrás de ello hay una cierta parte de la población que relativiza estos comportamientos pues están por algunos sectores socialmente aceptados o resultan al menos tolerados, o no son claramente detestables. De manera que los mecanismos de control social primarios fallan, por la ambigüedad de las conductas.

Ahora bien, lo que sí parece recognoscible es que se trata de un fenómeno prototípico de la delincuencia organizada transnacional en la medida que se inserta en los diversos tráficos ilícitos, las redes internacionales de la criminalidad que se aprovechan de las nuevas tecnologías, mostrando gran capacidad de adaptación y versatilidad en los escenarios del crimen global. Todos los informes sobre el tema muestran con preocupación el aumento de los casos detectados a nivel mundial. El último informe de Naciones Unidas, *Global Report on HumanTrafficking 2024* (UNODC, 2024, p. 10), señala que en 2022 se registró un aumento del 25% en la detección global de víctimas en comparación con 2019. El aumento es del 43% en comparación con 2020, cuando el número de casos detectados descendió bruscamente debido a la pandemia. Así, *la Memoria de Unidad de trata de personas y extranjería de 2024* (Fiscalía General del Estado [FGE], 2024, p. 2) sobre datos de 2023, refirió también un aumento significativo de denuncias. Concretamente señala: "tras un estudio comparativo de las denuncias incoadas en el año 2022 y en el año 2023 seguidas por el delito de trata de personas, se aprecia un importante incremento, así mientras que en el año 2022 se incoaron 181 denuncias, este año se han incoado 272", es decir, se trata de un incremento del 33,46%.

Los informes nacionales muestran este aumento de casos que puede deberse a un mayor índice de esta criminalidad, pero también, y en alguna medida, a una mayor capacidad de las fuerzas del orden para visibilizar y captar este fenómeno. Determinar si estamos ante una u otra situación requiere de una investigación criminológica muy difícil de afrontar dada la suerte de invisibilidad en que se desarrollan las actividades de explotación. En todo caso, esta doble lectura resulta necesaria al analizar los datos oficiales aportados en el último año por las fuerzas de seguridad, según las cuales liberaron a 1,794 personas, un 22% más que el año anterior. (Sierra, 2025).

De acuerdo con el profesor de Palermo, Militello (2018, p. 87), "la trata de seres humanos es una de las manifestaciones más típicas de la criminalidad contemporánea: es una criminalidad de los beneficios, es una criminalidad de género y es una criminalidad de carácter transnacional". Al ser una criminalidad de los beneficios se alinea claramente con la característica fundamental de la delincuencia organizada en búsqueda de beneficios fáciles y sustanciosos, con sus notas de profesionalidad, versatilidad y creación de un mercado ilícito con sus consecuentes cadenas de valor. Al tratarse de una criminalidad de género, la trata se posiciona como una forma de delincuencia en la que las víctimas suelen ser fundamentalmente mujeres, como personas especialmente vulnerables que les ataca la pobreza y la falta de oportunidades, cuestión especialmente visible en la trata por explotación sexual. Ahora bien, también debe resaltarse que en este fenómeno las mujeres suelen tener cifras muy altas como autoras del delito, en la medida que actúan como captadoras, colaboradoras o directamente autoras de la explotación sexual. Así, en los 32 escritos de acusación que se incoaron por trata de personas en 2023, entre los acusados 43 fueron hombres y 39 mujeres, casi en un porcentaje similar. (FGE, 2024, p. 12). Ahora bien, lo que debiera indagarse es si las mujeres son más detenidas por ser los eslabones más débiles de la cadena de la organización o si realmente tienen un protagonismo como autoras. En suma, la presencia de la mujer en el delito de trata es relevante. Los estudios sobre perfiles de delincuente organizado indican que:

> En cuanto al mercado de trata con fines de explotación sexual, la mujer está ampliamente representada porque el bien con el que se trafica es la mujer y constituye una actividad donde la función de la mujer es especialmente útil

> en diversas funciones internas de la organización. (Giménez-Salinas, Requena y De la Corte, 2011, p. 15).

Respecto a su *carácter transnacional*, se puede afirmar que mayoritariamente se trata de víctimas procedentes de países con déficits sociales, en conflicto o guerras y los servicios prohibidos que caracterizan la trata se prestan en países desarrollados. Por supuesto que también hay trata interna, pero estos casos suelen ser estadísticamente menos significativos y en los mismos se repite el patrón de desplazamiento de personas vulnerables de zonas poco favorecidas a lugares donde se produce una demanda y hay un mercado de abastecimiento del servicio prohibido.

La dimensión transnacional suele señalarse por todos los organismos internacionales y nacionales que abordan el fenómeno. Para empezar, la propia *Convención de Palermo sobre Criminalidad Organizada Transnacional* de 2000, paralelamente aprobó dos Protocolos Adicionales, uno sobre la trata de personas y otro sobre el tráfico de migrantes. Asimismo, Naciones Unidas suele emitir un informe anual sobre la trata de seres humanos por su organismo especializado UNODC, *United Nations Office on Drugs and Crime*, en el que se enfatiza ese traslado de personas explotadas de un lugar al otro del orbe. Siempre con el mismo patrón de países empobrecidos hacia países enriquecidos. Se enfatiza, también, como estos traslados discurren confundidos con diversos tráficos ilícitos como el tráfico de migrantes, de drogas, de armas, etc. Es decir, el traslado de las personas tratadas se realiza como una mercancía más prohibida en el comercio ilícito internacional. Ello va a significar importantes consecuencias criminológicas que dificultan la persecución penal, como las siguientes.

1°) El reconocimiento de que el fenómeno de trata de seres humanos es un proceso largo en el que intervienen distintas personas, muchas veces en distintos países, donde las contribuciones van desde pequeñas aportaciones, hasta la integración en estructuras criminales internacionales. Determinar la responsabilidad penal en estos supuestos se muestra como una tarea complicada en la medida que debe identificarse el grado de contribución y si ésta se encuentra integrada en la delincuencia organizada.

2°) Una víctima sometida a trata por parte de organizaciones criminales tiene mayor vulnerabilidad en la medida que las amenazas, las coacciones pueden desarrollarse por diversas personas, en diversos países. Se puede afirmar que la persona tratada por organizaciones criminales tiene menos posibilidades de denunciar y de salir de su situación de explotación. En estos casos ocurre una diferencia de poder tan grande que se trataría del enfrentamiento de David contra Goliat.

3°) Especialmente en los casos de trata por sometimiento de organizaciones criminales se impele a las víctimas a comportamientos en muchos casos delictivos. Esta cuestión resulta desde el punto de vista jurídico bastante complicada porque las supuestas autoras de delitos son en realidad víctimas de trata y el reconocimiento de una u otra situación procesal puede ser controvertido.

4°) El fenómeno de la trata, al poseer un carácter transnacional conlleva todas las dificultades de la persecución penal de la criminalidad organizada transnacional: problemas de cooperación policial y judicial, falta de voluntad política de algunos países para perseguir los delitos —como sucede con algunos países que fomentan el turismo sexual incluso con menores—, corrupción de algunos agentes que facilitan los traslados, entre otros. Especialmente importante es el reconocimiento de la connivencia de las autoridades para facilitar la salida y entrada del país de las personas tratadas. Esto concuerda con los datos aportados por un estudio sobre los perfiles criminales en la delincuencia organizada española, que señala que casi un 60% de los sujetos imputados por delitos de la criminalidad organizada mantienen su actividad legal en paralelo a su actividad delictiva. Es así que el mundo del crimen organizado no sólo está compuesto por profesionales del delito, sino también por colaboradores de distintas profesiones que dan soporte de todo tipo a las organizaciones criminales. (Giménez-Salinas, Requena y De la Corte, 2011, p. 28).

5°) La trata de personas suele estar encubierta por actividades normalizadas en las que en principio habría acuerdos entre las partes como son el ejercicio de la prostitución, la migración internacional, las actividades laborales, principalmente. Se trata, en muchos casos, de "delitos invisibles" porque se realizan supuestamente con el consentimiento de las partes, cuando la realidad esconde situaciones de abuso de situación de vulnerabilidad, donde verdaderamente no existe un consentimiento libre. Al tratarse de un delito que gira alrededor de la falta de consentimiento y, este es difícil de comprobar, se puede vislumbrar lo complicado de la persecución penal. (Véase más ampliamente Zúñiga Rodríguez, 2021, p. 168).

Respecto al ejercicio de la prostitución resulta particularmente llamativo el dato que muestra la *Memoria de Unidad de trata de personas y extranjería*:

> La procedencia mayoritaria de víctimas latinoamericanas está comenzando a tener efectos en las investigaciones judiciales porque el perfil de las mujeres está cambiando. Así lo advierte la fiscal delegada de trata de personas y extranjería (FDTE) de Madrid, destacando que, salvo excepciones, *estas mujeres son conocedoras de que la actividad que van a desarrollar en España es la prostitución*, viéndose engañadas en cuanto a las condiciones de su ejercicio, y siendo fi-

> nalmente sometidas a situaciones de auténtica explotación. Se ha detectado que esta tipología de víctima ha derivado a veces en una menor implicación de algunos Jueces de Instrucción, y en una cierta resistencia a la hora de preconstituir la prueba testifical de las mismas o a la hora de concederles el estatuto de testigo protegido. (FGE, 2024, p. 8). La cursiva es mía.

6º) Al tratarse de un fenómeno vinculado al lucro ilícito o de la explotación de las personas para un beneficio económico personal, encaja claramente con las diversas formas de la delincuencia organizada centrada en la obtención de ganancias ilícitas, lo cual le sirve no solo para camuflarse entre otros tráficos ilícitos, sino también para encubrirse dentro de los negocios "lícitos" de las organizaciones criminales. Las diversas formas de explotación constitutivas de trata de personas discurren normalmente en actividades económicas legales, en muchos casos, en empresas constituidas como personas jurídicas, como bares, lugares de alterne, restaurantes, empresas agrícolas, textiles, etc. A lo cual, se une la problemática de la responsabilidad penal de las personas jurídicas.

7º) Especialmente a partir de 2020 en que azotó la pandemia a nivel mundial, la criminalidad organizada y también el comercio de bienes y servicios prohibidos se han trasladado en buena medida a internet, lo cual plantea mayores retos a la persecución penal —asunto del que se ha ocupado el último informe de EUROPOL (2025) —. La trata de personas y las diversas formas de explotación de los seres humanos, las estafas, incluso la prostitución, han adquirido una nueva dimensión que trasciende los espacios y el tiempo del delito.

En seguida me ocuparé de todos estos asuntos relacionados con los problemas de aplicabilidad de las leyes penales detectados por los tribunales españoles, clasificándolos en tres aspectos: la trata como proceso y sus intervinientes, la fuerza de la organización frente a la víctima tratada y el encubrimiento de la trata en negocios lícitos y la dimensión *online*. Por supuesto, no es posible revisar todas las resoluciones judiciales vinculadas a estos temas, por lo que nos hemos centrado en la jurisprudencia de la Sala Segunda del Tribunal Supremo de los años 2017-2025.

Valga subrayar que todas estas dificultades de perseguibilidad redundan en el bajo riesgo que pueden percibir los tratantes de ser condenados por estos atroces delitos contra los derechos humanos y, por tanto, en el incentivo de continuar con un mercado ilícito de comercio con almas humanas.

3. LA TRATA COMO PROCESO Y SUS INTERVINIENTES

El reconocimiento del fenómeno criminal de trata de personas como *proceso,* esto es, realizado en fases es unánime no solo por la doctrina (Villacampa, 2012, p. 11), sino también por la jurisprudencia (STSS: 677/2022 de 4 de julio **(TOL9.134.646)**; 422/2020 de 23 de julio **(TOL10.199.202)**; 307/2021 de 9 de abril **(TOL8.408.705)** y 565/2020 de 30 de octubre **(TOL8.211.757),** esta última detalla en el fundamento décimo las características de cada una de las fases del delito de trata de personas). En efecto, se considera que la trata no es un delito instantáneo, sino que se desarrolla en fases que la regulación penal pretende captar tipificando todas las diversas fases del proceso (art. 177 bis CP): captación, transporte, traslado, acogimiento, sometimiento a la explotación, etc. Es decir, todas las personas que intervengan en cualquiera de estas fases pueden cometer un delito de trata siempre que se cumpla con los medios comisivos (uso de la violencia, intimidación, engaño, o abuso de situación de necesidad o vulnerabilidad, todos ellos vinculados al vicio del consentimiento) y los fines (explotación sexual, trabajos forzosos, explotación para cometer delitos, extracción de órganos, matrimonios forzados). Sobre ello se ocupa la STS 565/2020 de 30 de octubre **(TOL8.211.757)**, la cual reitera que el tipo penal de trata:

> [...] dibuja un concepto extensivo de autor en esta clase de delitos. En la organización delictiva no hace falta que todos los partícipes realicen cada uno de los elementos del tipo, sino que aporten individualmente lo que sea una contribución esencial para el funcionamiento del "sistema". Las exigencias típicas quedarán colmadas de forma idéntica, tanto si su aportación esencial contribuye a una a otra finalidad, con tal que tal aportación sea esencial (STS 396/2019, de 24 de julio)[4].

Como puede observarse, el carácter poliédrico de la trata de personas, tanto por desarrollarse en varias fases, como por desenvolverse en diversos sectores sociales y productivos auguran la intervención de muchas personas que contribuyen con diferentes aportaciones a someter a las víctimas a situaciones contra la dignidad de las personas. En muchos casos los victimarios están coordinados y constituyen grupos u organizaciones criminales y, en otros, pueden actuar de manera aislada realmente, o con vinculaciones a grupos criminales de manera esporádica.

---

[4] La mención de la "(STS 396/2019, de 24 de julio)" forma parte de la cita textual. Dicha sentencia se identifica mediante **(TOL7.431.979)**.

En los casos estudiados que han llegado a los tribunales españoles, se pueden identificar supuestos de tratantes individuales o que no ha podido perseguirse a más autores:

- La STS 746/2023 de 5 de octubre (TOL9.740.839): la acusada capta a mujeres en su país de origen organizando su traslado a España.
- La STS 399/2022 de 22 de abril (TOL8.932.465): la acusada que acoge a menor extranjera en su casa sometiéndola al ejercicio de la prostitución, con la amenaza del vudú.
- La STS 132/2023 de 1 de marzo (TOL8.692.076): la acusada que con engaños sobre un puesto de trabajo de peluquera traslada a la víctima desde Nigeria a Bilbao, imponiéndole una deuda de 35.000 euros y sometiéndola al vudú para ejercer la prostitución.
- La STS 943/2021 de 1 de diciembre (TOL8.692.076): el acusado que traslada a su novia desde Rumania a Barcelona, quien conocía desde que era menor de edad y la somete una vez que alcanza la mayoría de edad a la prostitución coactiva y maltrato habitual.
- La STS 819/2022 de 14 de octubre (TOL9.270.972): la acusada introducía de forma subrepticia a España a jóvenes en precaria situación económica procedentes de Paraguay, bajo promesas de trabajo legal y papeles, para después mantenerlas en situación irregular y obligarlas a practicar la prostitución bajo su control y entrega de las ganancias.
- La STS 522/2025 de 5 de junio (TOL10.580.875): la acusada de origen nigeriano y en situación regular captaba a jóvenes compatriotas en situación de necesidad para trasladarlas a España con falsas promesas de trabajo, donde les hacía ejercer la prostitución y pagar la deuda por el traslado.
- La STS 1002/2016 de 19 de enero de 2017 (TOL5.944.379): la acusada rumana obliga a su compatriota a trabajo no remunerado que luego sustituye por la coacción a la prostitución.

En ocasiones hay un único acusado, pero los hechos muestran la concurrencia de otras personas que no son procesadas por encontrarse en otros países, como se advierte en la STS 214/2017 de 29 de marzo **(TOL6.026.830).**

En otras ocasiones se procesa a varios autores que están coordinados entre sí, pero no se imputa a la organización o grupo criminal, como en la STS 224/2022 de 9 de marzo **(TOL8.897.298)**: seis imputados unidos entre sí por lazos familiares y de amistad que se dedicaban a la inmigración clandestina y a la trata de personas por abuso de situación de necesidad, a las que se les coaccionaba para ejercer la prostitución y quedarse con el 50% de sus ganancias.

En cambio, reconoce la existencia de un grupo criminal en el caso de cuatro imputados en la STS 565/2020 de 30 de octubre **(TOL8.211.757)**: "Los acusados, formaban parte de un grupo organizado que se dedicaba a captar, mediante engaño, a mujeres en Bulgaria, a las que se ofrecía trabajo en España, para, una vez en este país, explotarlas en el ejercicio de la prostitución, mediante agresiones y amenazas". Lo llamativo de esta sentencia es que se reconoce la existencia de una organización entre los intervinientes, pero no se imputa ni cualquiera de los delitos de organización o grupo criminal (arts. 570 bis y 570 ter CP), ni la agravante específica del art. 177 bis 6 de pertenencia a una organización o asociación de más de dos personas, aunque sea de carácter transitorio. Tampoco se aplica la calificación de organización criminal, en la STS 396/2019 de 24 de julio **(TOL7.431.979)**, pese al reconocimiento de la existencia de una organización dedicada a trasladar mujeres nigerianas y hacerles practicar coactivamente la prostitución en clubs de alterne.

Asimismo, la STS 404/2025 de 6 de mayo **(TOL10.544.481)** reconoce la existencia de una red encargada de la captación en Nigeria de mujeres jóvenes en precaria situación económica que son trasladadas a España con engaño, siendo controladas con ritos vudú y forzadas a ejercer la prostitución entregando las ganancias a la organización; pero el proceso solo es seguido contra dos acusados pues los otros integrantes se encontraban en rebeldía.

Resultan muy escasas las sentencias que reconocen la imputación por organización o grupo criminal, o que aplican la agravante específica del art. 177 bis 6 CP de pertenencia a organización o asociación criminal de más de dos personas, incluso de carácter transitorio.

La STS 312/2017 de 3 de mayo **(TOL6.110.779)** reconoce la existencia de organización criminal nigeriana y aplica el tipo penal de organización criminal del art. 570 bis CP, en el proceso seguido contra más veinte acusados al percibir reparto de roles, jerarquías, división de tareas, desde la captación de jóvenes hasta la explotación sexual. Esta sentencia hace especial hincapié en la jerarquía como elemento clave de las organizaciones criminales, así los hechos probados resultan elocuentes:

> [...] se declara probado que durante un período comprendido entre finales de 2007 a noviembre de 2012 los procesados [...], junto con otras personas

> que no han resultado identificadas, se integraron en un entramado coordinado y dirigido a la captación, introducción en España y, traslado y acogimiento y posterior explotación sexual de mujeres de Nigeria. El nivel más elevado de la organización lo ocupan [...]. El segundo nivel sometido jerárquicamente al anterior se encuentra formado por [...] que conviven con las víctimas, controlan la actividad y recaudan dinero.

De las sentencias estudiadas del TS solamente las siguientes aplican la agravante del art. 177 bis 6 CP: la STS 167/2017 de 15 de marzo **(TOL6.016.227)** que casa la sentencia recurrida que condena a cinco acusados de nacionalidad china por forzar a jóvenes al ejercicio de la prostitución y recoger sus ganancias; se les aplica el delito de trata con la agravante del art. 177 bis 6 CP de pertenencia a organización criminal. También, la STS146/2020 de 14 de mayo **(TOL7.988.588)**, aplica la agravante de pertenencia de organización criminal del art. 177 bis 6 CP a los acusados por participación en una organización criminal de carácter transnacional que trasladaba desde Nigeria hacia varios lugares de Europa a jóvenes en situación de necesidad para explotarlas sexualmente:

> [...] concurren por tanto los elementos que son necesarios para entender que nos encontramos ante una organización criminal: pluralidad de personas, utilización de medios idóneos, plan criminal previamente concertado, distribución de funciones o cometidos, y actividad persistente y duradera. De esta forma, tal y como expresa la sentencia, existía un reparto de tareas entre los acusados y otras personas que no han podido ser debidamente identificadas, dentro de una red creada con la finalidad de proceder al traslado a Europa desde Nigeria de jóvenes de este país, a fin de destinarlas a la prostitución. Y esta actividad que se desarrolló repetidamente y con carácter estable al menos durante el tiempo que duró el sometimiento de las víctimas a las que se refiere el presente procedimiento.

Por su parte, la STS 324/2021 de 21 de abril **(TOL8.409.796)**, desarrolla minuciosamente el argumento de aplicación de la agravante del art. 177 bis 6 CP en el caso de una organización que trasladaba jóvenes nigerianas a varias ciudades españolas:

> La participación en una organización delictiva, dedicada a la trata de seres humanos, mediante su búsqueda y captación en el país de origen, en este caso Nigeria, y la introducción en nuestro país por vía de Italia, supone una actividad que requiere el concurso de varios sujetos dispuestos a culminar el fin perseguido, de modo que cada una de las aportaciones satisface las exigencias del tipo del artículo 177 bis del Código Penal, siendo claro en este caso que la trata de seres humanos lo era con la finalidad de explotación sexual, y para ello era necesario burlar los controles administrativos de inmigración, y ya en nuestro país, obligadas a ejercer la prostitución.

En similares términos se pronuncia la STS 774/2024 de 18 de septiembre **(TOL10.199.202)** que se dedicaba a la captación, traslado (inmigración clandestina) y prostitución coactiva de mujeres colombianas a varios lugares de nuestro país. En esta sentencia se subraya los distintos niveles de jerarquías y responsabilidades de los distintos intervinientes, siendo numerosos tanto autores como víctimas.

Como puede observarse, resultan muy minoritarias las sentencias que aplican la agravante de pertenencia a organización criminal del art. 177 bis 6 CP, lo cual concuerda con lo señalado en la Memoria:

> [...] la agravación por organización criminal del párrafo 6º del art 177 bis del CP y el empleo de medidas de investigación tecnológica, en esta actividad criminal no siempre es fácil acreditar la jerarquía o distribución de funciones entre los investigados, unidos con frecuencia por relaciones de parentesco (clanes familiares), y encontrándose muchas veces los cabecillas de la organización o grupo fuera de nuestro país, por lo que los oficios policiales solicitando las medidas han de poner un especial énfasis en la descripción del modus operandi de estas redes delincuenciales, siendo frecuente que los órganos de enjuiciamiento aprecien finalmente codelincuencia en lugar de grupo u organización. (FGE, 2024, p. 11).

Cuestión controvertida resulta el concurso de la agravante específica del art. 177 bis 6 CP y los tipos de organización criminal (art. 570 bis) y grupo criminal (art. 570 ter). La solución que propone la Fiscalía General del Estado mediante la *Circular 2/2011* es la que señala el art. 570 quater 2 *in fine*, la alternatividad (art. 8.4 CP), optando por la norma que plantee la pena más grave (FGE, 2011). García del Blanco es muy crítica con esta opción (2014, 227-230). Teniendo en cuenta que no hay una estricta correspondencia entre la agravante específica y el tipo penal, puesto que en el primer caso estamos ante una circunstancia que modula la pena por la forma en que se perfecciona la trata y, en el segundo caso estamos ante un tipo autónomo que castiga la mera asociación criminal. Dada esta divergencia entre estas dos figuras creo que es satisfactorio plantear la alternatividad, que en nuestra legislación opta por la pena más grave para contener el mayor desvalor de la conducta.

Interesante es la STS 554/2019 de 13 de noviembre **(TOL7.593.832)** que señala la compatibilidad de la complicidad y la aplicación de la agravante de participación en organización criminal:

> Ciertamente su contribución fue secundaria y auxiliar pero estaba integrada en el conjunto de las actividades desarrolladas por la organización... es compatible en tanto que esa agravación es la que permite ajustar la sanción a la antijuridicidad de la conducta desplegada por el recurrente.

En estos casos, al parecer, se da preminencia a la calificación de la trata como delito y la agravación constituye una circunstancia que modula la pena. En cambio, la STS 312/2017 de 3 de mayo **(TOL6.110.779)**, calificó los hechos como constitutivos de pertenencia a organización criminal aplicando el art. 570 bis sin argumentar por qué opta por esta calificación. Se puede interpretar que el juzgador consideró preminente y de suma gravedad la existencia de la organización criminal y se suele dar esta calificación cuando se trata de grandes organizaciones jerárquicas con muchos autores y víctimas. En similares términos califica la STS 974/2022 de 19 de diciembre **(TOL9.339.622)** en el caso de una organización que se dedicaba a la captación, traslado y prostitución coactiva de mujeres nigerianas, castigando además de la trata por el delito de participación en organización criminal del art. 570 bis CP.

En suma, para optar por la agravante específica del art. 177 bis 6 o la aplicación del tipo penal de organización criminal (art. 570 bis) o grupo criminal (570 ter), habrá que tener en cuenta las circunstancias del caso, porque los dos supuestos contienen agravaciones concretas, como la de ser jefes en la primera o gran cantidad de autores, o dedicarse a delitos contra la vida o la libertad sexual en el segundo caso, optando finalmente por la solución que contenga todo el desvalor de las conductas que es el que establece la pena más grave.

En efecto, pese al reconocimiento criminológico de la relación funcional de la trata con la delincuencia organizada, lo cierto es que en la práctica los tribunales encuentran dificultades para calificar los hechos como parte de un plan criminal de una estructura organizada que se reparte los roles y que posee cierta estabilidad. Estos problemas que son generales de la persecución penal de la criminalidad organizada (Zúñiga, 2015), se agudizan en el caso de la trata de personas por discurrir en relaciones normalizadas vinculadas a la prostitución, la migración, los trabajos del hogar o agrícolas, etc. La falta de pruebas para poder calificar las actuaciones de los imputados como parte de un proceso desarrollado en fases resulta patente. Todo ello, pese a que los procesos penales suelen utilizar todas las técnicas de investigación propias de la delincuencia organizada como las escuchas telefónicas, testigos protegidos, agentes encubiertos y colaboración con la justicia.

Uno de los asuntos más álgidos de probar es la falta de consentimiento de las víctimas. Siendo la prostitución una actuación no prohibida, en la que se entiende hay un consentimiento en la prestación de un servicio sexual, lo cierto es que en la práctica las mujeres se ven coaccionadas en las condiciones de la prestación de este servicio. Salvo casos flagrantes de menores o mujeres prostituidas a las que se les ha quitado los pasaportes, o hay testigos o víctimas que declaran la situación de explotación, resulta difícil conseguir testimonios de que esa actuación es contra su voluntad.

La ambigüedad de muchas situaciones también dificulta la investigación, pues muchas mujeres desean (o necesitan, más bien) realmente migrar y obtener un trabajo, incluso pueden aceptar el ejercicio de la prostitución, pero la realidad que encuentran es otra, de explotación, donde reina el engaño, los malos tratos y finalmente la cosificación de la persona.

La fuerza de la organización frente a la víctima tratada es un peso que lastra las investigaciones. No solo las víctimas están fuertemente coaccionadas, sino también los testigos. En el caso de las nigerianas con amenazas de vudú (de las que son firmes creyentes) y con ocasionar daños a sus familiares en el lugar de origen.

Por supuesto, el carácter transnacional de este fenómeno es una dificultad añadida porque precisamente las mujeres tratadas provienen mayoritariamente de países donde no se puede contar con la cooperación judicial ni policial.

Por último, no es posible desdeñar los problemas técnicos legislativos que plantea la coexistencia de tres figuras en ciertos aspectos coincidentes en el CP de los tipos de organización criminal (delito de asociación ilícita del art. 515.1, delito de organización criminal del art. 570 bis y delito de grupo criminal del art. 570 ter), que nos muestra "un maremágnum legislativo" (Bocanegra, 2023), que complica la aplicación de las leyes contra la delincuencia organizada.

4. LA FUERZA DE LA ORGANIZACIÓN FRENTE A LA VÍCTIMA TRATADA

El sometimiento de las víctimas de trata, especialmente cuando se encuentran explotadas por una organización criminal les lleva, en muchos casos, a realizar comportamientos delictivos que estarían exentos de pena debido a la exención del art. 177 bis 11 CP. Sin contar que, una forma de trata es, precisamente, la explotación para realizar actividades delictivas (art. 177 bis 1 c CP). En esta modalidad la persona tratada tiene la doble condición de autora y víctima, por lo que en estos supuestos cabe la exención penal.

En la jurisprudencia tratada se observan pocos casos de esta última modalidad de trata. Resulta ilustrativa la STS 59/2023 de 6 de febrero **(TOL9.415.033)** en la que la acusada como cómplice de un delito de estafa aduce haber estado compelida para la realización de los hechos y plantea la eximente del art. 177 bis 11 CP por los delitos cometidos. Los acusados enviaban las llamadas "cartas nigerianas" a terceros con la promesa de que recibirían grandes sumas de dinero, siendo todo falso. Con esta modalidad de estafa los acusados llegaron a obtener un total aproximado de 73.485 euros, procedentes de diversas personas residentes en múltiples países. La sentencia argumenta sobre esta exención: "... el objetivo de la exención de pena por los delitos cometidos en situación de explotación es salvaguardar los derechos humanos de las víctimas, evitar una mayor victimización y animarlas a actuar como testigos en los procesos penales contra los autores". La acusada fue absuelta por los delitos de estafa y falsedad documental, aplicando la exención de responsabilidad del referido art. 177 bis 11 CP, "por cuanto que su participación en la actividad delictiva que realizó no la consideramos desproporcionada en relación con su situación".

La STS 867/2023 de 23 de noviembre **(TOL9.270.972)** condena por la explotación de la persona para la mendicidad (art. 177 bis 1 a CP) a dos acusados que trasladaron de su país de origen a un señor mayor minusválido explotándolo.

La STS 301/2023 de 26 de abril **(TOL9.549.202)** condena la modalidad de trata por encerrar con llave a trabajadores extranjeros en nave para cultivar marihuana, diciéndoles que si la abandonaban tomarían represalias contra ellos, creando una situación de miedo y temor que doblegaba su voluntad. Condena por integración a grupo criminal del art. 570 ter CP.

Ciertamente esta modalidad de trata, explotación para la comisión delitos y consiguiente exención de pena por ello, es muy recurrente en situaciones de delincuencia organizada, pues en la mayoría de casos está detrás una organización o grupo criminal para captar a las víctimas y conseguir coaccionarlas para la realización de conductas delictivas. Los más conocidos son los de explotación de menores o discapacitados para la mendicidad, pero existen muchas otras modalidades.

Los supuestos, aunque no abundantes en las investigaciones judiciales, sí resultan sangrantes porque suele tratarse de víctimas en situaciones de extrema necesidad (modalidad de medio de abuso de situación de necesidad), por lo que estamos ante una de las más graves afecciones a los derechos humanos.

El caso que ha resultado muy discutido es el de la STS 960/2023 de 21 de diciembre **(TOL9.889.071)**, porque revoca la exención de pena reconocida en la instancia inferior, en el caso de una mujer peruana en situación de extrema vulnerabilidad, captada por las redes del tráfico de drogas para el transporte de cocaína. Este supuesto ha dado lugar incluso a un Informe Jurídico suscrito por varios profesores de Derecho Penal (Martínez et al., 2022), en apoyo de la absolución y de la consideración de víctima de trata de la acusada que merece leerse con detenimiento.

Los argumentos que señala la sentencia antes citada para no reconocer la aplicación de la eximente del art. 177 bis 11 son:

> [...] dicha excusa absolutoria ha de incardinarse en la situación de explotación sufrida, como adjetiva el propio precepto, o lo que es lo mismo, *en un escenario de aprovechamiento de la víctima por los tratantes, situación que no puede confundirse con un acto aislado de contribución delictiva*, y siempre que su participación en las actividades delictivas, haya sido consecuencia directa de la situación de violencia, intimidación, engaño o abuso a que haya sido sometida y que exista una adecuada proporcionalidad entre dicha situación y el hecho criminal realizado. (La cursiva es mía).

En suma, el Alto Tribunal considera que la actuación de la víctima "no está directamente conectada con la investigación del delito de trata", sino "en la actuación de otros delitos que tendrían sus propias reglas exonerativas o atenuatorias de responsabilidad penal".

Coincidiendo con Valle (2015, p.136): "desde el momento en el que la víctima es captada y ya existe esa finalidad de explotación y por tanto se ha cumplido el elemento subjetivo del delito de trata de seres humanos deberíamos poder entender que se puede aplicar la excusa absolutoria a los posibles ilícitos penales cometidos por la víctima". Por tanto, esa cronología que aduce la sentencia comentada de que solo puede aplicarse la eximente "en situación de explotación" es absolutamente restrictiva para los derechos de las víctimas. Además, esta interpretación no es contraria a reo, sino a favor de la protección de los derechos humanos de las víctimas de trata, avalada por todas las normas internacionales y las directivas europeas (Villacampa, 2022; Marín, 2022; Valle, 2022).

Asimismo, la sentencia del TS aduce un criterio formal:

> [...] la aplicación de la excusa absolutoria que analizamos (art. 177 bis.11 del Código Penal), debe enmarcarse en el contexto de un delito de trata de seres humanos, que aquí no concurre. En efecto, trata y comportamiento penal aislado son dos comportamientos incompatibles; la trata siempre supone un acto dinámico.

Lo que plantea este argumento es que sólo se puede aplicar la eximente en un proceso penal seguido por delito de trata y no por tráfico de drogas, siendo además incompatible estos delitos. El carácter falaz de esta aseveración es contundente. Conforme a la sentencia del Tribunal Superior de Justicia de Cataluña 351/2021 de 2 de noviembre **(TOL9.161.571),** el reconocimiento de la víctima de trata puede realizarse en el mismo proceso seguido contra ella (Valle, 2022, p. 5).

En suma, en los casos de explotación por parte de organizaciones criminales para cometer delitos nos encontramos con la dificultad probatoria que la autora es a la vez víctima de un delito que afecta a los derechos humanos. Situación procesal compleja y también de carácter sustancial, en la medida que el consentimiento está viciado por la situación de vulnerabilidad de la víctima y el entorno coercitivo por lo que las carencias sociales llevan a estas personas a ser captadas por organizaciones criminales, en muchos casos por internet, como se verá seguidamente.

5. EL ENCUBRIMIENTO DE LA TRATA EN NEGOCIOS LÍCITOS Y LA DIMENSIÓN ONLINE

Uno de los temas más acuciantes del tratamiento de la delincuencia organizada es que muchos de los delitos cometidos discurren en entornos legales o con apariencia de legalidad. Esta es una característica general de la criminalidad organizada de los últimos tiempos que resulta más acusada en el caso de la trata de seres humanos. Los informes de Europol sobre las amenazas de la delincuencia grave y organizada ponen en alerta sobre esta situación. Como los negocios lícitos son una especie de "conductores del crimen", pues las grandes organizaciones criminales poseen sociedades instrumentales para esconder sus actividades ilícitas y blanquear sus ganancias mal habidas. La llamada "industria del sexo", que va desde bares de alterne, pornografía, servicios sexuales, etc., conforman un gran nicho de negocios que mueven millones de millones, donde los límites entre lo prohibido y lo permitido, lo explícito y lo encubierto poseen una serie de claroscuros difíciles de identificar.

Las actividades laborales agrícolas, textiles, ganaderas, también pueden encubrir trabajos forzosos constitutivos de trata de seres humanos. Como se ha enfatizado, muchos sectores productivos pueden encubrir trabajos forzosos constitutivos de trata de personas, especialmente en las cadenas de valor creadas por las redes comerciales de la globalización.

Sobre este tema se ha ocupado especialmente las Naciones Unidas al propiciar los Principios Ruggie de 2011 contra la vulneración de los derechos humanos por parte de las empresas transnacionales en sus cadenas de valor. Todo el desarrollo posterior, las denominadas *leyes de diligencia debida en materia de derechos humanos* tienen por finalidad la obligación de prevención de las formas más atroces de abusos del ser humano en la industria y los servicios a nivel global (Véase más ampliamente Zúñiga Rodríguez, 2022).

Esto ha sido puesto de manifiesto especialmente en un *Informe de Naciones Unidas sobre Delincuencia Organizada Transnacional en la industria pesquera* de 2011, que a su vez hace alusión a otro informe de la OIT de 2006, *El desafío del Mekong: mal pagados, sobrecargados de trabajo e ignorados*, que describe los graves casos de trata de personas y trabajo forzoso en la industria pesquera en comparación con otros sectores como la manufactura, la agricultura y el trabajo doméstico (UNODC, 2011, p. 24). Este informe de 2011 se centra en las actividades de la delincuencia organizada transnacional en la industria pesquera que protagoniza trata de personas, migración clandestina y tráfico de drogas.

Ahora bien, y especialmente desde 2020 en que la pandemia ha agudizado el proceso de migración de la criminalidad organizada a la Red, la captación de víctimas para la explotación sexual, laboral y para la comisión de delitos se realiza por redes criminales que se dedican a buscar sus víctimas en los entornos de mayor vulnerabilidad para aprovecharse de ello y, de manera engañosa, ofrecerles supuestas ofertas de trabajo o de una vida mejor en otros países. Como alerta el último informe de EUROPOL (2025, p. 48): "La dimensión en línea y los avances tecnológicos son fundamentales para orquestar diferentes formas de trata de personas y llevarlas a las sombras del mundo criminal".

Nos encontramos con dos problemáticas que son propias de la delincuencia organizada moderna: el uso de sociedades legales e instrumentales y el uso de internet para la realización de sus actividades.

En ambos casos el elemento común es la organización, la actividad criminal realizada de manera profesional, a través de redes criminales que poseen estructuras estables, con reparto de funciones, para la consecución de una finalidad común: la explotación de las personas para la obtención de grandes beneficios, cosificando a las mismas, despojándolas de toda dignidad y libertad, con serias afrentas a los derechos humanos. En el caso de la organización online suele ser claramente de carácter criminal porque la

Red tiene la virtualidad del anonimato, lo cual anima a la realización de conductas prohibidas que gozan de impunidad.

A la propia organización sin personería jurídica se le puede imponer las consecuencias del art. 129 CP: multa, cierre de locales, suspensión de sus actividades, etc.

Cuestión distinta es la problemática de la responsabilidad penal de las personas jurídicas en estos casos. El art. 177 bis CP numeral 7 contempla expresamente esta responsabilidad para el caso de la trata de seres humanos.

Obviamente, para sancionar a una persona jurídica tendrá que cumplir con todos los requisitos del art. 31 bis CP. Curiosamente no encontramos sanciones para las personas jurídicas ni consecuencias accesorias en las sentencias estudiadas. Incluso en casos donde se hace alusión a su existencia, el pronunciamiento jurisprudencial no contempla ninguna consecuencia jurídica para las mismas, como sucede en la STS 396/2019 de 24 de julio **(TOL.7.431.979)** en la que se reconoce explotación sexual constitutiva de trata de seres humanos de una organización criminal en clubs de alterne.

En este ámbito encontramos un déficit significativo de sancionabilidad, pese a que las regulaciones nacionales e internacionales promueven las sanciones para personas jurídicas por los delitos de trata de seres humanos. Incluso, la nueva *Directiva (UE) 2024/1712 del Parlamento Europeo y del Consejo de 13 de junio de 2024 por la que se modifica la Directiva 2011/36/UE relativa a la prevención y lucha contra la trata de seres humanos y a la protección de las víctimas*, aumenta notablemente las sanciones aplicables a las personas jurídicas, intentando ir más allá de la multa. Así, según el considerando Nº 12, los Estados miembros pueden decidir incluir entre las sanciones a personas jurídicas en cuyo beneficio se han cometido infracciones relacionadas con la trata de seres humanos, su exclusión de los procedimientos de licitación o concesiones, aún por debajo de los umbrales establecidos en las Directivas 2014/23/UE (4), 2014/24/UE (5) y 2014/25/UE (6) del Parlamento Europeo y del Consejo.

6. CONCLUSIONES Y REFLEXIONES FINALES

Pese al aumento significativo de casos detectados de trata de seres humanos por parte de todos los estudios nacionales e internacionales, encontramos un déficit significativo de detenciones y condenas.

Además de los aspectos regulativos, en este trabajo se ha puesto en evidencia los problemas más significativos de aplicabilidad de la legislación española con una serie de sentencias del TS estudiadas. Los casos han puesto de manifiesto la complejidad de los asuntos abordados y las dificultades que poseen los operadores jurídicos para el acopio de pruebas sólidas con el fin de lograr una eficaz persecución penal, especialmente cuando la trata se realiza por una organización criminal (sobre estos temas precisamente incide el último Informe de UNODC, 2024, pp. 27 y 31). Ello, sin lugar a dudas, constituye una merma en la capacidad disuasoria de la norma penal, especialmente de la trata que discurre en el ámbito de la delincuencia organizada que es la mayoritaria.

Ahora bien, al reconocer que la trata de personas se realiza mediante un proceso largo, lo relevante es actuar preventivamente en las fases primarias y abordar el tema de manera holística, teniendo en cuenta sus múltiples aristas, por lo que requiere un tratamiento integral y no solo penal.

7. REFERENCIAS BIBLIOGRÁFICAS

AGNU (2005). *Un concepto más amplio de la libertad: Desarrollo, seguridad y derechos humanos para todos. [Informe del Secretario General]. Documento A/59/2005, de 21 de marzo de 2005, Seguimiento de los resultados de la Cumbre del Milenio.* https://docs.un.org/es/A/59/2005

Bocanegra, J. (2023). Delincuencia organizada y «maremágnum normativo» tras la LO 5/2010, de 22 de junio. ¿Una agrupación dedicada a delinquir es una organización criminal, un grupo criminal o una asociación ilícita? *InDret, 2,* 325-356. https://indret.com/delincuencia-organizada-y-maremagnum-normativo-tras-la-lo-5-2010-de-22-de-junio/

Directiva (UE) 2024/1712 del Parlamento Europeo y del Consejo de 13 de junio de 2024 por la que se modifica la Directiva 2011/36/UE relativa a la prevención y lucha contra la trata de seres humanos y a la protección de las víctimas. DOUE núm.1712, de 24 de junio de 2024. https://eur-lex.europa.eu/legal-content/ES/TXT/HTML/?uri=OJ:L_202401712

EUROPOL (2025). The changing DNA of serious and organised crime. Serious and organised crime threat assesment.

Fiscalía General del Estado (2024). Memoria de Unidad de trata de personas y extranjería de 2024. https://www.fiscal.es/documents/20142/ac0e5108-7c47-5dbf-e476-2c6fb0ea4082

Fiscalía General del Estado (2011). Circular 2/2011, *de 2 de junio, sobre la reforma del Código Penal por Ley Orgánica 5/2010* en relación con las organizaciones y grupos criminales.

García, V. (2014). Trata de seres humanos y criminalidad organizada. *Anuario de Derecho Penal y Ciencias Penales*, LXVII, 193-237. https://revistas.mjusticia.gob.es/index.php/ADPCP/article/view/1193

Giménez-Salinas, A., Requena, L., y De la Corte, L. (2011). ¿Existe un perfil de delincuente organizado? *Revista electrónica de Derecho Penal y Criminología, 13*, 1-32. http://criminet.ugr.es/recpc/13/recpc13-03.pdf

Marín, N. (2022). Análisis de la excusa absolutoria regulada en el apartado 11 del artículo 177 bis del Código Penal. *Diario La Ley, 10051*, 1-21.

Martínez Escamilla, M., Valle Mariscal de Gante, M., Sánchez Tomás, J. M., Segovia Bernabé, J. L., Asua Batarrita, A., Gimbernat Ordeig, E., Villacampa Estiarte, C., Ríos Martín, J.; Etxebarria Zarrabeitia, X. y Vieyra Calderoni, M. (2022), Informe Jurídico. *Víctimas de trata para delinquir: entre la protección y el castigo. El principio de no punición (art. 177 bis 11 del Código penal)*. https://docta.ucm.es/entities/publication/2b5e8fbf-490b-4068-aa8c-b6b394593ac4

Militello, V. (2018). La tratta di esseri humani: la Politica Criminale multilivello e la problematica distinzione con il traffico di migranti. *Rivista italiana di Diritto e Procedure Penale*, LXI (1), 86-108.

Segura, M. (2023, 28 de septiembre). El «gran negocio» de la trata de mujeres: mueve 40.000 millones al año, como la droga. [Nota de prensa]. https://efe.com/andalucia/2023-09-28/el-gran-negocio-de-la-trata-de-mujeres-mueve-40-000-millones-al-ano-como-la-droga/

Sierra, E. (2025, 30 de julio). Aumentan los rescates de mujeres víctimas de trata en España, engañadas y con cargas familiares [entrevista a Celeste López]. *La Vanguardia*. https://www.lavanguardia.com/videos/claves-del-dia/20250730/10938279/claves-dia-aumentan-rescates-mujeres-victimas-trata-espana-enganadas-cargas-familiares.html

UNODC (2011). *Transnational Organized Crime in the Fishing Industry*. https://www.unodc.org/documents/human-trafficking/Issue_Paper_-_TOC_in_the_Fishing_Industry.pdf

UNODC (2024). *Global Report on Human Trafficking 2024*. https://digitallibrary.un.org/record/4069246?v=pdf

Valle, M. (2015). La víctima de trata de seres humanos como autor de delitos: la excusa absolutoria del art. 177 bis 11. En R. Alcácer, M. Martín, y M. Valle (Coords.). *La trata de seres humanos: persecución penal y protección a las víctimas*. (pp. 123-154). Edisofer.

Valle, M. (2022). La sentencia de 2 de noviembre de 2021 del Tribunal Superior de Justicia de Cataluña: un importante paso hacia adelante en la protección de las víctimas de trata (1). *Diario La Ley, 9986*, 1-8. https://diariolaley.laleynext.es/dll/2022/01/11/la-sentencia-de-2-de-noviembre-de-2021-del-tribunal-superior-de-justicia-de-cataluna-un-importante-paso-hacia-adelante-en-la-proteccion-de-las-victimas-de-trata1

Villacampa, C. (2012). Trata de seres humanos y delincuencia organizada. *InDret, 1*, 1-35. https://indret.com/trata-de-seres-humanos-y-delincuencia-organizada/

Villacampa, C. (2022). El principio de no punición o no penalización de las víctimas de trata de seres humanos: reconocimiento normativo y aplicación (1). *Diario La Ley, 10101*, 1-12.

Zúñiga, L. (2015). Problemas de interpretación de los tipos penales de organización criminal y grupo criminal: estudio a la luz de la realidad criminológica y la jurisprudencia. En Pérez Álvarez, F. y Zúñiga, L. (Dirs.). *Instrumentos jurídicos y operativos en la lucha contra el tráfico internacional de drogas.* (pp. 91-138). Aranzadi.

Zúñiga, L. (2021). Derecho Penal de la seguridad: delincuencia grave y visibilidad. *Anales de la Cátedra Francisco Suárez. Protocolo I*, 155-177. https://doi.org/10.30827/acfs.vi1.16885

Zúñiga, L. (2022). *Compliance* penal, diligencia debida, culpa organizacional: ¿juego de abalorios para la responsabilidad (penal) de las personas jurídicas? *La Ley compliance penal, 10*, 1-25.

Capítulo III

La trata de seres humanos: una aproximación al concepto, proceso y formas de explotación

ELVIRA C. CABRERA-RODRÍGUEZ
Universidad Camilo José Cela
https://orcid.org/0000-0003-0899-9747

1. INTRODUCCIÓN

La desigualdad, la vulnerabilidad, la violencia, la deshumanización, la injusticia son aspectos inherentes a una de las manifestaciones de violación de derechos humanos más flagrantes que existe actualmente, la trata de seres humanos, que sigue preocupando y extendiéndose a nivel mundial, afectando a las personas que, inmersas en una situación de vulnerabilidad, son utilizadas por los tratantes como objeto de compraventa y, por ende, explotadas bajo una situación de trabajo forzoso, despojándolas de su dignidad, libertad e integridad física y emocional.

La trata de seres humanos, además de no ser un fenómeno nuevo, es una realidad delictiva de enorme complejidad, y compuesta por múltiples factores, que se ha ido desarrollando hasta alcanzar una dimensión global.

Según el último Informe de la Organización Internacional del Trabajo (OIT, 2021), el número de víctimas sometidas a la esclavitud moderna alcanza la cifra de 49,6 millones de personas entre 2017-2021. Constituye, por tanto, un problema real y una constante en la sociedad mundial, además de uno de los retos de la política criminal actual. La justicia, el desarrollo y el bienestar social son términos sin sustancia cuando la sociedad a nivel mundial se enfrenta a esta lacra (Antolínez-Merchán et al., 2024).

El último Informe Mundial sobre la Trata de personas de las Oficina de las Naciones Unidas para la Droga y el Delito (UNODC, 2024) recoge los casos de trata detectados entre 2019 y 2023. Las cifras sitúan con un 62% a los adultos, donde las mujeres siguen representando el mayor porcentaje (39%) frente a los hombres (23%). En el caso de los niños, niñas y adolescentes estos representan el (38%), de los cuales el 22% son niñas y el 16% son niños.

En el ámbito de la Unión Europea (UE), la Oficina Europea de Estadística, Eurostat, ha publicado los últimos datos de víctimas de trata registradas en Europa en 2023, un total de 10.793 víctimas de trata de seres humanos. El 63 % de las víctimas eran mujeres o niñas. Entre las víctimas registradas cuya forma de explotación fue denunciada, la explotación sexual fue la forma predominante con un 43,8%.

En relación al número de víctimas registradas de trata con fines de trabajo o servicios forzosos, en los últimos cinco años se ha producido un notable aumento, entre 2008 y 2018, la proporción se situó entre el 14% y el 21%, y a partir de 2019, se posicionó entre el 28% y el 41%. En el año 2023, otras formas de trata como la extracción de órganos y otros fines de explotación, como el uso para fraude de prestaciones sociales, actividades delictivas y mendicidad forzada, alcanzó el 20,2 % (EUROSTAT, 2023).

Esta realidad que se recoge de los datos facilitados por los citados organismos internacionales es solo la "punta del iceberg". Sin embargo, existe una enorme dificultad para la medición del fenómeno.

En el estudio de cualquier fenómeno social, y más si lo que se persigue es comprender su dimensión, el abordaje de este desde un punto de vista cuantitativo que permita conocer su prevalencia, es de especial importancia. En el caso de la trata de seres humanos aún más si cabe, dada las características que le son inherentes, al ser un fenómeno difícil en su abordaje y cuantificación, debido a la gran cifra negra que le rodea y que facilita su invisibilización.

Este hecho dificulta en gran medida la investigación, que queda patente en los múltiples y variados problemas a los que se enfrentan los investigadores para la obtención de datos. Así pues, para el estudio de la trata de seres humanos resulta imprescindible disponer de datos estadísticos que aporten una imagen lo más real y completa posible de la transcendencia del problema para combatirlo.

A este respecto, la Comisión de Estadística de las Naciones Unidas (UNSC) aprobó en 2025 la Clasificación Internacional de la Trata de Personas (IC-TIP), desarrollada por la UNODC y la Organización Internacional para las Migraciones (OIM) y cuya creación quedó plasmada en el Informe conjunto de la Oficina de las Naciones Unidas contra la Droga y el Delito y la Organización Internacional para las Migraciones sobre estadísticas de delincuencia (2024).

La IC-TIP ofrece una metodología mundial para la recopilación y clasificación de los datos sobre la trata de personas, mejorando significativamente en fiabilidad y validez, además de contribuir el diseño de las investigaciones a través de las distintas técnicas metodológicas que recojan la dimensión oculta del fenómeno.

Es incontestable que la lucha contra la nueva esclavitud del siglo XXI, la trata de seres humanos, es un compromiso y un reto para toda la sociedad en su conjunto.

El objetivo principal de este trabajo es aportar una visión general de la trata de seres humanos a través del abordaje de su delimitación conceptual, del proceso conducente a la situación de trata y las formas de manifestación, como elementos claves para su conocimiento, persecución del delito, protección de las víctimas e investigación y, con el claro propósito, de aunar esfuerzos en la lucha contra este evidente atentado contra los derechos humanos.

2. LA TRATA DE SERES HUMANOS: UN FENÓMENO INVISIBILIZADO

2.1. Delimitación conceptual

La trata de seres humanos es y sigue siendo un problema real y constante en la sociedad mundial, y uno de los retos de la política criminal actual. En cualquiera de sus expresiones, supone, como se ha comentado antes, una grave violación de los derechos humanos y un negocio extremadamente lucrativo.

Debido a su carácter complejo, la trata de seres humanos presenta una serie de dificultades en su abordaje, que se traducen, entre otras, en la necesidad de su delimitación conceptual, regulación y en una correcta medición y cuantificación, dada su escasa visibilización, en aras a una mayor comprensión del fenómeno.

Precisamente en relación a su delimitación conceptual, es de especial importancia que esta se plantee de manera clara, en contraste con otros fenómenos delictivos, principalmente con el tráfico ilícito de inmigrantes, que si bien son dos delitos distintos guardan similitudes y se encuentran conectados.

El tráfico ilícito de migrantes, queda definido en el art. 3 del Protocolo contra el tráfico ilícito de migrantes por tierra, mar y aire (2000), como sigue:

> Por "tráfico ilícito de migrantes" se entenderá la facilitación de la entrada ilegal de una persona en un Estado Parte de la cual dicha persona no sea nacional o residente permanente con el fin de obtener, directa o indirectamente, un beneficio financiero u otro beneficio de orden material. (p.2)

El tráfico ilícito de migrantes implica el cruce de fronteras y, por ende, la entrada a otro Estado, y donde normalmente la relación entre el traficante y el migrante finaliza tras dicho cruce, perpetrando los traficantes un delito contra el Estado y cuya mercancía es suministrar un servicio, el de atravesar de forma irregular una frontera para la obtención de un beneficio. En este sentido se pronuncia, Valle (2021) al considerar que el tráfico de migrantes se caracteriza por ser una actividad que implica el tránsito transfronterizo incumpliendo las normas de extranjería imperantes en el Estado al que se desea acceder. Aunque las migraciones ilegales puedan ser muy arriesgadas, los migrantes consienten en ese tráfico, finalizando su vínculo con el traficante con la llegada al país de destino. El precio que los migrantes pagan suponen la fuente principal de ingresos que obtienen los delincuentes.

La trata de seres humanos, por su parte, se encuentra definida principalmente por dos instrumentos jurídicos internacionales, en primer lugar, en el art. 3 del Protocolo para Prevenir, reprimir y sancionar la trata de seres humanos, especialmente mujeres y niñas (2000), también conocido como Protocolo de Palermo, y en el art. 4 del Convenio del Consejo de Europa sobre la lucha contra la trata de seres humanos (2005), o también llamado Convenio de Varsovia. En ambos textos legales, la trata de seres humanos queda definida como la captación, transporte y recepción de las personas a través de medios coercitivos y violentos con la finalidad de explotación, donde hay que advertir que no es necesario que esta se produzca, y donde se incluyen la prostitución ajena u otras formas de explotación sexual, los trabajos o servicios forzados, la esclavitud o las prácticas análogas a la esclavitud, la servidumbre o la extracción de órganos como formas de trata.

Según Villacampa (2010), en el concepto internacional de trata incluido en el citado Protocolo, hay que destacar los tres elementos básicos que lo integran,

a) La acción: aquella conducta que consiste en captar, transportar, trasladar, acoger o recibir personas.

b) Los medios comisivos empleados: a través de amenazas, coacciones, rapto, engaño, abuso de poder, etc.

c) La finalidad de explotación a la víctima: en cualquiera de sus manifestaciones (sexual, laboral, tráfico de órganos, servidumbre, etc.).

En el marco de la UE, mencionar dos instrumentos jurídicos importantes. La Directiva 2011/36/UE del Parlamento Europeo y del Consejo, de 5 abril de 2011, relativa a la prevención y lucha contra la trata de seres humanos y a la protección de las víctimas y por la que se sustituye la Decisión marco 2002/629/JAI del Consejo. En concreto en el art. 1, se señala que deben ser conductas punibles,

> La captación, el transporte, el traslado, la acogida o la recepción de personas, incluido el intercambio o la transferencia de control sobre estas personas, mediante la amenaza o el uso de la fuerza u otras formas de coacción, el rapto, el fraude, el engaño, el abuso de poder o de una situación de vulnerabilidad, o mediante la entrega o recepción de pagos o beneficios para lograr el consentimiento de una persona que posea el control sobre otra persona, con el fin de explotarla.

La Directiva (UE) 2024/1712 del Parlamento Europeo y del Consejo, de 13 de junio de 2024, por la que se modifica la Directiva 2011/36/UE relativa a la prevención y lucha contra la trata de seres humanos y a la protección de las víctimas modifica el antiguo art. 2, en su apartado 3, en el que se incluyen otras formas de explotación como la maternidad subrogada, el matrimonio forzado y la adopción ilegal.

> La explotación incluirá, como mínimo, la explotación de la prostitución ajena u otras formas de explotación sexual, el trabajo o los servicios forzados, incluida la mendicidad, la esclavitud o prácticas similares a la esclavitud, la servidumbre, la explotación para realizar actividades delictivas, la extracción de órganos o la explotación de la maternidad subrogada, del matrimonio forzado o de la adopción ilegal.

Por último, y como instrumento jurídico dentro del derecho penal sustantivo español, la Ley Orgánica 5/2010, de 22 de junio, por la que se modifica la Ley Orgánica 10/1995, de 23 de noviembre, del Código Penal, introduce el tipo penal de trata de seres humanos en su art. 177 bis. En su apartado 1, se recoge que será castigado con la pena de cinco años a ocho de prisión como reo de trata de seres humanos el que, sea en territorio español, o desde España, en tránsito o con destino a ella, cuando se emplee violencia, intimidación o engaño, o se abuse de una situación de superioridad o de necesidad o de vulnerabilidad de la víctima nacional o extranjera, o mediante la entrega o recepción de pagos o beneficios para lograr el consentimiento de la persona que poseyera el control sobre la víctima, la captare, transportare, trasladare, etc., incluido el intercambio o transferencia de control sobre esas personas. Todo ello en cualquiera de las finalidades de la trata; la imposición de trabajo o de servicios forzados, la esclavitud o prácticas similares a la esclavitud; a la servidumbre o a la mendicidad; la explotación sexual, incluyendo la pornografía; la explotación para realizar actividades delictivas; la extracción de sus órganos corporales y la celebración de matrimonios forzados.

La trata de seres humanos no implica necesariamente un cruce de fronteras, dado que puede ocurrir dentro de las fronteras nacionales, la denominada "trata interna". Con frecuencia, la explotación es constante lo que genera beneficios para los tratantes y donde la persona es considerada una mercancía. Según Valle (2021), la finalidad de la explotación de las personas es donde se asienta la vulneración de los Derechos Humanos, atentando con su dignidad, cosificándola y siendo menospreciada como un objeto o mercancía con la finalidad de realizar un negocio.

Bermejo (2021), señala que como elemento común entre ambos fenómenos y que parece estar recibiendo atención es el de los medios coercitivos empleados –y la falta de consentimiento–, o la existencia de dicho consentimiento de forma inicial junto con la voluntariedad, que puede suceder tanto en la trata como en el tráfico, al menos al principio del viaje, pero que posteriormente queda sin efecto.

Por último, mencionar por qué es fundamental la distinción entre la trata de personas y el tráfico ilícito de migrantes. Aun siendo dos delitos diferentes, requieren un abordaje distinto en relación a los derechos de las víctimas, a la pena impuesta a los autores, pero sobre todo a una clara y efectiva detección e identificación de las víctimas, además que los Estados deben trabajar desde un marco de derechos humanos que facilite su lucha, pero principalmente su prevención.

2.2. Proceso

La trata de seres humanos constituye un proceso que sucede a lo largo del tiempo y que está compuesto por diferentes fases, las cuales tienen como fin último la esclavización de las víctimas.

La captación, el transporte y la explotación. En relación a la primera, la *captación*, suele ocurrir en los países de origen de las víctimas. En la mayoría de los casos los tratantes aprovechándose de las circunstancias tan precarias que sufren estas, bien sean económicas, personales o sociales, les ofrecen falsas promesas de trabajo prometiéndoles un futuro mejor para ellas y sus familias.

Según Villacampa (2011), la forma de captación que utilizan los tratantes es distinta dependiendo del tipo de trata, lo que va en función de la finalidad que se persiga para la explotación de la víctima. Lo mismo ocurre con la forma en la que la víctima es adquirida o reclutada, dado que cambia según se esté ante una primera adquisición o en una posterior, hecho que tiene lugar cuando la propiedad de la víctima se traslada de un tratante a otro, como si fuera una mercancía.

En el caso de la primera adquisición, las víctimas pueden ser captadas a través de anuncios, como, por ejemplo, vallas publicitarias, el empleo de nuevas tecnologías o mediante personas conocidas de su entorno, que las engañan con ofertas de trabajo muy atrayentes o de manera directa comprando a la víctima a quien tiene influencia sobre ella o el trueque de la misma, e incluso utilizando el secuestro como medio más represivo.

Por lo que respecta a la segunda fase de la trata, el *traslado*, donde a la víctima se la va a explotar en el país de destino elegido por los tratantes. Estos normalmente les sufragan el viaje, por cualquier medio de transporte público o privado, con la intención de que la víctima les devuelva ese dinero, casi siempre con intereses, en cuanto puedan disponer de ingresos derivados del trabajo al que se ve obligada desempeñar.

Las formas de traslado, según Villacampa (2011), pueden variar en función de si este lleva consigo el cruce de fronteras, si las víctimas han consentido o si se realiza bajo la legalidad o ilegalidad. Hay que destacar que, aunque el proceso de la trata, lógicamente, no está consentido por la víctima, estas consienten el traslado.

El traslado de las víctimas no tiene por qué ser internacional, sino que la trata puede ocurrir de forma interna, lo que se denomina trata doméstica o interna, como ya se ha señalado en el apartado anterior. De esta forma, la trata se produce en el mismo país en el que se capta a la víctima. La víctima nacional o extranjera, es trasladada desde un lugar a otro de su país de origen sin que exista un cruce de fronteras y sin que este sea un requisito para considerar que se ha producido el fenómeno.

Por otro lado, la autora señala que en algunos casos de trata se distinguen dos fases en el proceso de traslado de las víctimas. En un primer momento, la víctima puede ser desplazada de una zona rural a otra urbana dentro del mismo país, y en un segundo momento, en el que se realiza el traslado internacional de la víctima. Ambos procesos tienen como finalidad una mayor destrucción desde un punto psicológico de las víctimas causándoles daños irreparables, antes de que lleguen al país de destino, en el que tristemente seguirán sufriendo más daños psíquicos, pero también físicos.

Fernández (2012) señala, en relación a la fase de traslado, que el paso de fronteras de las víctimas puede realizarse de diferentes maneras. Una de ellas es, en el caso de España según los casos analizados por el Tribunal Supremo, donde las víctimas son trasladadas como turistas a las que se les adelanta una cantidad de dinero, que suele ser la que las autoridades policiales consideran como la señal que indica que se está ante esa situación. En algunos casos incluso se hace mención a que se ha producido una reserva de un hotel para la estancia correspondiente, además de la utilización de documentación falsa.

Por último, la fase de *explotación,* que consiste en que una vez la víctima ha llegado al país de destino, los tratantes les retiran su documentación y el dinero del que disponen. Al mismo tiempo, se les indica qué trabajo van a desempeñar y cuáles son las condiciones de este. A partir de ahí, se va generando una deuda que no tiene fin y que sitúa a las víctimas en una situación de mayor vulnerabilidad, dependiendo totalmente del explotador que decide de manera unilateral las condiciones en que dicha deuda se produce.

3. LA TRATA DE SERES HUMANOS: TIPOS DE EXPLOTACIÓN

Entre los aspectos fundamentales a abordar en relación con el fenómeno de la trata de seres humanos cabe destacar los múltiples factores que pueden favorecer su aparición como uno de los mercados ilícitos más rentables a nivel mundial en la actualidad.

Desde un punto de vista estructural, existen dos tipos de factores: de empuje (push factors) y de atracción (pull factors). Los factores de empuje son aquellos que provienen de los países de origen, donde ejercen su influencia tanto en los tratantes como en las víctimas, llevados por las precarias circunstancias sociales y económicas. Por su parte, los factores de atracción son aquellos que se derivan de los países de destino, ofreciendo oportunidades de un futuro mejor, con expectativas de trabajo y desarrollo económico alto (Cabrera, 2017, p.4).

Estos factores configuran un contexto de especial vulnerabilidad implícito en este grave delito, donde la lucha contra la trata de seres humanos precisa de un análisis de los diversos aspectos que la conforman en cada uno de los tipos de trata existentes.

El objetivo último de la trata de seres humanos es la explotación de la víctima, y en función de esta, se ha elaborado la clasificación de los distintos tipos que existen en la actualidad, los cuales se han visto plasmados en la definición del fenómeno que diferentes organismos internacionales han recogido en documentos creados al efecto.

3.1. La trata con fines de explotación sexual

La perspectiva de género y de derechos humanos constituye el foco desde el que actuar en la violencia que sufren las víctimas de trata en general, y en especial, las mujeres y niñas sometidas a la trata con fines de explotación sexual.

A este respecto la Relatora Especial sobre la trata de personas, especialmente mujeres y niños, señala la importancia del género al considerar que este,

> determina la vivencia de los conflictos, la inseguridad y la injusticia, tanto para mujeres y niñas, como para los hombres y los niños, las personas lesbianas, gais, bisexuales y transgénero (personas LGBT) y las personas de diversas identidades de género, limitando a menudo la protección igualitaria de los derechos. (Mullally, 2024, p.2)

Igualmente, realiza un llamamiento que recuerde que para conseguir la igualdad de género es imprescindible cambiar las relaciones de poder y desigualdad entre hombres y mujeres, al igual que admitir la indivisibilidad de los derechos económicos, sociales, culturales, civiles y políticos.

Según el último Informe de la Oficina de las Naciones Unidas para la Droga y el Delito, Global Report on Trafficking in Persons (UNODC, 2024), las mujeres víctimas de trata con fines de explotación sexual representan el 66% de las víctimas detectadas y las niñas el 60%.

En el ámbito de la UE, el Quinto Informe de la Comisión al Parlamento Europeo y al Consejo, al Comité Económico y Social Europeo y al Comité de Regiones, sobre los progresos realizados en la Unión Europea en la lucha contra la trata de seres humanos (Comisión Europea, 2025), en adelante, Quinto informe, se remarca que la trata de seres humanos sigue siendo un delito con una importante dimensión de género. En el período 2021-2022, el 65 % de todas las víctimas de trata en la UE eran mujeres y niñas. La gran mayoría de las víctimas de explotación sexual son mujeres (92 %). El 68 % son mujeres y el 24 % son niñas.

En este mismo sentido, la Estrategia Europea de la lucha contra la trata de seres humanos (2021-2025), (Comisión Europea, 2021), afirma la importancia de encarar la lucha contra la trata de seres humanos con fines de explotación sexual desde un enfoque de género al considerar que representa el tipo de trata mayoritaria en Europa como una forma más de violencia contra la mujer.

En el caso de España, los últimos datos de los que se disponen corresponden el Balance estadístico (2020-2024) sobre Trata y Explotación Sexual de Seres Humanos en España, en adelante Balance estadístico, que recoge un total de 256 víctimas liberadas de las redes de trata de seres humanos para su explotación sexual, de las cuales 244 son mujeres y 7 hombres. En el caso de los menores se detectaron un total de 5 niñas. El perfil mayoritario es el de mujeres procedentes de Colombia, Venezuela y Paraguay.

En el contexto de la trata con fines de explotación sexual, otro de los aspectos transcendentales es la vinculación de esta con la prostitución, principal contexto donde mayoritariamente se desarrolla la trata con fines de explotación sexual, y que de acuerdo a las leyes de la oferta y la demanda se convierte en un negocio altamente lucrativo que propicia su existencia y que sitúan a las mujeres y niñas cómo víctimas del sistema prostitucional. Así pues, se requiere investigar la demanda de la prostitución y las políticas entorno a esta por su relevancia en la figura de la trata con fines de explotación sexual. En este sentido, en España cabe citar el Macroestudio Trata, explotación sexual y prostitución de mujeres: una aproximación cuantitativa (2024), de la Delegación del Gobierno contra la Violencia de Género, donde se señala que la trata con fines de explotación sexual está fuertemente asociada a la prostitución y que el poder ahondar en las características y dimensiones de la primera, es imprescindible para aumentar el conocimiento existente sobre la segunda. En dicho estudio se recoge que se ha podido elaborar un primer acercamiento a la cuantificación de la trata con fines de explotación sexual, en el que se deduce que podría haber entre 9.764 y 17.639 mujeres en riesgo de trata con fines de explotación sexual, lo que supone entre el 8,52% y el 15,40% del total de mujeres prostituidas.

3.2. La trata con fines de trabajo forzado

El trabajo forzoso u obligatorio se define en el Convenio núm. 29 de la OIT, en su art. 2, como “todo trabajo o servicio exigido a un individuo bajo la amenaza de una pena cualquiera y para el cual dicho individuo no se ofrece voluntariamente” (1930, p. 1). Veintisiete años después, la OIT adoptó el Convenio sobre la abolición del trabajo forzoso, núm. 105 de 1957, relativo a la obligatoriedad por todo miembro de la OIT que lo ratificara, a suprimir y a no hacer uso de ninguna forma de trabajo forzoso u obligatorio como castigo por tener o expresar determinadas opiniones políticas, con fines de fomento económico, por la participación en huelgas, y como medida de discriminación racial o de otro tipo o como disciplina laboral.

Posteriormente, La Conferencia General de la Organización Internacional del Trabajo adopta en el año 2014 dos nuevos instrumentos. El primero, el Protocolo de 2014 relativo al Convenio sobre el trabajo forzoso, 1930. Dicho Protocolo establece las obligaciones de prevenir el trabajo forzoso, proteger a las víctimas y proporcionar a estas últimas acceso a acciones jurídicas y de reparación, y resalta el vínculo entre el trabajo forzoso y la trata de personas, y el segundo, la Recomendación sobre el trabajo forzoso (medidas complementarias), núm. 203, dispone orientaciones prácticas no vinculantes relativas a medidas encaminadas a fortalecer la legislación y la política nacionales sobre el trabajo forzoso en los ámbitos de la prevención, la protección de las víctimas y la facilitación de su acceso a la justicia y a acciones jurídicas y de reparación, el control del cumplimiento y la cooperación internacional.

Según la OIT, en 2021, 49,6 millones de personas vivían en condiciones de esclavitud moderna, de los cuales 27,6 millones en situación de trabajo forzoso.

De nuevo, y en alusión a la necesidad de seguir avanzando en la mejora de la medición de la trata de seres humanos, en el año 2023, se crea el proyecto de Herramientas Estándar para el Análisis de la Trata de Personas (STATIP) con el apoyo de la Oficina de Vigilancia y Lucha contra la Trata de Personas (Oficina TIP) del Departamento de Estado de Estados Unidos. Es un proyecto de las Naciones Unidas (ONU) dirigido por la OIT, la UNODC y la OIM, con el Center on Human Trafficking Research and Outreach (CenHTRO) de la Universidad de Georgia. El objetivo principal que persigue el proyecto es elaborar orientaciones estadísticas concretas para apoyar a las Oficinas Nacionales de Estadística (ONE) y a otras instituciones a elaborar estadísticas oficiales de alta calidad y contrastables a nivel internacional sobre la trata de personas con fines de trabajo forzoso (Saiovici & Sánchez, 2025)

Por su parte, el último Informe Mundial sobre la Trata de personas (UNODC, 2024), en alusión al porcentaje de víctimas de trata detectadas con fines de trabajo forzoso, los datos posicionan a los hombres en primer lugar (47%), seguido de las mujeres (23%), los niños (10%) y las niñas (20%).

En el Quinto informe de la UE, la trata de seres humanos con fines de explotación laboral sigue siendo la segunda forma más frecuente de trata de seres humanos durante el período 2021-2022, con un 37% de las víctimas, y donde los hombres representan la mayoría de estas (70%). Entre los sectores de alto riesgo de explotación figuran la construcción, la agricultura, la silvicultura, la transformación de alimentos, las cadenas de montaje, la hostelería, el comercio al por menor, los lavaderos de coches, los servicios de belleza y limpieza, el transporte y el trabajo doméstico, aunque surgen nuevos sectores emergentes como, por ejemplo, los servicios de asistencia domiciliaria y de enfermería y los servicios de paquetería. El informe recoge que el sector del fútbol se manifiesta como un ámbito propicio para la explotación en países como Portugal y Bélgica.

En España, en materia de trabajo forzoso, se destaca el primer Plan de Acción Nacional contra el Trabajo Forzoso: relaciones laborales obligatorias y otras actividades humanas forzadas (2021), atendiendo así al compromiso con la Agenda 2030. Concretamente el objetivo 8, *Trabajo decente y crecimiento económico,* exige, en la medida 8.7, la adopción de medidas inmediatas y eficaces para erradicar el trabajo forzoso, las formas contemporáneas de esclavitud y la trata de personas, así como eliminar al trabajo infantil en todas sus formas.

Por último, en España, señalar que en el Balance estadístico, los datos de trata con fines de explotación laboral, registran un total de 246 personas víctimas. De entre estas se destacan 180 hombres frente a 61 mujeres, junto a cinco menores (una niña y cuatro niños). El perfil mayoritario de la víctima es el de un hombre natural de Colombia, India o Pakistán.

3.3. Otros tipos de trata (matrimonio forzado, mendicidad forzada, actividades delictivas forzadas y extracción ilegal de órganos)

En el Informe de la Oficina del Alto Comisionado de las Naciones Unidas para los Derechos Humanos (ACNUDH). Prevención y eliminación del matrimonio infantil, precoz y forzado (2014), se define el matrimonio infantil, el matrimonio precoz y el forzado: el primero es aquel en el que al menos uno de los contrayentes es un niño (niño como menor de 18 años de edad, salvo que, en virtud de la ley que le sea aplicable, haya alcanzado antes la mayoría de edad). En el caso del matrimonio precoz o infantil, se hace referencia a los matrimonios en los que uno de los contrayentes es menor de 18 años en países en los que la mayoría de edad se alcanza más temprano o tras el matrimonio. En cuanto al matrimonio forzado, es todo aquel que se celebra sin el consentimiento pleno y libre de al menos uno de los contrayentes y/o cuando uno de ellos o ambos carecen de la capacidad de separarse o de poner fin a la unión, entre otros motivos debido a coacciones o a una intensa presión social o familiar.

Los matrimonios forzados han sido reconocidos como una violación de los derechos humanos y como una forma de violencia hacia las mujeres y las niñas en numerosos tratados internacionales, declaraciones y convenciones.

Entre ellos se destaca el Convenio del Consejo de Europa sobre Prevención y Lucha contra la Violencia contra las Mujeres y la Violencia Doméstica de 2011 (Convenio de Estambul). En su art. 37, donde se prohíbe expresamente el matrimonio forzado, se establece que las partes adoptarán las medidas legislativas o de otro tipo necesarias para tipificar como delito la conducta intencionada de obligar a un adulto o un menor a contraer matrimonio, e igualmente, se tipifica el engañar deliberadamente a una persona para trasladarla al territorio de un Estado distinto al de residencia con el propósito de obligarla a contraer matrimonio.

En España, el matrimonio forzado se recoge en el artículo 172 bis del Código penal español, introducido por la Ley Orgánica 1/2015, de 30 de marzo, por la que se modifica la Ley Orgánica 10/1995, de 23 de noviembre, del Código Penal, al castigar con una pena de prisión de seis meses a tres años y seis meses o con multa de doce a veinticuatro meses, atendiendo a la gravedad de la coacción o de los medios empleados, al que obligue usando la violencia a otra persona a contraer matrimonio. Además se tipifica la conducta anterior a quien fuerce deliberadamente a una persona para abandonar el territorio español o no regresar a este. En el caso de los menores, la pena se impondrá en su mitad superior.

El Alto Comisionado de las Naciones Unidas para los Derechos Humanos (ACNUDH), y según datos recogidos por el Fondo de las Naciones Unidas para la Infancia (UNICEF), más de 650 millones de mujeres vivas hoy en día se casaron cuando eran niñas. Cada año, al menos 12 millones de niñas se casan antes de cumplir los 18 años, lo que supone 28 niñas cada minuto. Una de cada cinco niñas está casada, o en pareja, antes de cumplir los 18 años. En los países menos desarrollados, esa cifra se duplica: El 40% de las niñas se casan antes de los 18 años, y el 12% de las niñas se casan antes de los 15 años. Esta práctica está especialmente extendida en los países afectados por conflictos y en entornos humanitarios. En España, en el Balance estadístico (2024), se registra un total de 8 víctimas, de las cuales 2 son mujeres y 6 niñas.

El matrimonio forzado, según Villacampa (2019), debe plantearse más como una manifestación de la violencia de género que como una cuestión únicamente relacionada con las comunidades culturales en las que estas mujeres están integradas, a pesar de la relevancia de su origen para explicar este tipo de victimización. Por eso, la respuesta institucional no debe acotarse a la inculpación de conductas, sino que debe ser víctimo-céntrica y apoyarse en la adopción de mecanismos de prevención enfocados en la protección de las víctimas junto a la persecución de estas conductas.

En el caso de la trata para la mendicidad forzada, las personas son utilizadas como instrumento para la obtención de beneficios de distinta índole y obligadas a pedir dinero en diversos escenarios, denigrándola con la finalidad de suscitar un sentimiento de lástima en la ciudadanía. Lucea (2023), señala que este negocio se extiende de manera inmune y que los tratantes continúan diseñando estrategias para simular sus conductas criminales, actualizando modalidades, reinventando sus métodos y adecuándose a la ocasión.

En la UE, la mendicidad forzada, con solo un 2 %, sigue estando presente en varios Estados miembros como forma de explotación. En Portugal, representaba la tercera forma principal de explotación. Entre las víctimas se encontraba menores de edad de nacionalidad rumana, búlgara, eslovaca y húngara, en particular de etnias gitanas (Quinto Informe, 2025)

En España, el delito de mendicidad coactiva o violenta, se contempla únicamente cuando afecte a menores de edad, regulado en el art. 232 del Código Penal, en el que dispone que los que utilizaren o prestaren a menores de edad o personas con discapacidad necesitadas de especial protección para la práctica de la mendicidad, incluso si ésta es encubierta, serán castigados con la pena de prisión de seis meses a un año. Además se impondrá la pena de prisión de uno a cuatro años si se emplea violencia y se suministra sustancias perjudiciales para su salud.

Finalmente, señalar otras formas de trata de seres humanos como las actividades delictivas forzadas y la extracción de órganos. La primera debe entenderse como la explotación de una persona para que cometa una serie de actividades delictivas. En Europa, el proyecto RACE in Europa (2012-2014) indica, que las principales actividades criminales en las que son explotadas las personas objeto de trata con esta finalidad en Europa son, entre otras: robo (incluido el carterismo, el robo en cajeros automáticos, el robo en tiendas o el robo de metales), cultivo de cannabis, producción de metanfetamina, tráfico / contrabando de drogas y producción de productos falsificados (como DVD y cigarrillos).

Un hito importante en esta materia, lo constituyó la sentencia del Tribunal Europeo de Derechos Humanos (TEDH) en el caso de V.C. L y A. N. c. Reino Unido, núms.77587/12 y 74603/12, sentencia de 16 de febrero de 2021, en la que los demandantes eran dos ciudadanos vietnamitas, menores de edad, que habían sido traídos al Reino Unido para trabajar en fábricas de cannabis. Ambos fueron apresados y condenados por delitos relacionados con drogas. En el proceso no se tuvo en cuenta su condición de víctimas de trata. A este respecto, Ochoa (2021), señala,

> que dicha sentencia supuso un paso más en la construcción jurisprudencial del régimen de las obligaciones positivas que corresponden a los Estados en materia de trata de seres humanos, de acuerdo con el art. 4 de la Convención Europea de Derechos Humanos. En concreto, el Tribunal ha valorado por primera vez si procesa a dos menores víctimas de trata, por delitos cometidos en su condición de tales, es conforme o no a la obligación de adoptar dichas medidas operativas (p.14).

Por último, según la UNODC (2024), la trata para la extracción de órganos, es una forma de explotación, pese a que a menudo las víctimas parecen haber consentido la extracción de sus órganos, su consentimiento no es válido cuando media engaño, fraude o abuso de una situación de vulnerabilidad, que es cuando se les otorga la condición de víctimas de trata. Los traficantes, que suelen formar parte de complejas redes delictivas, se lucran vendiendo estos órganos a receptores que o bien no pueden o no quieren esperar a los trasplantes legales. Los órganos más extraídos a las víctimas de la trata de personas son los riñones, seguidos de partes del hígado.

Las víctimas suelen proceder de entornos pobres, sin educación y vulnerables. Los grupos delictivos organizados se dirigen particularmente a desempleados, inmigrantes, solicitantes de asilo y refugiados. Muchas son coaccionadas, engañadas o ven en la venta de órganos un último recurso para mejorar su desesperada situación económica. Aunque algunas víctimas reciben una compensación económica escasa, muchas no reciben nada de dinero y a veces ni siquiera cuidados postoperatorios. Se estima que entre el 5% y el 10% de todos los trasplantes realizados en el mundo utilizaban órganos procedentes del mercado negro, aunque la cifra puede ser mucho mayor. Se trata de un lucrativo negocio delictivo que mueve anualmente entre 840 y 1700 millones de dólares. Las víctimas de esta forma de trata suelen proceder de entornos pobres, sin educación y vulnerables. El Informe Mundial sobre la Trata de personas (UNODC, 2024), indica que las víctimas de la trata con fines de extracción de órganos son, en su mayoría, hombres (63%), seguidos de las mujeres (25%), de los niños (8%) y de niñas (4%).

Los datos relativos a la identificación de víctimas de trata de personas con fines de explotación, para los matrimonios forzados, la mendicidad forzada, las actividades delictivas y extracción ilícita de órganos, siguen siendo anecdóticos. Ello pone de manifiesto tanto la invisibilidad del fenómeno como la dificultad en el acceso a derechos y a una asistencia integral, de una parte de las víctimas de este grave delito que es la trata de personas.

4. CONCLUSIONES

A lo largo de este capítulo se ha intentado describir el fenómeno de la trata de seres humanos como una grave violación de derechos humanos, destacando por una parte, la importancia de su delimitación conceptual, realizando para ello un recorrido por las definiciones que organismos e instrumentos internacionales y nacionales ofrecen, y por otra parte, se ha señalado la diferenciación con otros fenómenos delictivos con los que habitualmente se la ha confundido, y que aunque presentan conexión y similitudes entre ellos, son claramente distintos.

Igualmente, se ha explicado el proceso que supone la trata de personas en sus distintas fases y los factores que promueven la trata de seres humanos. Dichos factores deben ser reducidos tanto los que influyen y ejercen presión desde los países de origen como los que lo hacen desde los países de destino. Su conocimiento, y sobre todo, su abordaje desde distintos frentes es de especial importancia en aras a no sólo a la lucha contra el fenómeno de la trata, sino a la protección de las víctimas.

Finalmente, se aborda los distintos tipos de trata. A este respecto, se ha realizado un recorrido general desde su definición, datos estadísticos que aportan un acercamiento a una parte de la realidad, debido a la invisibilidad del fenómeno, pasando por los instrumentos jurídicos con los que se cuenta a nivel internacional y nacional para su desarrollo.

El abordaje del fenómeno de la trata de seres humanos debe realizarse necesariamente desde un enfoque de derechos humanos, de perspectiva de género y de ayuda y asistencia a las víctimas, partiendo de una perspectiva integral, donde exista un compromiso de acción de todas las partes implicadas articulando estrategias de prevención en la detección y asistencia integral tras la identificación, dada la grave situación de vulnerabilidad en la que se encuentran las víctimas.

Hay que actuar de forma contundente y sin ambages ante este grave problema que afecta a los derechos y libertades de las personas, las cuales no se pueden convertir en moneda de compra y venta, donde son consideradas y tratadas como un objeto de transacción o como mera mercancía.

La responsabilidad de ello recae, desde un enfoque integral, de género y de derechos humanos, en la coordinación y cooperación de los poderes públicos y la sociedad civil en aras a garantizar la protección de las víctimas como sujetos de derecho.

5. REFERENCIAS BIBLIOGRÁFICAS

Alto Comisionado de las Naciones Unidas para los Derechos Humanos (2014). *Prevención y eliminación del matrimonio infantil, precoz y forzado.* https://www.acnur.org/fileadmin/Documentos/BDL/2014/9585.pdf

Alto Comisionado de las Naciones Unidas para los Derechos Humanos (s.f). *Matrimonio infantil y forzado, incluso en contextos humanitarios.* (https://www.ohchr.org/es/women/child-and-forced-marriage-including-humanitarian-settings

Antolínez-Merchán, P., Cabrera-Rodríguez, E., & Martínez-Serrano, E. (2024). En F.J. Cristófol, A. Sandulescu y R. Trol (eds.), *Lecturas emergentes en los campos de la Ciencia, tecnología y técnica* (pp.75-87). Peter Lang.

Balance Estadístico (2020-2024) de Trata y Explotación de Seres Humanos en España. https://www.interior.gob.es/opencms/export/sites/default/.galleries/galeria-de-prensa/documentos-y-multimedia/balances-e-informes/2024/BALANCE-ESTADISTICO-TSH-2020-2024.pdf

Bermejo, R. (2021). Trata de seres humanos. *Eunomía. Revista en Cultura de la Legalidad, 21,* 277-293. https://doi.org/10.20318/eunomia.2021.6349

Cabrera, E.C. (2017). *La trata de seres humanos con fines de explotación sexual: la detección e identificación de las víctimas.* (Tesis doctoral). Universidad Camilo José Cela, Madrid.

Comisión al Parlamento Europeo y al Consejo, al Comité Económico y Social Europeo y al Comité de Regiones, sobre los progresos realizados en la Unión Europea en la lucha contra la trata de seres humanos. Quinto informe Comisión Europea, de 20 de enero de 2025. https://eur-lex.europa.eu/legal-content/ES/TXT/PDF/?uri=CELEX:52025DC0008

Comunicación de la Comisión al Parlamento Europeo, al Consejo, al Comité Económico y Social y al Comité de las Regiones sobre la estrategia de la UE de lucha contra la trata de seres humanos. Comisión Europea (2021-2025), de 14 abril de 2021. https://eur-lex.europa.eu/legal-content/ES/TXT/PDF/?uri=CELEX:52021DC0171&from=EN

Convenio sobre el trabajo forzoso, 1930 (núm. 29) https://normlex.ilo.org/dyn/nrmlx_es/f?p=normlexpub:12100:0::no:12100:p12100_instrument_id:312174:no

Convenio sobre la abolición del trabajo forzoso, 1957 (núm. 105) https://normlex.ilo.org/dyn/nrmlx_es/f?p=NORMLEXPUB:55:0:::55:P55_TYPE,P55_LANG,P55_DOCUMENT,P55_NODE:CON,es,C105,/Document

Convenio del Consejo de Europa sobre la trata de seres humanos, de 16 de mayo de 2005. Serie de los Tratados del Consejo de Europa, nº197.Varsovia. https://www.refworld.org/es/leg/instcons/ue/2005/es/130232

Convenio del Consejo de Europa sobre prevención y lucha contra la violencia contra las mujeres y la violencia doméstica, de 11 de mayo de 2011. Serie de los Tratados del Consejo de Europa, nº210. https://rm.coe.int/1680462543

Delegación del Gobierno contra la Violencia de Género. Subdirección General de Sensibilización, Prevención y Estudios de la Violencia contra las mujeres. (2024). *Macroestudio sobre trata, explotación sexual y prostitución de mujeres: una aproximación cuantitativa.* https://violenciagenero.igualdad.gob.es/wp-content/uploads/Informe-macroestudio-trata-.pdf

Directiva 2011/36/UE del Parlamento Europeo y del Consejo, de 5 abril de 2011, relativa a la prevención y lucha contra la trata de seres humanos y a la protección de las víctimas y por la que se sustituye la Decisión marco 2002/629/JAI del Consejo. https://www.boe.es/doue/2011/101/L00001-00011.pdf

Directiva (UE) 2024/1712 del Parlamento Europeo y del Consejo, de 13 de junio de 2024, por la que se modifica la Directiva 2011/36/UE relativa a la prevención y lucha contra la trata de seres humanos y a la protección de las víctimas. https://www.boe.es/buscar/doc.php?id=DOUE-L-2024-80945

Fernández, P. (2012). Una aproximación práctica a la lucha contra la trata de seres humanos. En S. García y P. Fernández. *La trata de seres humanos.* (p.99-150). Centro de Estudios Políticos y Constitucionales.

Fondo de las Naciones Unidas para la Infancia (UNICEF) (s.f). https://data.unicef.org/topic/child-protection/child-marriage/

Ley Orgánica 10/1995, de 23 de noviembre, del Código Penal, Boletín Oficial del Estado, núm. 281, de 24 de noviembre de 1995, pp. 1-207. https://www.boe.es/buscar/pdf/1995/BOE-A-1995-25444-consolidado.pdf

Ley Orgánica 5/2010, de 22 de junio, por la que se modifica la Ley Orgánica 10/1995, de 23 de noviembre, del Código Penal, Boletín Oficial del Estado, núm. 152, de 23 de junio de 2010, pp. 54811-54883. https://www.boe.es/boe/dias/2010/06/23/pdfs/BOE-A-2010-9953.pdf

Ley Orgánica 1/2015, de 30 de marzo, por la que se modifica la Ley Orgánica 10/1995, de 23 de noviembre, del Código Penal. del Código Penal. https://www.boe.es/buscar/act.php?id=BOE-A-2015-3439

Lucea, A. (2023). Mendicidad ajena y forzada, una forma de trata de personas. En P. Blasco (Coord.). *Trata de seres humanos. Inmoralidad e injusticia* (pp.100-120). Prensas de la Universidad de Zaragoza.

Mullally, S. (2024). *Trata de personas y cuestiones de género, paz y seguridad.* Informe de la Relatora Especial sobre la trata de personas, especialmente mujeres y niños. https://www.ohchr.org/es/special-procedures/sr-trafficking-in-persons/annual-reports

Ochoa, N. (2021). Tribunal Europeo de Derechos Humanos: Asunto V.C.L. y A.N. c. Reino Unido, nos 77587/12 y 74603/12, sentencia de 16 de febrero de 2021. *Revista Aranzadi Doctrinal, 6*, 1-22. https://www.researchgate.net/publication/367965517_Tribunal_Europeo_de_Derechos_Humanos_Asunto_VCL_y_AN_c_Reino_Unido_nos_7758712_y_7460312_sentencia_de_16_de_febrero_de_2021#fullTextFileContent

Oficina Europea de Estadística. Eurostat (2023). *Estadísticas sobre la trata de personas.* https://ec.europa.eu/eurostat/statistics-explained/index.php?title=Trafficking_in_human_beings_statistics&lang=es

Organización de las Naciones Unidas. Objetivos de Desarrollo Sostenible. https://www.un.org/sustainabledevelopment/es/sustainable-development-goals/

Organización Internacional para las Migraciones (2025). *La Comisión de Estadística de las Naciones Unidas aprueba la Clasificación Internacional de Datos Administrativos sobre la Trata de Personas (IC-TIP)* https://migrantprotection.iom.int/en/spotlight/articles/initiative/un-statistical-commission-endorses-international-classification

Organización Internacional para las Migraciones (2024). *Informe conjunto de la Oficina de las Naciones Unidas contra la Droga y el Delito y la Organización Internacional para las Migraciones sobre estadísticas de delincuencia.* https://migrantprotection.iom.int/en/resources/report/joint-report-united-nations-office-drugs-and-crime-and-international-organization

Organización Internacional del Trabajo (2022). *Estimaciones mundiales sobre la esclavitud moderna: trabajo forzoso y matrimonio forzoso - Resumen Ejecutivo.* https://www.ilo.org/es/publications/estimaciones-mundiales-sobre-la-esclavitud-moderna-trabajo-forzoso-y

Protocolo para prevenir, reprimir y sancionar la trata de personas, especialmente mujeres y niños, que complementa la Convención de las Naciones Unidas contra la Delincuencia Organizada Transnacional. En Resolución 55/25, de la Asamblea General, de 15 de noviembre de 2000. Convención de las Naciones Unidas Contra la Delincuencia Organizada Transnacional. En Oficina de las Naciones Unidas contra la Droga y el Delito. Nueva York, 2004. Convención de las Naciones Unidas Contra la Delincuencia Organizada Transnacional y sus protocolos. https://www.unodc.org/documents/treaties/UNTOC/Publications/TOC%20Convention/TOCebook-s.pdf

Protocolo contra el tráfico ilícito de migrantes por tierra, mar y aire, que complementa la Convención de las Naciones Unidas contra la Delincuencia Organizada Transnacional (2000). https://www.unodc.org/documents/treaties/UNTOC/Publications/Convention/Spanish/ES_Protocol_against_the_Smuggling_of_Migrants_by_Land_Sea_and_Air.pdf

Protocolo de 2014 relativo al Convenio sobre el trabajo forzoso, de 28 de mayo de 2014. https://www.ohchr.org/es/instruments-mechanisms/instruments/protocol-2014-forced-labour-convention-1930

RACE in Europe Project (2012-2014). *Trafficking for Forced Criminal Activities and Begging in Europe Exploratory Study and Good Practice Examples.* https://www.ecpat.org.uk/Handlers/Download.ashx?IDMF=db05d4cd-2510-4097-8795-a57591ac61ae

Recomendación sobre el trabajo forzoso (medidas complementarias), 2014 (núm. 203). https://normlex.ilo.org/dyn/nrmlx_es/f?p=NORMLEXPUB:12100:0::NO::P12100_INSTRUMENT_ID:3174688

Resolución de 20 de diciembre de 2021, de la Secretaría de Estado de Empleo y Economía Social, por la que se publica el Acuerdo del Consejo de Ministros de 10 de diciembre de 2021, por el que se aprueba el Plan de Acción Nacional contra el Trabajo Forzoso: relaciones laborales obligatorias y otras actividades humanas forzadas. https://www.boe.es/diario_boe/txt.php?id=BOE-A-2021-21340

Resolución de 20 de diciembre de 2021, de la Secretaría de Estado de Empleo y Economía Social, por la que se publica el Acuerdo del Consejo de Ministros de 10 de diciembre de 2021, por el que se aprueba el Plan de Acción Nacional contra el Trabajo Forzoso: relaciones laborales obligatorias y otras actividades humanas forzadas. https://www.boe.es/diario_boe/txt.php?id=BOE-A-2021-21340

Saiovici, G., y Sánchez, L (2025). Comprender la magnitud de la trata de seres humanos para trabajos forzados. *Organización Internacional del Trabajo.* https://ilostat.ilo.org/es/blog/understanding-the-scale-of-human-trafficking-for-forced-labour/

UNODC (2024). *Global Report on Human Trafficking 2024.* https://www.unodc.org/unodc/en/data-and-analysis/glotip.html

UNODC (2024). Cómo funciona la trata para la extracción de órganos: mitos y realidades. https://news.un.org/es/story/2024/06/1530701

Valle, M. (2021). El delito de trata de seres humanos: evolución y perspectiva de futuro. *Anuario de la Facultad de Derecho de la Universidad de Alcalá, XIV,* 131-156. https://www.dykinson.com/revistas/anuario-de-la-facultad-de-derecho-de-la-universidad-de-alcala/el-delito-de-trata-de-seres-humanos-evolucion-y-perspectivas-de-futuro/9392/

Villacampa, C. (2010). El delito de trata de personas: un análisis del nuevo artículo 177 bis CP desde la óptica del cumplimiento de compromisos internacionales de incriminación. *Anuario de la Facultad de Derecho* de la *Universidad de la Coruña 14,* 819-865. http://hdl.handle.net/2183/8302

Villacampa, C. (2011). *El delito de trata de seres humanos. Una incriminación dictada desde el Derecho Internacional.* Thomson Reuters Aranzadi.

Villacampa, C (2018). Aproximación al matrimonio forzado desde la óptica de las víctimas. e-Eguzkilore.: *Zientzia Kriminologikoen Aldizkari Elektronikoa = Revista electrónica de Ciencias Criminológicas 4,* 1-38. https://ojs.ehu.eus/index.php/eguzkilore/article/view/20988/18827

Capítulo IV

La implicación de la tecnología de la información y de la comunicación ante el fenómeno de la trata de seres humanos

MARÍA PETRONELA POPIUC
Universidad Camilo José Cela
Orcid: https://orcid.org/0000-0002-6599-0848

PABLO FERNÁNDEZ ALONSO
Universidad Camilo José Cela
Orcid: https://orcid.org/0000-0003-0742-882X

1. INTRODUCCIÓN

La trata de seres humanos continúa siendo una de las violaciones más graves de los derechos fundamentales en el mundo contemporáneo. Aunque históricamente ha adoptado diversas formas y modalidades, la irrupción de las tecnologías de la información y la comunicación (TIC) ha transformado radicalmente sus dinámicas, ampliando tanto sus métodos de captación como sus redes de explotación.

En la era digital, ya no es imprescindible el contacto físico para iniciar el proceso de captación: los entornos virtuales como redes sociales, plataformas de citas, aplicaciones de mensajería instantánea o espacios encriptados en la dark web, se han convertido en herramientas clave para organizaciones criminales transnacionales que operan de forma descentralizada, eficaz y a menudo anónima.

Este escenario ha dificultado aún más la detección del delito y la protección de las víctimas, al tiempo que ha puesto en evidencia las limitaciones de los marcos jurídicos y operativos tradicionales. En consecuencia, resulta fundamental adoptar un enfoque tecnológico que permita comprender el papel que juegan las TIC no solo como facilitadoras de la trata, sino también como posibles aliadas en su prevención y lucha. En este sentido, las tecnologías digitales han creado nuevas formas de vulnerabilidad y riesgo, pero también ofrecen herramientas potentes para la identificación temprana de patrones, la localización de víctimas y la recopilación de pruebas, siempre que se utilicen con las debidas garantías éticas y jurídicas.

Este capítulo se justifica, por tanto, en la necesidad urgente de analizar la trata de seres humanos en su nueva configuración digital, evaluando tanto las amenazas como las oportunidades que plantea la tecnología. El estudio que aquí se presenta parte de la premisa de que la lucha contra este fenómeno requiere una visión integral, interdisciplinar y actualizada, que combine el análisis normativo con el conocimiento técnico y una profunda sensibilidad hacia los derechos de las víctimas. Solo así será posible diseñar políticas públicas eficaces y sostenibles en el tiempo, capaces de anticiparse a las nuevas formas delictivas emergentes.

El objetivo principal de este trabajo es examinar críticamente cómo la digitalización ha modificado los mecanismos de captación, control y explotación en la trata de seres humanos, así como las implicaciones jurídicas, sociales y éticas que de ello se derivan. Se persigue, además, identificar buenas prácticas, vacíos normativos y oportunidades de mejora, prestando especial atención a los avances tecnológicos. A través de una metodología analítico-descriptiva, se pretende ofrecer un marco de reflexión riguroso y práctico para investigadores, profesionales del derecho, responsables públicos y entidades del tercer sector.

De tal modo que, se permite, por un lado, visibilizar las nuevas lógicas de la trata en el entorno digital y por otro, contribuir al desarrollo de una agenda común que priorice la protección de los derechos humanos en los ecosistemas tecnológicos actuales y futuros.

2. EVOLUCIÓN DE LA TRATA DE SERES HUMANOS EN LA ERA DIGITAL

2.1. De las redes físicas a las redes virtuales

La trata de seres humanos ha experimentado una evolución significativa, pasando de métodos tradicionales basados en redes físicas, que operaban en espacios visibles como prostíbulos o talleres clandestinos, a sistemas híbridos que combinan entornos físicos y plataformas digitales para el reclutamiento, control y explotación de las víctimas. Esta transformación refleja la capacidad de adaptación de las organizaciones criminales a los avances tecnológicos, lo que ha complicado su detección y ha generado la necesidad de actualizar los marcos normativos vigentes.

En sus orígenes, la trata se sostenía sobre estructuras físicas asentadas en determinados espacios geográficos, especialmente en áreas urbanas o zonas fronterizas. Como explica Chiarotti (2003), los fines de la trata, como el trabajo forzoso, la explotación sexual o la reproducción forzada, se han mantenido constantes desde la época colonial. En el ámbito europeo, Vázquez (2008) describe cómo estas redes actuaban mediante la violencia, el engaño o la coerción, aprovechando la situación de vulnerabilidad de las víctimas.

En el caso español, Falcón y Rodríguez (2021) identifican la explotación sexual en clubes y prostíbulos como la forma más extendida, sostenida por estructuras económicas que favorecen tanto a redes locales como transnacionales. Según el Centro de Inteligencia contra el Terrorismo y el Crimen Organizado (CITCO, 2023), hasta bien entrada la década de los 2000, las grandes ciudades como Madrid, Barcelona y Valencia concentraban la mayor parte de los casos de trata. Las redes delictivas operaban a través de intermediarios locales, aprovechando contextos de pobreza o exclusión. Aunque este modelo facilitaba cierta visibilidad para la intervención policial, las dimensiones transnacionales de las redes dificultaban una respuesta eficaz.

El surgimiento de las tecnologías digitales marcó un punto de inflexión. Las redes virtuales comenzaron a complementar, e incluso a sustituir, a las estructuras físicas. En este sentido, Bermejo Casado (2021) analiza cómo la digitalización transformó la trata en un modelo de negocio con un fuerte componente online, proceso acelerado por la pandemia de la COVID-19. A ello se suma el análisis de Flores Páiz (2022), quien destaca el papel central que juegan las redes sociales y otras tecnologías de la información y la comunicación (TIC) en el reclutamiento, la comunicación y la coordinación de la explotación. Por su parte, Delva Benavides y González López (2022) advierten que las plataformas digitales permiten no solo el reclutamiento, sino también la explotación sexual en línea y la distribución de material abusivo.

En la misma línea, la Oficina de las Naciones Unidas contra la Droga y el Delito (UNODC, 2021) subraya que las tecnologías digitales han modificado radicalmente el fenómeno de la trata, posibilitando la captación y explotación de víctimas sin contacto físico, a través de redes sociales, aplicaciones de mensajería o incluso la dark web. Como explica nuevamente Flores Páiz (2022), los modelos híbridos se han impuesto: el contacto inicial puede realizarse online, seguido de una explotación presencial, o a la inversa, dificultando tanto la identificación de las víctimas como la persecución penal.

Europol (2021) confirma que los tratantes aprovechan las plataformas digitales en todas las fases del delito: desde la captación hasta la gestión económica, reduciendo así el riesgo de ser detectados. En España, CITCO (2023) señala que las redes sociales y los sitios de anuncios son medios habituales de captación, especialmente mediante ofertas laborales fraudulentas o promesas afectivas. Esta digitalización ha contribuido a diversificar las formas de explotación, incluyendo no solo la sexual, sino también el trabajo forzoso o la mendicidad.

Las implicaciones de este cambio son múltiples. Delva Benavides y González López (2022) advierten sobre los riesgos derivados del anonimato, la falta de regulación y la escasa supervisión de las plataformas. A esto se suma, como apunta Flores Páiz (2022), la dificultad para rastrear las transacciones financieras digitales asociadas a la trata. La UNODC (2021) alerta de que la rápida evolución tecnológica ha superado la capacidad de respuesta de los sistemas legales tradicionales.

En el contexto español, Falcón y Rodríguez (2021) coinciden en que esta transformación digital exige nuevas estrategias de intervención e investigación. Sin embargo, los marcos normativos aún no han logrado adaptarse plenamente a esta nueva realidad. Vázquez (2008) denuncia la insuficiencia de las respuestas penales tradicionales frente a redes transnacionales complejas. Bermejo Casado (2021) aboga por una actualización del marco jurídico de la Unión Europea, con regulaciones específicas para las plataformas digitales. Flores Páiz (2022) propone armonizar las legislaciones nacionales con instrumentos internacionales como el Convenio de Budapest sobre ciberdelincuencia. A su vez, Delva Benavides y González López (2022) defienden un enfoque multidisciplinar, que incluya protocolos de verificación de usuarios y medidas regulatorias internacionales más estrictas.

Las instituciones internacionales también hacen propuestas concretas. Europol (2021) reclama el uso de inteligencia artificial para detectar patrones delictivos en entornos digitales. CITCO (2023) plantea el uso de tecnologías avanzadas para monitorizar plataformas en línea. Por su parte, la UNODC (2021) insiste en la necesidad de cooperación internacional, enfoques multidisciplinares y criterios jurídicos armonizados que refuercen la protección a las víctimas.

2.2. Nuevos patrones y actores facilitados por las TIC

La irrupción de las tecnologías de la información y la comunicación (TIC) ha alterado profundamente los patrones tradicionales de la trata de seres humanos, generando nuevas dinámicas de captación, control y explotación. Las TIC han permitido el surgimiento de actores no convencionales y facilitadores tecnológicos que, sin participar directamente en la explotación, desempeñan un rol clave en la arquitectura del delito. Entre estos actores se encuentran administradores de plataformas, proveedores de servicios de mensajería instantánea, empresas de alojamiento web y redes sociales que, voluntaria o involuntariamente, posibilitan la difusión de contenidos o el contacto con potenciales víctimas.

Este nuevo ecosistema ha ampliado los métodos de captación mediante estrategias de manipulación emocional, grooming digital y falsas ofertas de empleo o modelos de negocio. Según Internet Organised Crime Threat Assessment de Europol (2021), los tratantes emplean identidades falsas, *bots* y técnicas de ingeniería social para construir relaciones de confianza con sus víctimas, generando un vínculo que, en muchos casos, desemboca en explotación. Las redes sociales, además, permiten segmentar a las víctimas por edad, sexo, localización y nivel socioeconómico, lo que maximiza la eficiencia del proceso de captación.

El anonimato que proporcionan ciertas aplicaciones cifradas y servicios alojados en la dark web dificulta la trazabilidad de los actores implicados, lo que ha fomentado la profesionalización de la trata. Asimismo, la figura del "facilitador digital", intermediario técnico que provee infraestructura tecnológica o conocimientos para evadir la detección, ha ganado protagonismo en los últimos años (UNODC, 2021). Estas nuevas formas de intermediación, altamente especializadas, se entrelazan con las redes criminales tradicionales, ampliando su alcance operativo.

Frente a estos desafíos, la Unión Europea ha comenzado a promover directrices específicas para que las plataformas digitales colaboren en la prevención de la trata. El EU Strategy on Combatting Trafficking in Human Beings 2021–2025 subraya la importancia de reforzar las obligaciones de diligencia debida de los actores tecnológicos, instando a establecer mecanismos de detección proactiva y reporte obligatorio de contenido sospechoso.

En concreto, de acuerdo con el informe señalado, la trata de seres humanos representa una forma de criminalidad especialmente grave y compleja, que afecta de manera desproporcionada a mujeres y menores. Genera beneficios económicos considerables para las redes delictivas, mientras provoca un profundo daño físico, psicológico y social a las víctimas, así como importantes costes para la sociedad en su conjunto. A pesar de los avances logrados en los últimos diez años por parte de la Unión Europea para reforzar su respuesta frente a esta amenaza, las personas en situación de vulnerabilidad siguen enfrentando un elevado riesgo de ser objeto de trata.

Este fenómeno socava el tejido social, debilita el Estado de Derecho y obstaculiza el desarrollo sostenible, tanto dentro de los Estados miembros como en los países socios de la UE. En este contexto, la Comisión Europea ha establecido una estrategia renovada con el fin de ofrecer una respuesta integral y coordinada. Su objetivo es proteger a quienes se encuentran en riesgo, fortalecer los derechos y la recuperación de las víctimas, perseguir y sancionar a los responsables, y reforzar la cohesión y seguridad de las comunidades. La atención prioritaria se dirige, de forma particular, hacia las mujeres y los menores, considerados los grupos más vulnerables.

Las líneas de actuación de esta estrategia están previstas para el periodo 2021–2025, aunque la Comisión se compromete a responder con agilidad ante cualquier evolución o tendencia emergente, gracias a un sistema de seguimiento y análisis permanente sobre la trata, tanto dentro del territorio europeo como en el ámbito internacional.

La eficacia de esta respuesta dependerá de la acción conjunta de todos los actores implicados. Por ello, la Comisión trabajará en estrecha colaboración con las instituciones de la UE, los Estados miembros y socios internacionales, y contará con el apoyo del Coordinador de la UE para la lucha contra la trata, encargado de garantizar la coherencia y coordinación de las actuaciones. Un enfoque colaborativo y firme es esencial para asegurar la protección de las víctimas, la defensa del Estado de Derecho, la seguridad común y la preservación de los derechos fundamentales.

Finalmente, la Comisión se compromete a realizar un seguimiento sistemático de la implementación de la estrategia, informando periódicamente al Parlamento Europeo y al Consejo sobre los avances alcanzados.

2.3. Geolocalización de las rutas y transformación de los flujos

La digitalización ha transformado no solo las modalidades de captación y control de las víctimas, sino también la configuración y el funcionamiento de las rutas utilizadas para la trata de seres humanos. Tradicionalmente, los flujos de trata respondían a trayectorias relativamente estables que conectaban regiones emisoras, especialmente del Este de Europa, África o América Latina, con países de destino en Europa Occidental. Sin embargo, la irrupción de las tecnologías de la información y la comunicación (TIC) ha descentralizado y diversificado estos flujos, dando lugar a rutas más flexibles, adaptables y, por tanto, más difíciles de identificar.

En este nuevo escenario, la geolocalización y el rastreo digital cumplen un doble papel. Por un lado, los tratantes utilizan tecnologías móviles y sistemas de posicionamiento global (GPS) para gestionar sus operaciones de manera más eficiente, planificando trayectos que evitan controles fronterizos, zonas vigiladas o rutas conocidas por las autoridades. Por otro lado, las fuerzas del orden y las agencias internacionales intentan aprovechar estas mismas herramientas para identificar patrones delictivos, cruzar datos y anticipar movimientos. Esta tensión tecnológica entre control y evasión define buena parte de la actual lucha contra la trata.

Según el Global Report on Trafficking in Persons de la UNODC (2021), las rutas ya no se limitan a desplazamientos físicos tradicionales, sino que cada vez más combinan fases digitales y presenciales. Por ejemplo, el reclutamiento puede llevarse a cabo completamente en línea, a través de redes sociales o plataformas de anuncios, mientras que la explotación se produce en el país de origen o destino sin necesidad de tránsito internacional. En otros casos, las víctimas son trasladadas a través de múltiples países, realizando breves estancias, lo que complica la trazabilidad del flujo. Esta fragmentación, permite a los tratantes adaptar los desplazamientos a factores coyunturales como restricciones migratorias, medidas sanitarias o controles aduaneros.

Al respecto, Europol (2021) ha señalado que las rutas son ahora más opacas e impredecibles, ya que los tratantes utilizan herramientas de encriptación y mensajería instantánea para coordinarse, así como vehículos sin identificación digital o pagos en criptomonedas para reducir su huella digital. El uso de aplicaciones como Telegram, Signal o incluso videojuegos con función de chat ha dificultado enormemente la labor de seguimiento, tanto a nivel policial como judicial. En este contexto, la explotación de datos de geolocalización se convierte en una herramienta indispensable para reconstruir el trayecto de una víctima o desmantelar una red, aunque su uso debe equilibrarse con el respeto a los derechos fundamentales y la protección de datos personales, como advierte la Agencia de los Derechos Fundamentales de la Unión Europea (FRA, 2021).

Por su parte, la Organización Internacional para las Migraciones (OIM, 2022) ha detectado un cambio significativo en la geografía de la trata. En lugar de largas rutas transcontinentales, cada vez es más frecuente que las víctimas sean explotadas en su propio país o en regiones próximas a su lugar de residencia o destino migratorio. Este fenómeno, conocido como trata local, ha crecido especialmente tras la pandemia de la COVID-19, al reducirse los movimientos internacionales y aumentar la vulnerabilidad económica de muchas personas. La OIM también subraya que la geolocalización se utiliza para monitorizar a las víctimas una vez han sido captadas, mediante el uso de aplicaciones de rastreo, cámaras ocultas o vigilancia remota, lo que refuerza los mecanismos de control y coacción.

Asimismo, el análisis de grandes volúmenes de datos (big data) y la inteligencia artificial comienzan a desempeñar un papel importante en la detección de flujos irregulares vinculados a la trata. La identificación de patrones anómalos de movilidad, cruces fronterizos repetitivos o registros múltiples de ubicación pueden ser señales de alerta que, procesadas adecuadamente, permiten anticipar la actividad delictiva. La Comisión Europea ha propuesto el desarrollo de estas herramientas como parte de su Estrategia de la UE para la lucha contra la trata de seres humanos (2021–2025), en combinación con una mayor cooperación entre agencias de inteligencia, cuerpos policiales y proveedores tecnológicos (Comisión Europea, 2021).

En definitiva, la transformación digital ha multiplicado los canales de movilidad y ha reconfigurado la lógica de los flujos de trata. Las rutas ya no se estructuran únicamente por factores geográficos o económicos, sino también por la infraestructura tecnológica disponible, el nivel de conectividad de cada región y la capacidad de evasión digital de los tratantes. Esta nueva realidad exige respuestas más sofisticadas, centradas en la tecnología, pero también en la cooperación internacional, el enfoque centrado en la víctima y el respeto a los derechos fundamentales.

3. PLATAFORMAS DIGITALES Y ESPACIOS DE CAPTACIÓN

Las plataformas digitales se han convertido en uno de los principales escenarios de captación de víctimas de trata de seres humanos. Las redes sociales, aplicaciones de mensajería instantánea, foros de juegos en línea e incluso webs de citas, se han transformado en los métodos tradicionales de reclutamiento, eliminando la necesidad de un contacto físico inicial y permitiendo a los tratantes acceder directamente a personas en situación de vulnerabilidad. Esta evolución ha hecho que los procesos de captación sean más rápidos, difíciles de detectar y adaptables a distintos contextos geográficos y culturales.

Un análisis comparativo de cuatro estudios recientes confirma la creciente utilización de entornos digitales como herramientas para la captación con fines de explotación. En concreto, se destacan plataformas como Facebook, WhatsApp, TikTok, Instagram, Twitter, foros de videojuegos, y redes sociales en general, estos espacios permiten que los tratantes simulen identidades, manipulen emocionalmente a sus víctimas y empleen estrategias basadas en la confianza, el engaño y la oferta de oportunidades falsas.

El estudio de Mayuri-Bocanegra y Aliaga-Pacora (2023), desarrollado en Lima (Perú), expone cómo Facebook es utilizada para crear perfiles falsos que se presentan como representantes de agencias de modelos o empleadores internacionales. A través de estos perfiles, los tratantes difunden promesas laborales o afectivas, estableciendo vínculos con mujeres jóvenes de entre 18 y 29 años y con menores varones. Las víctimas, con frecuencia, presentan niveles bajos de formación académica y provienen de contextos de precariedad económica, lo que aumenta su receptividad a este tipo de propuestas.

Complementariamente, el estudio de Carbajal Ramírez (2024) examina el uso de redes sociales y aplicaciones como Twitter, Instagram, WhatsApp y TikTok en la captación de menores, migrantes y adolescentes en situación de calle. En este trabajo se describen métodos como el grooming, manipulación afectiva progresiva, el acoso sexual digital, los anuncios de trabajo fraudulentos, el sexting y el intercambio de contenido íntimo como formas de control y coerción. Se resalta además que el acceso cotidiano de los menores a internet, junto con la falta de conciencia sobre los riesgos digitales y la escasa supervisión adulta, generan un entorno especialmente propicio para este tipo de delitos.

Por su parte, el informe Peligros Digitales (2019), de carácter teórico y con alcance global, pone el foco en perfiles con configuraciones de privacidad débiles y foros de videojuegos como canales frecuentes de captación de niños. En estos entornos, los tratantes aprovechan el anonimato, la ausencia de control parental y la confianza infantil para iniciar conversaciones que escalan hacia dinámicas abusivas. Aunque el estudio no detalla plataformas específicas, el contexto sugiere que cualquier entorno digital con alta presencia de menores puede ser explotado.

Asimismo, el análisis de Delva Benavides y González López (2022), con perspectiva internacional en América Latina, aborda la captación digital desde una perspectiva regulatoria y comparada. Los autores describen el uso de perfiles falsos, el robo de identidad, las ofertas académicas ficticias y la manipulación emocional como métodos comunes dirigidos a adolescentes de entre 12 y 23 años. Este estudio destaca especialmente los factores psicosociales que predisponen a las víctimas: miedo a denunciar, carencia de redes de apoyo, exposición temprana a la pornografía y necesidad económica. También se subraya la ausencia de protocolos efectivos por parte de las plataformas digitales, muchas veces sin mecanismos de verificación o moderación adecuados.

A nivel transversal, los estudios identifican elementos comunes en las tácticas de captación utilizadas por los tratantes en entornos digitales:

- Creación de perfiles falsos: en algunos estudios se señala esta técnica como la base para establecer confianza, simular relaciones afectivas o representar falsas oportunidades profesionales.
- Anuncios engañosos: utilizados especialmente en plataformas como Facebook y TikTok para ofrecer empleos, castings o becas ficticias.
- Manipulación emocional o afectiva: que incluye desde el grooming dirigido a menores hasta el establecimiento de relaciones románticas simuladas para lograr dependencia emocional.
- Sexting y solicitud de contenido íntimo: que se convierte en material de chantaje o coerción en fases posteriores del proceso.
- Respecto a los grupos demográficos objetivo, los estudios coinciden en identificar como principales víctimas a:
- Menores y adolescentes, especialmente aquellos de entre 12 y 17 años, expuestos a contenido sin filtros, con escaso acompañamiento adulto y con un uso intensivo de redes sociales (Carbajal Ramírez, 2024; Delva Benavides y González López, 2022).
- Mujeres jóvenes, que son blanco habitual de perfiles falsos que prometen empleo, viajes o relaciones afectivas (Mayuri-Bocanegra y Aliaga-Pacora, 2023).
- Migrantes y personas en situación de vulnerabilidad socioeconómica, que aceptan ofertas laborales engañosas ante la falta de oportunidades reales.

Aunque ninguno de los estudios menciona específicamente el uso de sitios de citas, se puede inferir razonablemente que plataformas como Tinder, Badoo o similares pueden ser igualmente empleadas para captar víctimas, dado que también permiten establecer relaciones de confianza, simular vínculos emocionales y ocultar la identidad del tratante. La estructura funcional de estas aplicaciones, basada en la proximidad geográfica, la interacción directa y la posibilidad de crear perfiles no verificados, las convierte en potenciales espacios de captación, especialmente en combinación con otras redes sociales.

En cuanto a los factores de riesgo, los estudios destacan de forma consistente los siguientes:

- Precariedad económica.
- Bajo nivel educativo y escasa formación digital.
- Falta de protección o supervisión en línea.
- Necesidad emocional, afectiva o de pertenencia.
- Desinformación sobre los riesgos digitales y el uso de la privacidad en redes sociales.

Finalmente, en relación con los marcos normativos y desafíos institucionales, los estudios apuntan a importantes debilidades:

- Normas jurídicas inadecuadas o no actualizadas, que no contemplan los mecanismos digitales de captación (Mayuri-Bocanegra y Aliaga-Pacora, 2023; Carbajal Ramírez, 2024).
- Falta de coordinación interinstitucional y ausencia de unidades policiales especializadas en ciberdelincuencia.
- Insuficiente responsabilidad de las plataformas digitales, que no adoptan medidas eficaces para identificar, bloquear o reportar perfiles sospechosos.
- Vacíos legales internacionales, que dificultan la cooperación transfronteriza y la persecución penal de los tratantes (Delva Benavides y González López, 2022).

A estos estudios latinoamericanos y globales se suman investigaciones europeas que profundizan en el uso instrumental de las plataformas digitales para fines de trata, en concreto, La UNODC ha advertido insistentemente sobre el creciente uso de tecnologías digitales en la trata de personas. En su Global Report on Trafficking in Persons 2024, destaca que los tratantes utilizan de forma habitual ofertas laborales falsas y promesas románticas en redes sociales para atraer especialmente a menores y migrantes vulnerables. El mismo informe subraya la profesionalización de estas tácticas, con el uso de perfiles falsos, segmentación digital y comunicación cifrada para facilitar el reclutamiento y reducir el riesgo de detección.

Por su parte, la OSCE, en su estudio Mapping the online landscape of risks of trafficking in human beings on sexual services websites (2023), rastreó casi 2.900 sitios web de servicios sexuales en 40 Estados de su región, con un total de más de 3 millones de anuncio. Este informe concluye que estas plataformas funcionan como infraestructura central para la publicidad de víctimas de trata sexual, ofreciendo acceso masivo y anónimo a potenciales compradores, un modelo que acelera significativamente las ganancias ilícitas.

En ese mismo marco, la OSCE publicó recomendaciones específicas para contrarrestar la trata facilitada por la tecnología: propone fortalecer el monitoreo online, el uso de inteligencia digital, la vigilancia encubierta en entornos digitales y la cooperación con proveedores tecnológicos para detectar anuncios legitimadores o sospechosos. Sus expertos recomiendan inversiones en herramientas de *webcrawling*, análisis de redes sociales y minería de metadatos, manteniendo siempre el respeto a los derechos fundamentales.

El Consejo de Europa, a través de GRETA (2022), también ha alertado sobre el uso de redes sociales, aplicaciones de citas y foros para el reclutamiento digital y la trata, recomendando la implementación de protocolos de verificación de identidad, formación técnica para las fuerzas del orden, colaboración con plataformas privadas y salvaguardas jurídicas robustas para proteger a las víctimas

En conjunto, estos informes europeos revelan una estrategia criminal altamente sofisticada: los tratantes aprovechan el anonimato, el alcance global y la facilidad de segmentación de las plataformas digitales para acceder a grupos vulnerables. Estas infraestructuras online actúan como mercados centralizados de explotación, en los cuales la oferta de servicios sexuales se mezcla con la asistencia aparente: logística, alojamiento, transporte. Esto ha llevado a un desfase claro entre la expansión del crimen y la respuesta legal, tanto a nivel nacional como internacional.

- En respuesta, las instituciones europeas proponen:
- Regulación obligatoria de *due diligence* para plataformas digitales,
- Protocolos proactivos de detección e intercambio de alertas transfronterizas (OSCE, UNODC),
- Campañas de alfabetización digital para menores y familias,
- Formación técnica específica para cuerpos policiales y fiscales,

- Coordinación entre el sector público, las TIC y la sociedad civil para cerrar vacíos legales e institucionales.

Este conjunto de recomendaciones pretende reforzar la prevención, protección, persecución y cooperación, pilares de la estrategia europea para combatir la trata digital.

Finalmente, en relación con los estudios que se han realizado en España, destaca, entre otros, el informe elaborado por Diaconia (2022) donde se señala que, en el ámbito de la trata de seres humanos, los tratantes están sabiendo explotar las oportunidades que ofrece la tecnología para atraer, someter y visibilizar a sus víctimas. Según los resultados obtenidos por Diaconía España a través de entrevistas y cuestionarios dirigidos a profesionales y personas implicadas en la detección del fenómeno, se identifican al menos cinco plataformas de redes sociales utilizadas en los procesos de captación: Facebook, señalada en el 54 % de los casos; Instagram, en el 23 %; OnlyFans, en el 12 %; TikTok, en el 8 %; y diversas aplicaciones de citas, en el 3 % restante.

Asimismo, se señala que, las aplicaciones de mensajería instantánea juegan un papel decisivo en el contacto directo con las potenciales víctimas, destacándose WhatsApp con un 52,5 % de los casos, seguida de Messenger (40 %) y Telegram (7,5 %).

En cuanto a las estrategias utilizadas por los tratantes para aproximarse a sus víctimas, los datos recogidos evidencian que en el 56,9 % de los casos se ofrece una supuesta oportunidad laboral. Por otro lado, el 23,6 % de los relatos hacen alusión a la técnica del *lover-boy*, que implica la construcción de una falsa relación sentimental como vía de captación. En el 14 % de los casos se promete una ayuda económica aparentemente altruista, y en el 5,5 % restante se alude a asistencia para facilitar el desplazamiento o el proceso migratorio.

Respecto a los factores de vulnerabilidad identificados, las más de 175 menciones realizadas por los 57 entrevistados permiten establecer seis características recurrentes entre las personas captadas: ser mujer menor de 35 años, vivir en una situación económica precaria, encontrarse en una posición social desfavorecida, proceder de contextos migratorios, tener responsabilidades familiares y contar con un bajo nivel de formación educativa.

3.1. Publicidad encubierta, algoritmos de riesgo y criptografía

El ecosistema digital no solo ha transformado los métodos de captación de víctimas de trata de seres humanos, sino que ha sofisticado los mecanismos de promoción, ocultación y expansión de estas redes criminales. Entre las principales herramientas que facilitan esta evolución se encuentran la publicidad encubierta en plataformas digitales, los algoritmos de recomendación que refuerzan la exposición de ciertos perfiles a contenidos delictivos y el uso de técnicas criptográficas que garantizan el anonimato y dificultan la trazabilidad de los tratantes.

Uno de los fenómenos más alarmantes es la publicación de anuncios aparentemente legales en sitios web abiertos o semiprivados que, en realidad, ocultan prácticas vinculadas a la trata con fines de explotación. Según la OSCE (2023), se han identificado más de 2.900 sitios web de servicios sexuales en cuarenta países de su región, con más de tres millones de anuncios activos, muchos de los cuales funcionan como fachada para publicitar y facilitar el acceso a víctimas de trata. Estas publicaciones logran eludir los mecanismos de control gracias a un lenguaje codificado, el uso de emojis y referencias ambiguas, así como a la inacción o falta de responsabilidad por parte de las plataformas que las alojan (GRETA, 2022). En muchos casos, los anuncios están diseñados para evadir filtros automatizados y presentan a las víctimas como trabajadoras autónomas, cuando en realidad se encuentran bajo coerción.

Este tipo de promoción se ve potenciado por algoritmos de recomendación cuya lógica de funcionamiento está diseñada para maximizar la interacción de los usuarios con la plataforma, sin evaluar suficientemente las implicaciones éticas o legales del contenido promocionado. Como ha señalado la UNODC (2024), estos algoritmos pueden exponer repetidamente a menores, personas migrantes o en situación de vulnerabilidad a perfiles o anuncios vinculados con la trata de personas, en especial cuando se han detectado búsquedas relacionadas con oportunidades laborales, afectivas o de vivienda. La lógica de personalización basada en el historial de navegación genera así lo que algunos investigadores denominan "burbujas de riesgo", en las que el contenido dirigido refuerza las vulnerabilidades del usuario, en lugar de protegerlo (Centre for Democracy & Technology, 2022).

Además, las plataformas digitales permiten segmentar a los usuarios en función de variables como la edad, localización, idioma o nivel socioeconómico. Esta capacidad de segmentación ha sido aprovechada por los tratantes para dirigir campañas engañosas a públicos específicos, maximizando las probabilidades de captación. El CDT (2022) ha advertido que los sistemas de publicidad programática permiten que anuncios de carácter sexual, romántico o laboral sospechoso aparezcan con mayor frecuencia entre usuarios con ciertos perfiles de riesgo, sin mecanismos de validación por parte de las plataformas.

A esta opacidad se suma el uso cada vez más extendido de tecnologías de cifrado y herramientas criptográficas, que dificultan significativamente la detección, vigilancia y persecución penal. Plataformas de mensajería como Telegram o foros especializados en la dark web proporcionan entornos en los que los tratantes pueden operar mediante canales cifrados de extremo a extremo, ocultar sus direcciones IP, borrar automáticamente los mensajes y coordinar operaciones internacionales sin dejar rastro. Según Europol (2021), estas tecnologías han sido ampliamente adoptadas por redes dedicadas a la trata de personas para gestionar traslados, compartir imágenes de las víctimas, comercializar sus servicios y realizar pagos.

Las criptomonedas, especialmente aquellas con mayor nivel de anonimato se han convertido en el medio de pago preferido en estos contextos, al no estar sujetas a las mismas obligaciones de trazabilidad que los sistemas bancarios tradicionales. En este sentido, la UNODC (2024) ha advertido que la convergencia entre criptomonedas, redes *peer-to-peer* y mercados oscuros como AlphaBay o Hydra ha generado una infraestructura paralela donde se intercambian servicios sexuales, documentos falsificados, rutas migratorias y datos personales de las víctimas.

Pese a la creciente sofisticación de estos métodos, la respuesta institucional ha sido limitada y fragmentaria. La OSCE ha propuesto el fortalecimiento del monitoreo en línea mediante herramientas de rastreo web, análisis de redes sociales y minería de metadatos, siempre con respeto a los derechos fundamentales. También ha instado a la creación de equipos especializados en ciberdelincuencia y al establecimiento de protocolos de colaboración entre plataformas tecnológicas, cuerpos policiales y autoridades judiciales para compartir alertas y patrones de riesgo (OSCE, 2023). En la misma línea, el Consejo de Europa ha recomendado medidas como la verificación obligatoria de identidad para usuarios que publiquen anuncios sexuales, la formación técnica de los operadores de justicia y el impulso de legislación que obligue a las plataformas a ejercer un debido control algorítmico sobre el contenido que promueven (GRETA, 2022).

En conjunto, estos elementos revelan que el crimen de la trata se ha adaptado plenamente a los entornos digitales, explotando las propias lógicas del mercado de la atención, la anonimización de los datos y la arquitectura opaca de muchas plataformas. La publicidad encubierta, los algoritmos que refuerzan la exposición de los más vulnerables y el uso de criptografía para operar en redes invisibles no solo dificultan la detección policial, sino que debilitan las posibilidades de prevención. De ahí que las instituciones internacionales insistan en la necesidad de generar un marco de gobernanza digital más robusto, donde la protección de los derechos humanos esté en el centro de la innovación tecnológica.

4. INTELIGENCIA ARTIFICIAL, BIG DATA Y VIGILANCIA

4.1. Herramientas tecnológicas para la detección de víctimas

La aplicación de tecnologías emergentes, como la inteligencia artificial (IA) y el Big Data, ha comenzado a redefinir las estrategias de detección y lucha contra la trata de seres humanos. Estas herramientas permiten analizar grandes volúmenes de datos de manera automatizada, lo que facilita la identificación de patrones sospechosos en plataformas digitales, redes sociales o anuncios clasificados, donde frecuentemente se oculta la captación de víctimas.

Uno de los avances más relevantes es el uso de sistemas de aprendizaje automático (*machine learning*) entrenados para reconocer indicios lingüísticos, visuales y contextuales asociados a situaciones de riesgo. Plataformas como Spotlight, desarrollada por Thorn y utilizada por agencias policiales en Estados Unidos y Europa, ha permitido identificar posibles víctimas en publicaciones en línea a través de la correlación semántica de imágenes y textos (Latonero, 2011). En el ámbito europeo, Europol ha promovido el desarrollo de herramientas de minería de datos y análisis predictivo mediante sistemas interoperables entre agencias nacionales. La Estrategia de la UE sobre la Lucha contra la Trata de Seres Humanos (2021-2025) enfatiza el papel de la tecnología en la detección proactiva, especialmente en los casos de trata con fines de explotación sexual y laboral. En España, la colaboración entre instituciones policiales y universidades ha generado iniciativas como el proyecto DETECT@, centrado en la detección de víctimas mediante análisis de redes sociales y lenguaje natural. Estas herramientas, sin embargo, requieren de una continua supervisión ética y jurídica, especialmente en lo relativo a la privacidad de los datos tratados.

4.2. Riesgo de sesgo algorítmico y protección de datos

El uso de algoritmos en el ámbito de la trata de personas plantea importantes retos en términos de derechos fundamentales. Uno de los principales riesgos es el sesgo algorítmico, que puede derivar en la identificación errónea de personas como víctimas o tratantes, debido a modelos entrenados con datos incompletos o sesgados.

La Agencia de los Derechos Fundamentales de la Unión Europea (FRA, 2020) ha alertado sobre cómo las decisiones automatizadas pueden afectar de manera desproporcionada a mujeres migrantes, comunidades racializadas y personas en situación irregular. Este tipo de sesgos, si no son corregidos, reproducen desigualdades estructurales en los sistemas de justicia penal.

Desde una perspectiva jurídica, el Reglamento General de Protección de Datos (RGPD) de la UE establece límites claros al tratamiento automatizado de datos personales. El artículo 22 del RGPD reconoce el derecho a no ser objeto de decisiones basadas únicamente en tratamientos automatizados, lo cual incluye los sistemas predictivos de detección.

En el marco español, la Agencia Española de Protección de Datos (AEPD) ha emitido recomendaciones específicas para el uso ético de la IA en el tratamiento de datos personales, haciendo énfasis en la transparencia algorítmica, la auditabilidad de los sistemas y el consentimiento informado. Todo desarrollo tecnológico aplicado a la trata debe pasar el filtro de proporcionalidad, necesidad y adecuación conforme a los principios del derecho europeo.

4.3. IA y predicción del delito: ¿hacia un modelo preventivo o punitivo?

El uso de herramientas basadas en inteligencia artificial (IA) para la predicción del delito representa uno de los desarrollos más disruptivos —y controvertidos— en el campo de la seguridad y la justicia penal. La promesa tecnológica radica en su capacidad de procesar grandes volúmenes de datos (Big Data), identificar patrones de conducta delictiva y anticiparse a futuros riesgos, lo que podría, en principio, facilitar la intervención temprana contra redes de trata de seres humanos. Sin embargo, esta aplicación plantea importantes interrogantes jurídicos y éticos.

Los modelos predictivos se alimentan de datos históricos (denuncias, zonas geográficas, perfiles sociales), lo que introduce un primer riesgo: la perpetuación de sesgos estructurales ya presentes en el sistema de justicia.

Estudios como el de Richardson, Schultz y Crawford (2019) han demostrado cómo sistemas como PredPol, utilizados en Estados Unidos y el Reino Unido, tienden a reforzar patrones de vigilancia excesiva en comunidades racializadas o empobrecidas, no porque sean más propensas al delito, sino porque han sido más vigiladas históricamente.

Trasladado al fenómeno de la trata, este tipo de herramientas podría apuntar de forma desproporcionada a determinados perfiles —como mujeres migrantes, trabajadoras sexuales o personas en situación irregular— reforzando estereotipos y vulnerando el principio de presunción de inocencia. Como ha advertido la Agencia de los Derechos Fundamentales de la Unión Europea (FRA, 2020), el uso de IA en contextos penales debe estar sujeto a un estricto control humano, garantizando que la tecnología no sustituya el juicio judicial, sino que lo complemente.

Desde el punto de vista del Derecho penal, esta tendencia al uso preventivo de la tecnología confronta con los principios fundamentales del Estado de Derecho. El principio de culpabilidad por el hecho propio (nulla poena sine culpa) se ve comprometido si se imponen restricciones de derechos en función de una probabilidad estadística, sin existencia de una conducta típica, antijurídica y culpable previa. La doctrina penal mayoritaria (Silva Sánchez, 2016; Mir Puig, 2021) advierte sobre los riesgos de una "justicia del enemigo" basada en perfiles, no en hechos.

El Tribunal Europeo de Derechos Humanos también ha dejado claro que las medidas preventivas deben respetar los principios de legalidad, necesidad y proporcionalidad. En el caso S. y Marper c. Reino Unido (TEDH, 2008), se declaró ilegal la retención indefinida de datos biométricos de personas no condenadas, por vulnerar el derecho a la vida privada del artículo 8 CEDH. Por analogía, la toma de decisiones automatizadas que impacten derechos sin control humano o judicial efectivo podría ser contraria al Convenio Europeo.

Desde un enfoque garantista, se plantea la necesidad de implementar el principio "human-in-the-loop", por el cual ningún sistema de IA debería tomar decisiones finales sin intervención humana. Además, se exige la explicabilidad de los algoritmos (transparencia), la rendición de cuentas institucional y la disponibilidad de mecanismos de revisión judicial.

Frente al modelo punitivo predictivo, diversos autores (Zuboff, 2020; Galdón Clavell, 2019) proponen una utilización alternativa de la IA orientada a la protección de derechos. Esto implicaría desarrollar sistemas de alerta temprana para identificar situaciones de riesgo, mejorar la atención a las víctimas y optimizar los recursos de prevención social. Por ejemplo, proyectos piloto con IA podrían analizar patrones de captación en redes sociales o detectar publicaciones en la web oscura que promuevan explotación sexual.

Por tanto, el dilema no radica en la herramienta en sí, sino en su gobernanza. La IA puede ser una aliada en la lucha contra la trata si se inserta en una estrategia respetuosa de los derechos fundamentales, con una arquitectura legal robusta y mecanismos de control democrático.

5. MARCO JURÍDICO Y LAGUNAS NORMATIVAS

5.1. Derecho internacional y europeo frente a la trata online

El Derecho internacional constituye el marco principal para la tipificación y persecución de la trata de seres humanos. El Protocolo para Prevenir, Reprimir y Sancionar la Trata de Personas, Especialmente Mujeres y Niños, complementario de la Convención de las Naciones Unidas contra la Delincuencia Organizada Transnacional (Protocolo de Palermo, 2000), establece una definición amplia del delito e impone a los Estados obligaciones de prevención, sanción y protección. Aunque no contempla expresamente la trata digital, su interpretación dinámica permite incluir nuevas formas facilitadas por TIC.

En Europa, el Convenio del Consejo de Europa sobre la lucha contra la trata de seres humanos (Convenio de Varsovia, 2005) amplía la protección de las víctimas e impone obligaciones vinculantes más allá del consentimiento de estas. Su enfoque centrado en derechos humanos ha sido reforzado por la jurisprudencia del Tribunal Europeo de Derechos Humanos (TEDH), especialmente en la protección de derechos procesales, la privacidad y la vida familiar (arts. 6 y 8 CEDH).

La Directiva 2011/36/UE obliga a los Estados miembros a incorporar en su legislación penal nacional todas las formas de trata, reconociendo expresamente el uso de medios tecnológicos (considerando 4 y art. 2.3). Además, promueve la asistencia jurídica, el apoyo psicosocial y el respeto de los derechos fundamentales. La reciente Estrategia de la UE sobre la lucha contra la trata de seres humanos 2021–2025 incorpora como eje prioritario la lucha contra la explotación online y aboga por una cooperación más estrecha con plataformas digitales y empresas tecnológicas.

El Reglamento (UE) 2022/2065 (Digital Services Act – DSA) establece nuevas obligaciones para las plataformas digitales en cuanto a la eliminación de contenidos ilícitos, protección de usuarios y diligencia debida frente a riesgos sistémicos como la trata. Las Very Large Online Platforms (VLOPs) están obligadas a realizar evaluaciones de impacto de derechos fundamentales y cooperar con autoridades judiciales.

Sin embargo, estos instrumentos aún adolecen de problemas de armonización y aplicación práctica. La ausencia de normas específicas sobre algoritmos, anonimato y jurisdicción digital limita la efectividad del marco jurídico europeo frente a la trata online.

5.2. Normativa español: aplicación de la Ley Orgánica 1/2023 y otras reformas

En el ordenamiento jurídico español, la trata está tipificada en el artículo 177 bis del Código Penal. La reforma introducida por la Ley Orgánica 1/2023 ha reforzado el enfoque de género, ampliado las formas de captación, y mejorado la protección de víctimas sin exigir cooperación con las autoridades.

La normativa procesal habilita la investigación digital mediante la Ley Orgánica 13/2015, que modificó la Ley de Enjuiciamiento Criminal, y más recientemente, la Ley Orgánica 7/2021, que regula medidas tecnológicas como la intervención de comunicaciones, el uso de troyanos o herramientas de rastreo online, siempre con control judicial.

Por su parte, la Ley Orgánica 3/2018 adapta el Reglamento General de Protección de Datos (RGPD) e introduce nuevos derechos digitales. No obstante, la protección de víctimas de trata en el entorno digital no está desarrollada, y existe un vacío legal respecto a la retirada de contenidos digitales de explotación.

El marco normativo español carece de una ley integral contra la trata, lo que implica una respuesta fragmentada entre distintas leyes, protocolos policiales y normativa autonómica. A pesar de los esfuerzos del Plan Estratégico Nacional contra la Trata de Mujeres y Niñas con Fines de Explotación Sexual (2021–2023), no se han implementado obligaciones para plataformas tecnológicas ni mecanismos eficaces para la detección temprana digital.

La Fiscalía General del Estado, en sus Memorias Anuales, ha advertido del aumento de captación online y de la necesidad urgente de dotar de herramientas legales y técnicas a las unidades policiales especializadas en trata y ciberdelincuencia.

5.3. Vacíos legales ante los nuevos escenarios digitales

La evolución tecnológica ha multiplicado los espacios de captación y explotación vinculados a la trata de seres humanos. Sin embargo, el marco normativo actual aún no ha logrado adaptarse de forma eficiente a estas nuevas formas de criminalidad. Esta desconexión entre el avance técnico y la respuesta legal genera vacíos normativos que limitan la capacidad de detección, persecución y reparación.

Uno de los principales déficits legislativos es la ausencia de una categoría penal específica que reconozca la trata digital o facilitada tecnológicamente. El artículo 177 bis del Código Penal español no contiene una mención expresa a los entornos digitales, lo que genera inseguridad jurídica a la hora de calificar hechos que ocurren exclusivamente online, sin traslado físico ni contacto directo. Esto provoca que muchas situaciones de captación virtual, como el *"lover boy"*, el engaño sentimental por redes sociales o el reclutamiento mediante ofertas de trabajo falsas, queden fuera del tipo penal o se subsuman en figuras menos graves, como el delito de estafa o coacciones.

A esta laguna tipificadora se suma la falta de una normativa procesal específica sobre prueba electrónica en casos de trata. Aunque la Ley Orgánica 13/2015 y la Ley Orgánica 7/2021 han introducido reformas importantes en materia de investigación tecnológica (como el uso de troyanos, rastreo de dispositivos o captación de comunicaciones), no existen protocolos específicos para la recopilación, preservación y valoración de pruebas digitales en el contexto del delito de trata. La jurisprudencia es aún escasa y fragmentaria, y no se han desarrollado criterios claros sobre admisibilidad, cadena de custodia o derechos de las víctimas en entornos online.

Otro aspecto especialmente preocupante es la responsabilidad de los intermediarios tecnológicos, como redes sociales, apps de citas, motores de búsqueda o plataformas de vídeo. La Ley de Servicios de la Sociedad de la Información (LSSI, Ley 34/2002) establece un principio de exención de responsabilidad para los prestadores de servicios de alojamiento o enlace si no tienen conocimiento efectivo del carácter ilícito de los contenidos. Esta doctrina, inspirada en el principio de "mera transmisión" de la Directiva 2000/31/CE, ha sido criticada por dejar amplios márgenes de impunidad cuando las plataformas actúan de forma negligente o no colaboran de manera activa con las autoridades.

A este respecto, el nuevo Reglamento (UE) 2022/2065 (Digital Services Act) representa un cambio de paradigma, al exigir a las Very Large Online Platforms (VLOPs) la adopción de medidas para evaluar y mitigar riesgos sistémicos como la trata. No obstante, el reglamento carece aún de mecanismos sancionadores específicos por inactividad ante indicios de explotación, y su implementación plena en el ordenamiento español requiere un desarrollo reglamentario aún inexistente.

Por otro lado, las autoridades se enfrentan a grandes desafíos en relación con la jurisdicción y la cooperación internacional. Muchos delitos de trata en entornos digitales se cometen a través de servidores radicados en terceros países, mediante el uso de VPNs, cifrado extremo a extremo o aplicaciones de mensajería que no responden a requerimientos judiciales. Aunque existen instrumentos como el Convenio de Budapest sobre ciberdelincuencia o acuerdos de cooperación con Europol y Eurojust, las investigaciones transfronterizas siguen siendo lentas, fragmentadas y con alta dependencia de la voluntad de colaboración de los Estados.

Además, las nuevas tecnologías como la inteligencia artificial generativa (*deepfakes*), blockchain o los criptoactivos han abierto vías de explotación difíciles de rastrear. Por ejemplo, existen redes que comercializan imágenes falsas hiperrealistas de menores con fines sexuales, o que utilizan criptomonedas para realizar pagos opacos en la *dark web*. La legislación penal española no contempla expresamente estas modalidades, y no existen guías fiscales o policiales actualizadas que integren estas realidades emergentes.

Desde el punto de vista victimológico, también existe un vacío en cuanto a la eliminación de contenidos sexuales o de captación alojados online, lo que prolonga la revictimización digital. A pesar de que el RGPD y la LOPDGDD reconocen el derecho al olvido digital, su ejercicio es especialmente complejo en víctimas de trata que han sido grabadas o difundidas sin consentimiento, ya que muchas veces no conocen la existencia de dicho contenido ni tienen acceso a asistencia letrada especializada.

Por tanto, resulta imprescindible avanzar hacia una reforma legislativa integral, que incluya:

- Una tipificación autónoma de la trata digital, reconociendo su especificidad técnica y la ausencia de contacto físico como elementos propios.
- Una obligación activa de cooperación tecnológica de plataformas, con sanciones claras por omisión dolosa.

- La armonización de protocolos de prueba digital adaptados al ciclo de vida de las evidencias tecnológicas.
- El fortalecimiento de los mecanismos internacionales de atribución penal y auxilio judicial.
- El reconocimiento de derechos digitales específicos para las víctimas de trata, incluyendo asistencia para el borrado de contenido y el anonimato procesal reforzado.

El Derecho penal, en su función protectora, debe avanzar en consonancia con los desafíos del siglo XXI. Una respuesta meramente reactiva o tecnófoba solo contribuirá a la impunidad de las redes delictivas y a la desprotección estructural de las víctimas.

6. PROPUESTAS INNOVADORAS Y BUENAS PRÁCTICAS

6.1. Colaboración público-privada con plataformas tecnológicas

La lucha contra la trata de seres humanos en entornos digitales ha generado nuevas formas de colaboración entre organismos públicos, empresas tecnológicas y organizaciones de la sociedad civil. Estos partenariados buscan superar las limitaciones tradicionales de los mecanismos de detección y respuesta frente a una criminalidad cada vez más sofisticada en el uso de plataformas digitales, algoritmos de segmentación, mensajería cifrada y publicidad encubierta.

Una de las buenas prácticas en el ámbito de la lucha contra la trata en entornos digitales ha sido impulsada, entre otras, por la ONG Diaconía España, que lleva varios años desarrollando investigaciones aplicadas sobre la captación de víctimas con fines de explotación en plataformas digitales. Su enfoque combina sensibilización social, prevención tecnológica y colaboración intersectorial.

Entre sus aportaciones más relevantes se encuentran campañas de concienciación como #DesactivaLaTrata, que, entre otros aspectos, visibilizan las estrategias de manipulación empleadas por tratantes, especialmente en redes sociales y plataformas de contenido como OnlyFans. Estas campañas han sido difundidas tanto en entornos educativos como en redes digitales de alto alcance, con el objetivo de empoderar a potenciales víctimas y sensibilizar a la ciudadanía sobre los riesgos y señales de alerta.

Además, se ha promovido el diseño de herramientas algorítmicas pioneras orientadas a la detección temprana de patrones de captación en redes. Estos desarrollos, están centrados en el análisis automatizado de interacciones en redes sociales y plataformas de mensajería, con especial atención a indicadores como la creación de perfiles falsos, el uso de lenguaje manipulador o el ofrecimiento de promesas laborales o afectivas no verificadas.

El valor añadido de estas iniciativas radica en su carácter anticipatorio y en su potencial de aplicación práctica, tanto por parte de entidades públicas como privadas. En un contexto donde los algoritmos de recomendación, el anonimato digital y la hipersegmentación del contenido facilitan la acción de las redes de trata, proyectos así contribuyen a reducir la asimetría de poder entre tratantes y víctimas, y abren la puerta a una colaboración público-privada más efectiva en la detección y prevención del delito.

Estas experiencias se insertan en una tendencia más amplia reconocida a nivel europeo. La Estrategia de la Unión Europea para la Lucha contra la Trata de Seres Humanos 2021–2025 recomienda fomentar la colaboración estructurada con el sector tecnológico, a fin de mejorar los mecanismos de reporte y vigilancia de contenidos sospechosos (Comisión Europea, 2021). La OSCE, por su parte, ha promovido guías prácticas para la cooperación entre fuerzas de seguridad, proveedores digitales y sociedad civil, centradas en el análisis de metadatos, el rastreo de anuncios sexuales y la detección temprana de perfiles falsos (OSCE, 2023).

Desde una perspectiva más técnica, Castaño Reyero et al. (2022) documentan un caso español de colaboración interinstitucional que incluye agencias públicas, entidades sociales y posiblemente empresas tecnológicas en el desarrollo de una plataforma basada en tecnología blockchain. Esta herramienta permite el almacenamiento seguro de datos sobre víctimas y facilita su acceso a recursos institucionales. El sistema logró estimar la existencia de 2.805 víctimas ocultas en la Comunidad de Madrid entre 2015 y 2019, aunque los autores identifican como principales obstáculos la fragmentación de bases de datos y la falta de protocolos integrados.

En el ámbito latinoamericano, Delva Benavides y González López (2022) abogan por un enfoque multidisciplinar y transnacional, en el que se promueva una regulación internacional más rigurosa sobre la responsabilidad de las plataformas digitales. Si bien no describen una herramienta tecnológica específica, los autores subrayan la necesidad de establecer estándares legales claros, reforzar los mecanismos de verificación y fomentar la cooperación con actores del sector privado.

De manera complementaria, Grandez Chávez et al. (2025) analizan intervenciones policiales en distintos países que integran herramientas digitales para la verificación de identidad, rastreo de movimientos y desarticulación de redes. En su revisión, se identifican buenas prácticas basadas en la cooperación entre cuerpos de seguridad, multinacionales tecnológicas y organizaciones sociales. No obstante, también se señalan limitaciones estructurales como la corrupción, la escasez de recursos y la falta de capacitación especializada.

En conjunto, estos estudios coinciden en destacar que la efectividad de las intervenciones contra la trata en internet depende en gran medida de la interoperabilidad tecnológica, la voluntad política de regular el entorno digital, y la construcción de alianzas entre actores públicos, privados y sociales. Las plataformas digitales, dada su centralidad en los procesos de captación y explotación, deben asumir un papel activo, no solo como sujetos pasivos de regulación, sino como aliados estratégicos en la protección de derechos fundamentales.

6.2. Aspectos éticos y formación especializada

La lucha contra la trata de seres humanos en el entorno digital exige no solo herramientas tecnológicas avanzadas, sino también una base ética sólida y formación especializada que garantice el uso responsable de dichos recursos. La proliferación de algoritmos de recomendación, técnicas de minería de datos, inteligencia artificial predictiva y rastreo masivo de contenidos plantea desafíos significativos en términos de privacidad, discriminación algorítmica, sesgos automatizados y derechos fundamentales de las personas usuarias, especialmente cuando estas pueden ser víctimas de delitos como la trata.

La Comisión Europea ha enfatizado en su estrategia para la lucha contra la trata de seres humanos 2021–2025 la necesidad de integrar consideraciones éticas en el diseño y uso de tecnologías digitales aplicadas a la prevención y detección del delito (Comisión Europea, 2021).

En este sentido, la incorporación de *by design* de principios como la minimización de datos, la transparencia, la trazabilidad de decisiones algorítmicas y la protección de datos personales resulta imprescindible, especialmente en sistemas utilizados por plataformas digitales, fuerzas de seguridad o entidades sociales.

La Oficina de las Naciones Unidas contra la Droga y el Delito (UNODC, 2021) también advierte sobre los riesgos derivados del uso de inteligencia artificial en contextos de explotación sexual y trata de personas, señalando que la automatización sin supervisión humana puede reforzar estereotipos, excluir a ciertos perfiles vulnerables o generar decisiones discriminatorias. Por ello, propone el desarrollo de marcos éticos y códigos de conducta dirigidos tanto a desarrolladores tecnológicos como a operadores institucionales, con el fin de asegurar que los principios de legalidad, proporcionalidad y no discriminación se mantengan en todos los procesos automatizados.

Asimismo, organismos como el Consejo de Europa, a través del Grupo de Expertos en la Lucha contra la Trata (GRETA), han subrayado la necesidad de desarrollar códigos éticos específicos para plataformas digitales, especialmente aquellas que ofrecen espacios susceptibles de ser explotados por redes de trata (GRETA, 2022). Entre las recomendaciones figura la adopción de protocolos éticos internos, mecanismos de verificación de identidad y transparencia algorítmica que impidan la difusión de contenidos vinculados a la explotación.

Junto a estos marcos éticos, resulta fundamental dotar a los agentes públicos y privados de formación especializada en la intersección entre derechos humanos, tecnología y trata. Las guías prácticas de la OSCE (2023) recomiendan programas formativos para jueces, fiscales, policías y profesionales del sector TIC en aspectos como la detección de patrones de captación en línea, el análisis de metadatos sospechosos, la protección digital de las víctimas y la cooperación transnacional basada en estándares éticos y legales.

En el contexto español, organizaciones como Diaconía han puesto en marcha programas de sensibilización y alfabetización tecnológica dirigidos tanto a operadores sociales como a jóvenes en situación de riesgo, en los que se aborda el papel de los algoritmos y la captación a través de plataformas aparentemente inofensivas, como TikTok (Diaconía España, 2023).

En definitiva, la integración de códigos éticos tecnológicos y la formación especializada deben ser pilares esenciales de cualquier política pública contra la trata de personas en entornos digitales. No basta con contar con herramientas tecnológicas eficaces, es imprescindible que estas operen bajo estándares éticos claros, con supervisión institucional y con personal capacitado para interpretar, aplicar y mejorar su funcionamiento desde una perspectiva de derechos humanos.

7. PERSPECTIVA VICTIMOLÓGICA Y DERECHOS HUMANOS EN ENTORNOS DIGITALES

7.1. Revictimización digital y huella online

La revictimización digital es una de las formas más persistentes y devastadoras de violencia que sufren las personas que han sido objeto de trata de seres humanos, especialmente en contextos de explotación sexual. El impacto de la tecnología no solo facilita la captación y el control de las víctimas, sino que también perpetúa su sufrimiento incluso después de haber sido liberadas. La exposición prolongada de imágenes, datos personales, testimonios judiciales o información íntima en internet genera una "huella digital".

Uno de los principales problemas jurídicos radica en la escasa efectividad de los mecanismos de retirada de contenidos y desindexación. Si bien el artículo 17 del Reglamento General de Protección de Datos (RGPD) consagra el derecho al olvido digital, su aplicación se ve obstaculizada por factores técnicos, como la réplica de contenidos en servidores internacionales, el uso de blockchain o redes distribuidas, y la multiplicación del contenido en distintas plataformas, tanto visibles como del mercado oscuro.

En el caso de España, la Agencia Española de Protección de Datos (AEPD) ha desarrollado guías para la supresión de contenido sensible y el ejercicio del derecho al olvido. Sin embargo, dichas herramientas son escasamente conocidas por las víctimas de trata, quienes además suelen carecer de formación digital, acceso a internet seguro o asesoramiento técnico-jurídico especializado. La mayoría de los formularios de supresión requieren conocimientos avanzados de localización de URLs, fundamentos legales y justicia.

El marco penal tampoco ofrece una protección adecuada. El artículo 197.7 del Código Penal español sanciona la difusión no consentida de imágenes o grabaciones íntimas, pero su aplicación en casos de trata digital es muy limitada. En muchos casos, los materiales han sido obtenidos en contextos de esclavitud sexual o bajo coacción, lo que plantea dudas sobre la validez del consentimiento y sobre la atribución de responsabilidades en plataformas internacionales con sede fuera del territorio nacional.

Desde la doctrina victimológica, autores como Walklate (2015) o López López (2020) destacan la necesidad de considerar la revictimización digital como una forma de violencia estructural, que debe ser prevenida, reconocida legalmente y reparada integralmente. Esta violencia secundaria —no siempre física, pero sí profundamente simbólica— socava la recuperación emocional, social y económica de las víctimas, además de dificultar su reintegración.

En este contexto, se hace urgente:

- La adopción de una legislación específica que reconozca la revictimización digital como forma autónoma de violencia.
- La creación de una unidad especializada en ciber violencia vinculada a trata, dentro de la AEPD.
- La articulación de mecanismos automáticos de supresión de contenidos en colaboración con plataformas tecnológicas.
- La inclusión de cláusulas específicas en convenios internacionales sobre trata para garantizar la eliminación digital transfronteriza.

No debemos olvidar que el ser humano, es el bien más importante de proteger, tanto por el Estado como por el propio derecho o legislación.

7.2. Acceso a la justicia, anonimato y reparación

El acceso a la justicia de las víctimas de trata en entornos digitales está marcado por múltiples barreras estructurales, procesales y tecnológicas. Muchas de las personas explotadas digitalmente no denuncian los hechos por temor a represalias, desconfianza institucional, desconocimiento de sus derechos o vergüenza asociada al contenido expuesto en la red. A esto se suma una revictimización institucional derivada de prácticas judiciales que no protegen suficientemente su intimidad ni sus derechos digital.

Aunque la Directiva 2012/29/UE establece estándares mínimos sobre la protección y el apoyo a las víctimas en los procesos penales, su implementación en España ha sido irregular. La Ley 4/2015 del Estatuto de la Víctima del Delito reconoce medidas como la declaración mediante videoconferencia o el uso de pseudónimos, pero estos mecanismos raramente se aplican en causas de trata facilitada por internet. Muchas víctimas deben declarar varias veces sobre hechos altamente traumáticos, sin asistencia psicológica.

Uno de los aspectos más invisibilizados es la falta de **reparación integral** en los casos de trata digital. La doctrina internacional ha evolucionado hacia una concepción amplia del daño, que no se limita a lo material, sino que incluye el daño moral, psicológico, reputacional y digital. La Corte Interamericana de Derechos Humanos (CIDH) y el Tribunal Europeo de Derechos Humanos (TEDH) han reconocido la importancia de garantizar la reparación simbólica y la restitución de derechos como parte de las obligaciones que tiene los tribunales sobre aquellas personas que han sufrido este tipo de delitos, que, en muchas ocasiones, en la práctica, nunca se consigue.

En el caso español, la Ley de Protección Integral a la Infancia y la Adolescencia frente a la Violencia (LOPIVI, Ley Orgánica 8/2021) incorpora por primera vez el derecho a la reparación integral, incluyendo la retirada de contenidos, asistencia psicológica y acompañamiento social. No obstante, esta norma se aplica prioritariamente a menores y no contempla una estrategia integral para personas adultas víctimas de trata en contextos digitales, es decir, estamos aplicando un sesgo basado en la edad, ya que estamos dejando fuera de la aplicación normativa a una gran cantidad de población que, siendo potenciales víctimas, sufren un delito, y la legislación o el ordenamiento jurídico, no le incluye esa protección.

Desde una perspectiva de derechos humanos, se recomienda:

- Incluir el principio de justicia digital en el diseño de sistemas judiciales.
- Establecer fondos públicos para la asistencia legal digital a víctimas sin recursos.
- Incorporar peritajes informáticos en el cálculo del daño y en los procesos de prueba.
- Establecer protocolos judiciales para la supresión de contenido en servidores internacionales.

7.3. Incorporación del enfoque interseccional y de género

El fenómeno de la trata de seres humanos, en especial cuando se articula a través de medios digitales, requiere una comprensión integral que contemple las distintas variables estructurales que aumentan la vulnerabilidad de las personas afectadas. La mayoría de las víctimas son mujeres, pero no todas las mujeres sufren la trata de igual forma. Factores como la pobreza, el origen étnico, la identidad de género, la discapacidad, la edad, la orientación sexual y la situación administrativa agravan las condiciones en las que una mujer puede sufrir el delito, o puede fijar una tendencia hacía personas que son más “blanco fácil” por parte de las ciberorganizaciones.

Desde el ámbito internacional, el enfoque interseccional ha sido incorporado progresivamente en las recomendaciones de órganos como el Comité CEDAW, la Relatoría Especial sobre la Trata de Personas de la ONU y la Agencia de los Derechos Fundamentales de la Unión Europea (FRA). El propio Convenio del Consejo de Europa sobre la lucha contra la trata de seres humanos establece en su artículo 1 la necesidad de un enfoque de derechos humanos y de género en todas las fases del proceso de intervención.

En España, sin embargo, la legislación vigente no ha incorporado de forma sistemática este enfoque. La Ley Orgánica 1/2004, de medidas de protección integral contra la violencia de género, y la Ley Orgánica 10/2022, de garantía integral de la libertad sexual, introducen elementos de análisis de género, pero no hacen referencia explícita a la trata en entornos digitales ni al tratamiento interseccional de las víctimas.

Los colectivos trans, las mujeres migrantes en situación irregular y las personas con discapacidad enfrentan mayores obstáculos en el acceso a la justicia, en la denuncia de los hechos, en la obtención de protección y en la reparación del daño. A esto se suma que muchas plataformas digitales no cuentan con políticas de moderación de contenido adaptadas a estos perfiles, lo cual incrementa la violencia simbólica, la invisibilizarían y el silenciamiento institucional.

Un caso paradigmático es el de las mujeres trans captadas a través de redes sociales y forzadas a la explotación sexual en línea. Estas víctimas no solo padecen violencia digital, sino también transfobia institucional, al no ser reconocidas en su identidad ni acceder a recursos específicos. Las estadísticas nacionales no desagregan los datos por identidad de género, lo que impide dimensionar adecuadamente el problema.

Por tanto, resulta imprescindible que tanto la legislación como las políticas públicas incorporen el enfoque interseccional y de género de forma estructural. Ello implica:

- Incluir la interseccionalidad en las definiciones legales de trata de seres humanos.
- Exigir a las plataformas digitales que desarrollen políticas inclusivas y antidiscriminatorias.
- Promover la recopilación de datos desagregados por sexo, género, etnia, edad y condición migratoria.
- Establecer mecanismos de participación directa de colectivos vulnerables en el diseño de políticas tecnológicas.

La formación de jueces, fiscales, operadores policiales y personal técnico en enfoque interseccional debe ser obligatoria, transversal y permanente. No basta con considerar la diversidad de manera nominal: es necesario transformar la práctica institucional para que todas las personas accedan en condiciones reales de igualdad a la protección de sus derechos digitales y humanos.

8. CONCLUSIONES Y LÍNEAS FUTURAS DE INVESTIGACIÓN

8.1. Balance crítico: oportunidades vs amenazas de las TIC

La irrupción de las tecnologías de la información y la comunicación (TIC) ha transformado profundamente la dinámica del fenómeno de la trata de seres humanos. Desde la captación y explotación hasta la revictimización, las TIC han introducido nuevas oportunidades para los tratantes, dificultando los mecanismos tradicionales de detección y persecución penal. Sin embargo, también ofrecen herramientas con gran potencial para la prevención, identificación de víctimas, recopilación de pruebas y cooperación internacional.

La digitalización, por tanto, representa un arma de doble filo. Las plataformas digitales y los algoritmos pueden facilitar la trata, pero también pueden emplearse para desarrollar sistemas de alerta temprana, inteligencia artificial para el análisis de patrones sospechosos y trazabilidad de redes. El desafío jurídico radica en adaptar el marco normativo a esta nueva realidad sin vulnerar los derechos fundamentales, especialmente los vinculados a la privacidad, el debido proceso y la no discriminación.

El análisis realizado en los apartados anteriores permite concluir que el marco legal actual —tanto a nivel internacional, europeo como español— presenta avances significativos, pero también vacíos importantes. La falta de tipificación específica de la trata digital, la insuficiencia de medidas de reparación digital, la ausencia de un enfoque interseccional en la práctica judicial y la escasa regulación de los intermediarios tecnológicos constituyen barreras estructurales para una respuesta efectiva.

8.2. Necesidades urgentes de armonización normativa y cooperación global

Ante un fenómeno global, fragmentar las respuestas legales genera espacios de impunidad. La ausencia de normas homogéneas entre Estados, sumada a la multiplicidad de jurisdicciones digitales, dificulta la persecución de redes transnacionales. La cooperación judicial y policial debe intensificarse mediante mecanismos eficaces y actualizados, con protocolos comunes para la recolección de pruebas digitales, la protección de las víctimas y la atribución de responsabilidad penal.

Es imprescindible avanzar hacia una armonización normativa en el seno de la Unión Europea que contemple:

- Tipificación de la trata facilitada digitalmente.
- Reglas claras sobre jurisdicción penal en contextos virtuales.
- Derechos digitales específicos para víctimas.
- Obligaciones de colaboración para plataformas tecnológicas.

En el plano internacional, instrumentos como el Protocolo de Palermo y el Convenio de Varsovia deben actualizarse o complementarse con nuevos tratados que respondan a los desafíos tecnológicos actuales. La construcción de una gobernanza global en materia de trata digital es esencial para evitar desequilibrios regionales y garantizar la universalidad de los derechos humanos.

8.3. Retos éticos y tecnológicos de la próxima década

El desarrollo de herramientas como la inteligencia artificial, el big data, el blockchain y la vigilancia predictiva plantea interrogantes de gran calado ético y jurídico. ¿Hasta qué punto es legítimo utilizar algoritmos para anticipar delitos? ¿Cómo garantizar la protección de datos sensibles en entornos hostiles? ¿Qué mecanismos pueden asegurar la transparencia algorítmica en la lucha contra la trata?

La tecnología no es neutra: refleja las lógicas de poder, desigualdad y control presentes en la sociedad. Por ello, se requiere una ética pública que guíe el diseño, implementación y evaluación de las TIC en el ámbito de la justicia penal. Esta ética debe incorporar los principios de no discriminación, proporcionalidad, legalidad y responsabilidad institucional.

Asimismo, se deben promover modelos de tecnología centrados en las víctimas, basados en la participación informada, el consentimiento digital, la reparación simbólica y la co-creación de soluciones con actores sociales.

La próxima década será crucial para definir el modelo de intervención digital contra la trata de seres humanos: uno basado en la vigilancia masiva o uno orientado a la protección y empoderamiento de las víctimas.

8.4. Líneas futuras de investigación

A partir del análisis realizado, se identifican diversas líneas prioritarias de investigación jurídica y multidisciplinar:

- Diseño de marcos normativos sobre trata digital: estudio comparado sobre legislación emergente que incorpore explícitamente las TIC como medio de comisión del delito.
- Regulación de plataformas digitales y deberes de cooperación: análisis de modelos normativos sobre la responsabilidad penal, administrativa o civil de las empresas tecnológicas.
- Prueba electrónica y garantía procesal: investigación sobre estándares de admisibilidad, cadena de custodia digital y defensa de derechos fundamentales en entornos virtuales.
- Justicia restaurativa digital: propuestas de reparación integral adaptadas al daño reputacional, simbólico y emocional causado por la revictimización online.
- Tecnologías con enfoque interseccional: evaluación del impacto de sistemas algorítmicos en colectivos vulnerables y propuestas para la construcción de TIC inclusivas.
- Ciber violencia institucional y discriminación estructural: análisis de las prácticas administrativas y judiciales que perpetúan la exclusión digital de las víctimas de trata.

Estas líneas deben abordarse desde una perspectiva interdisciplinar, que combine el Derecho, la informática, la sociología, la criminología, los estudios de género y la ciencia política, promoviendo una justicia digital transformadora y respetuosa de los derechos humanos.

9. REFERENCIAS BIBLIOGRÁFICAS

Agencia de los Derechos Fundamentales de la Unión Europea (FRA). (2021). *Fundamental rights report 2021.* Publications Office of the European Union. https://fra.europa.eu/en/publication/2021/fundamental-rights-report-2021

Bermejo, R. (2021). Trata de seres humanos. *EUNOMÍA. Revista en Cultura de la Legalidad*, 20, 10–25. https://doi.org/10.20318/eunomia.2021.6145

Carbajal, C. L. (2024). Análisis de la influencia de las redes sociales en la trata de niños y adolescentes en el Perú. *Sapientia & Iusticia.*

Castaño, M. J., Barrio Lema, C. I., Díez Velasco, I., Maffeis Pacheco, G., & Olaguibel Echevarría-Torres, A. (2022). *Qué sabemos y cómo lo contamos: Cultura de datos en la trata de seres humanos*. Proyecto Cátedra de Refugio UCJC – CEAR. https://doi.org/10.26754/ojs_cyt.20225241266

CEDAW. (2020). Recomendación General n.º 38 sobre la trata de mujeres y niñas en el contexto de la migración mundial.

Centre for Democracy & Technology. (2022). *Discriminatory targeting and data-driven risks in online platforms*. CDT. https://cdt.org

Chiarotti, S. (2003). La trata de mujeres: Sus conexiones y desconexiones con la migración y los derechos humanos. *Revista de Estudios Feministas*, 11(1), 19–35.

Comisión Europea. (2021). *Estrategia de la UE para la lucha contra la trata de seres humanos 2021–2025* [COM(2021) 171 final]. https://eur-lex.europa.eu/legal-content/ES/TXT/?uri=CELEX:52021DC0171

Delva, J. E., & González, I. S. (2022). Venta sexual digital: Las redes sociales y su regulación internacional. *Revista Jurídicas CUC*, 18(1), 43–64. https://doi.org/10.17981/juridcuc.18.1.2022.03

Diaconía España. (2022). *Informe V Seminario RSCAT: La trata de seres humanos en entornos digitales*. Red Española Contra la Trata de Personas. https://diaconia.es/publicaciones/informe-v-seminario-rscat

Elena Mayuri Bocanegra, & Alicia Agromelis Aliaga Pacora. (2023). La regulación de la trata de personas para multas de explotación laboral y la captación de víctimas mediante redes sociales de Lima. *Ciencia Latina Revista Científica Multidisciplinar*, 7(2), 13311–13334. https://doi.org/10.37811/cl_rcm.v7i2.6257

Europol. (2021). *Internet organised crime threat assessment (IOCTA) 2021*. Publications Office of the European Union. https://www.europol.europa.eu/publications-events/main-reports/internet-organised-crime-threat-assessment-iocta-2021

Falcón, M. C., & Rodríguez, S. (2021). La trata con fines de explotación sexual en España: ¿Se ajustan las estimaciones a la realidad? *Revista Española de Investigaciones Sociológicas*, 175, 107–126. https://doi.org/10.5477/cis/reis.175.107

Flores, J. (2022). Cibercriminalidad como modalidad comisiva del delito de trata de personas y su tratamiento jurídico-penal en Nicaragua. *Constructos Criminológicos*, 4(1), 75–90.

GRETA – Grupo de Expertos en la Lucha contra la Trata de Seres Humanos del Consejo de Europa. (2022). *10th General Report on GRETA's Activities: The use of online and ICT-facilitated means in human trafficking*. Consejo de Europa. https://rm.coe.int/10th-general-report-on-greta-s-activities/1680a749e7

Galdón, G. (2019). Tecnologías para la seguridad: ¿A qué precio?. Tirant lo Blanch.

Grandez, W., Ávalos, H., & Quispe, H. L. (2025). Intervenciones policiales en la lucha contra la trata de personas: Una revisión sistemática. *Revista Escpogra PNP*, 7(1), 91–105.

Ley Orgánica 1/2023, de 28 de febrero, de garantía integral de la libertad sexual.

Ley Orgánica 3/2018, de Protección de Datos Personales y garantía de los derechos digitales.

Ley Orgánica 7/2021, de medidas tecnológicas en el proceso penal.

Ley 34/2002, de Servicios de la Sociedad de la Información y Comercio Electrónico.

Ley Orgánica 13/2015, de reforma de la Ley de Enjuiciamiento Criminal.

López López, A. (2020). Víctimas invisibles: trata, tecnología y justicia. Dykinson.

Mir, S. (2021). Derecho Penal. Parte General (12.ª ed.). Reppertor Jurídico.

Organización Internacional para las Migraciones (OIM). (2022). *World Migration Report 2022.* International Organization for Migration. https://publications.iom.int/books/world-migration-report-2022

Organización para la Seguridad y la Cooperación en Europa (OSCE). (2023). *Guidelines for the Use of Technology to Combat Human Trafficking.* Office of the Special Representative and Co-ordinator for Combating Trafficking in Human Beings. https://www.osce.org/cthb

OSCE. (2023). *Mapping the Online Landscape of Risks of Trafficking in Human Beings on Sexual Services Websites.* https://www.osce.org/cthb/533917

ONU Mujeres. (2021). Guía para aplicar el enfoque interseccional en políticas de seguridad y justicia.

Silva, J. M. (2016). La expansión del derecho penal. Aspectos de la política criminal en las sociedades postindustriales (6.ª ed.). Thomson Reuters-Civitas.

Reglamento (UE) 2022/2065, del Parlamento Europeo y del Consejo, relativo a los servicios digitales (DSA).

Richardson, R., Schultz, J. M., & Crawford, K. (2019). *Dirty Data, Bad Predictions: How Civil Rights Violations Impact Police Data, Predictive Policing Systems, and Justice.* New York University Law Review, 94(1), 192-233.

UNICEF. (2019). *Peligros digitales: Los daños de la vida en línea.* Fondo de las Naciones Unidas para la Infancia.

United Nations Office on Drugs and Crime (UNODC). (2021). *Global Report on Trafficking in Persons 2021.* https://www.unodc.org/unodc/en/data-and-analysis/wdr2021.html

United Nations Office on Drugs and Crime (UNODC). (2024). *Global Report on Trafficking in Persons 2024.* https://www.unodc.org/unodc/en/data-and-analysis/glotip.html

Vázquez, S. (2008). Inmigración ilegal y trata de personas en la Unión Europea: La desprotección de las víctimas. *Revista de Derecho Migratorio y Extranjería,* 18, 43–56.

Zuboff, S. (2020). La era del capitalismo de la vigilancia. Paidós.

Capítulo V

El derecho penal internacional y la trata de seres humanos

RAFAEL CALDUCH CERVERA
Universidad Camilo José Cela
https://orcid.org/0000-0002-7550-986X

1. EL DERECHO PENAL INTERNACIONAL: CONTENIDO Y ÁMBITO DE APLICACIÓN

El Derecho Penal Internacional (en adelante DPI) se constituye como una parte específica del Derecho Internacional Público que regula la tipificación delictiva y la sanción penal de ciertas actuaciones ilícitas realizadas por los sujetos de derecho internacional. (Hernández Campos, A, 1998)

Aunque la regulación penal internacional se desarrolla básicamente mediante tratados internacionales establecidos entre estados o entre éstos y las organizaciones intergubernamentales, entidades ambas con subjetividad internacional inequívoca, una parte significativa de dicha regulación penal internacional va referida a las personas físicas, grupos organizados y personas jurídicas, a las que se les atribuye responsabilidad penal por sus actividades internacionales delictivas. [5]

El DPI, por tanto, se constituye por el conjunto de normas jurídicas establecidas mediante tratados internacionales que determinan a) los delitos o crímenes con relevancia internacional; b) la autoría y responsabilidad penal; c) la jurisdicción competente para su investigación y enjuiciamiento, y d) la aplicación de las penas.

---

[5] Aunque generalmente la responsabilidad penal suele atribuirse a las personas físicas, sin embargo, el Derecho Internacional reconoce la responsabilidad penal de los Estados por la comisión de actuaciones internacionalmente delictivas, como los crímenes guerra, y desde la entrada en vigor de la Convención de las Naciones Unidas contra la delincuencia organizada transnacional, su art. 10 especifica que también se puede responsabilizar penalmente a las personas jurídicas.

La doctrina suele distinguir entre los crímenes internacionales, en sentido estricto, y los delitos internacionales. Los primeros se constituyen por aquellas conductas que atentan contra la vigencia de las normas internacionales de *ius cogens*. Suelen clasificarse de forma genérica en crímenes contra la paz, crímenes de guerra y crímenes contra la Humanidad. No obstante, esta clasificación ha quedado obsoleta tras la tipificación penal establecida por el Estatuto de la Corte Penal Internacional que en su art. 5.1 establece cuatro categorías: a) el genocidio; b) los crímenes de guerra; c) los crímenes de lesa humanidad, y d) el crimen de agresión. Para estas categorías de crímenes internacionales se han creado tribunales penales internacionales *ad hoc*, como los de Núremberg; Tokyo; para la antigua Yugoslavia, el de Ruanda y, finalmente, se ha constituido la Corte Penal Internacional con carácter permanente y jurisdicción universal.

La otra categoría son los denominados delitos internacionales que se encuentran regulados por tratados internacionales, en ocasiones de alcance universal, como son la piratería; la trata de seres humanos; el terrorismo; el narcotráfico o el tráfico de armas y, últimamente, los ataques cibernéticos por citar algunos de los más relevantes. La jurisdicción para la investigación y enjuiciamiento de estos delitos corresponde, habitualmente, a los tribunales nacionales, por lo que los correspondientes tratados suelen incluir principios, como el de *aut dedere aut judicare* o el de *aut dedere aut punire* o normas específicas para determinar la jurisdicción nacional competente.

2. ANTECEDENTES HISTÓRICOS DE LA TRATA DE SERES HUMANOS

Cuando abordamos el estudio de la trata de seres humanos y su regulación por el Derecho Internacional Penal debemos, necesariamente, partir del análisis histórico de la esclavitud, como institución social arraigada durante milenios en sociedades sin contacto entre sí y con fundamentos culturales completamente distintos, junto con el tráfico de esclavos que terminó expandiéndose entre tales sociedades cuando la Sociedad Internacional terminó alcanzando una dimensión mundial.

Es necesaria esta perspectiva histórica para comprender dos hechos relevantes para el correcto análisis jurídico. En primer lugar, que la esclavitud como institución social y el tráfico de esclavos asociado a ella no es exclusiva ni fue generada por los imperios europeos colonizadores, aunque ciertamente éstos la utilizaron y propagaron internacionalmente.

En segundo término, que también fueron los imperios colonizadores europeos los primeros que procedieron internacionalmente a abolir y perseguir penalmente el tráfico de esclavos, mucho antes de que lo hicieran otras potencias o imperios no europeos.

Que la esclavitud, como institución social arraigada durante milenios, tuvo un alcance internacional y transcultural nos lo evidencia la historia de las civilizaciones. La lectura de las obras de historiadores como Toynbee o Braudel nos eximen de mayores argumentos y datos. (Toynbee, A.J., 1981; Braudel, F., 1996)

Por otra parte, la historia del tráfico internacional de esclavos realizado por las potencias coloniales europeas desde África al continente americano está exhaustivamente investigada y publicada. (Thomas, H., 1998) No ocurre lo mismo con el tráfico de esclavos realizado bajo otros imperios como el árabe-musulmán; el azteca; el inca; el turco o el chino, por citar tan sólo algunos de los coetáneos a los imperios europeos, que también practicaron el tráfico de esclavos.

Y fueron estos mismos imperios europeos, sometidos a los requerimientos de la revolución industrial y el ascenso de las masas obreras urbanas, los que acabaron primero con el tráfico internacional de esclavos y, más tarde, introdujeron la definitiva abolición de la esclavitud en sus propios países. Al fin y al cabo, las modernas sociedades industriales requerían no sólo de muchedumbres trabajadoras en sus fábricas sino también de masivas multitudes de consumidores que compraran y consumieran los productos que salían de ellas. El conflicto de intereses y funciones entre ambos modelos de sociedad, el precapitalista agrario y esclavista, de una parte, y el capitalista industrial obrero, de otra, quedo claramente de manifiesto en la guerra civil americana. (Rhodes, J.F.; 1966)

Aunque formalmente se atribuye a la británica *Act for the Abolition of the Slave Trade* de 1807 el constituir el primer documento legal que permitió a su poderosa flota perseguir, expoliar e incautar todo buque, británico o no, que transportase esclavos, es evidente que si la práctica establecida por esta norma nacional no se hubiese extendido a otras potencias habría tenido un efecto muy relativo sobre el tráfico intercontinental de esclavos.

Una de esas potencias ultramarinas fue España, que por el Tratado hispano-británico de 1817 se comprometió a abolir el comercio de esclavos con sus colonias en 1820. A pesar de esta prohibición legal, el tráfico ilegal, especialmente con Cuba, todavía se mantuvo durante varias décadas. El proceso de abolición de la esclavitud en la península tuvo que esperar hasta 1870 con la aprobación de la Ley Moret que, sin embargo, debido a la insurrección independentista de Cuba, impidió que la abolición en la isla tardase en aplicarse hasta 1886. [6]

Por tanto, la abolición de la principal institución de explotación y trata de los seres humanos, la esclavitud y el tráfico comercial asociado a ella, es un fenómeno históricamente muy reciente tanto en el ámbito nacional como en el contexto internacional. Esta es una consideración relevante para poder valorar con rigor los avances alcanzados en el ámbito de la lucha y erradicación internacional de la trata de seres humanos en tan sólo dos siglos.

Por último, conviene destacar que la regulación internacional de la trata de seres humanos está también estrechamente asociada a la universalización de los derechos humanos, un suceso históricamente todavía más reciente si tomamos como referencia la Declaración Universal de 1948.

En efecto, erradicada legalmente la esclavitud y con ella el tráfico de esclavos, no cabía ignorar que la explotación de los seres humanos, ya fuese con fines laborales, sexuales o de cualquier otro tipo, no había desaparecido. Simplemente se habían ilegalizado los procedimientos de explotación y tráfico de personas, pero cuyos efectos seguían sometiendo a multitud de personas a condiciones de vida incompatibles con la dignidad propia de su naturaleza humana y los derechos consustanciales con dicha naturaleza.

En consecuencia, la regulación internacional referente a la trata de seres humanos se ha desarrollado básicamente por la convergencia de dos

---

[6] En el caso del imperio español, es necesario citar un importante precedente jurídico respecto de la restricción impuesta a la institución de la esclavitud en sus colonias. Se trata del denominado *Testamento de la reina Isabel la Católica* del 12 de Octubre de 1504 en el que expresamente se prohíbe cualquier trato inhumano a las poblaciones indígenas en los siguientes términos:

"*Además suplico al rey mi señor muy afectuosamente, y encargo y mando a la princesa, mi hija, y al príncipe, su marido, que así lo hagan y cumplan, y que esto sea su principal fin y en ello ponga mucha diligencia, y que no consientan ni den lugar a que los indios, vecinos y moradores de las Indias y Tierra Firme, ganadas y por ganar, reciban agravio alguno en sus personas ni bienes, antes al contrario que sean bien y justamente tratados, y si han recibido algún agravio que lo remedien y provean para que no se sobrepase en cosa alguna lo que en las cartas apostólicas de dicha concesión se mandaba y establecía.*" (Duoda.Universidad de Barcelona, 2025; párrafo XI).

Esta restricción, sin embargo, no se aplicaría a la población negra importada desde África a la que se pudo esclavizar y convertir en objeto del tráfico de seres humanos.

estrategias de acción jurídico-política: la protección de los derechos humanos, de una parte, y la penalización y represión de las conductas de abuso, explotación y tráfico ilegal de las personas, generalmente realizadas por grupos de criminalidad organizada, de otra. Este estudio se centrará en la estrategia internacional penal.

3. LA LEGISLACIÓN PENAL INTERNACIONAL Y LA TRATA DE SERES HUMANOS

3.1. La Convención de Naciones Unidas

En el ámbito del Derecho Internacional Público general, la regulación penal de la trata de seres humanos aparece recogida en el *Protocolo para prevenir, reprimir y sancionar la trata de personas, especialmente mujeres y niños,* (en adelante el Protocolo) que figura como anexo a la *Convención de las Naciones Unidas contra la Delincuencia Organizada Transnacional* hecha en Nueva York el 15 de Noviembre de 2000 y ratificada por España el 21 de febrero de 2002. (Boletín Oficial del Estado, nº 233 del 29 Septiembre de 2003; pp. 35280-35297)

El art. 3 del Protocolo define la trata de personas como "*la captación, el transporte, el traslado, la acogida o la recepción de personas, recurriendo a la amenaza o al uso de la fuerza u otras formas de coacción, al rapto, al fraude, al engaño, al abuso de poder o de una situación de vulnerabilidad o a la concesión o recepción de pagos o beneficios para obtener el consentimiento de una persona que tenga autoridad sobre otra, con fines de explotación. Esa explotación incluirá, como mínimo, la explotación de la prostitución ajena u otras formas de explotación sexual, los trabajos o servicios forzados, la esclavitud o las prácticas análogas a la esclavitud, la servidumbre o la extracción de órganos;*". (BOE nº 296 del 11 de Diciembre de 2003; p. 44084)

Como se puede apreciar, en esta definición de la trata de personas se incluyen tanto las conductas delictivas como la finalidad que se pretende alcanzar con ellas. Respecto de las primeras se indican la captación, el traslado y la acogida de personas, pero utilizando para ello toda una amplia gama de procedimientos destinados a privar de la libertad de decisión a la víctima y entre las que destacan el uso de la fuerza; el engaño; el abuso de poder o el lucro. Por lo que atañe a la finalidad, se especifica que es la "*explotación*", es decir el aprovechamiento ilícito por los delincuentes de ciertas actividades realizadas por las víctimas contra su voluntad.

El ámbito de aplicación del Protocolo incluye tanto la prevención, como la investigación y la penalización, ya se aplique a la trata de personas que se da entre los nacionales de un mismo país como respecto de personas procedentes de terceros países que son trasladadas a la fuerza o mediante cualquier forma de manipulación de la voluntad, incluido el engaño o la falsa promesa de beneficios económicos.

Naturalmente como en cualquier otro tratado internacional, son los estados partes del Convenio y sus protocolos, los que asumen las obligaciones contenidas en él. La mayor parte de la trata de seres humanos se realiza internacionalmente, lo que implica que puede afectar al ámbito competencial de dos o más Estados parte del Convenio, en cuyo caso se pueden suscitar conflictos jurisdiccionales o de interpretación y aplicación del mismo.

Para estos supuestos, el Protocolo establece una jerarquía en los procedimientos de solución pacífica de controversias a los que pueden recurrir las partes afectadas. En primer lugar, señala la negociación entre las partes como procedimiento preferente (ar. 15). Si con este procedimiento no se resuelve la controversia, al cabo de un "*tiempo razonable*" cualquier parte afectada podrá solicitar el recurso al arbitraje y si transcurrido 6 meses desde dicha solicitud no se ha procedido a iniciar el arbitraje, se podrá recurrir a la Corte Internacional de Justicia en los términos recogidos en su Estatuto.

En cuanto a las medidas a que están obligados a cumplir las partes del Convenio se encuentran, en primer término, las de prevención que incluyen todas aquellas actuaciones destinadas a evitar que se produzca y arraigue la trata de personas. Entre estas medidas podemos diferenciar las de información y formación; las de seguridad y protección y, finalmente, las de cooperación.

Las medidas preventivas de información y formación incluyen desde programas de difusión informativa a la sociedad sobre las prácticas más habituales de la trata de personas y como evitarlas, hasta la adopción de programas específicos de formación y entrenamiento operativo de los funcionarios del Estado, tanto en el ámbito de las instituciones civiles como entre los Cuerpos y Fuerzas de Seguridad.

Las medidas de seguridad y protección incluyen desde una legislación destinada a reducir la vulnerabilidad económica y social de los grupos de riesgo hasta la ejecución de planes operativos de protección de colectivos de mujeres y niños frente a las actuaciones delictivas de organizaciones criminales.

Por último, el Protocolo regula las medidas de cooperación tanto entre Estados parte del Convenio como con organizaciones internacionales no gubernamentales. Se establece una regulación específica para las medidas de cooperación fronteriza y en materia de seguridad y reconocimiento documental para evitar el tráfico ilícito de personas a escala internacional.

Se concede una regulación particular a la cooperación entre estados con la finalidad de facilitar la repatriación de las personas víctimas de la trata de seres humanos a sus países de nacionalidad o residencia originarias.

El Estado en que se encuentran las víctimas de la trata de personas está obligado a concederles asistencia y protección durante el período de estancia y hasta que se produzca la repatriación a sus países de origen o residencia. Estas medidas incluyen no sólo la protección física y la asistencia sicológica sino también la ayuda médica y material, junto con las oportunidades de alojamiento, empleo, educación y capacitación. Incluso se contempla la aprobación de una legislación que permita a las víctimas recibir indemnizaciones por los daños sufridos.

En cuanto a la penalización, el Protocolo incluye la obligación de que los Estados parte adopten una legislación que tipifique y penalice las diversas conductas incluidas en la trata de personas y no sólo en el grado de comisión sino también en los de tentativa, complicidad y organización o dirección de terceras personas ejecutoras del delito. Naturalmente, corresponde al ámbito de la soberanía estatal el determinar la regulación penal específica de la trata de personas.

Como se puede apreciar, el protocolo establece una regulación internacional general pero rigurosa y exhaustiva, ya que reúne los diferentes aspectos que concurren en la compleja realidad de este tipo de delito.

Resulta oportuno señalar que a pesar de que la trata de personas incluye su desplazamiento o traslado forzoso a escala nacional o internacional, no cabe confundirla con el tráfico ilícito de migrantes que tiene una regulación específica en el *Protocolo contra el tráfico ilícito de migrantes por tierra, mar y aire, que complementa la Convención de las Naciones Unidas contra la Delincuencia Organizada Transnacional.*

El tráfico ilícito de migrantes se define en el art. 3 de este Protocolo como "*la facilitación de la entrada ilegal de una persona en un Estado Parte del cual dicha persona no sea nacional o residente permanente con el fin de obtener, directa o indirectamente, un beneficio financiero u otro beneficio de orden material*". (Boletín Oficial del Estado, n° 295 del 10 de Diciembre de 2003, p. 43797)

Del estudio comparado de los delitos tipificados en ambos Protocolos se desprenden claramente las diferencias entre ellos.

En primer lugar, la trata de personas se produce tanto si hay tránsito internacional como si se da en el interior de un mismo Estado. El tráfico ilícito de migrantes debe realizarse siempre entre Estados diferentes.

En segundo término, en el tráfico ilícito de migrantes éstos se trasladan internacionalmente de forma voluntaria porque buscan un beneficio financiero o material distinto del que obtiene el traficante, mientras que en la trata de personas el tránsito internacional se realiza de modo forzoso o con engaño de las víctimas y con beneficio exclusivo de la organización delictiva.

Por último, en el tráfico ilegal de migrantes, la conducta delictiva sancionada es la violación de la legislación nacional del país al que accede el migrante, mientras que en la trata de seres humanos son conductas delictivas el reclutamiento y traslado forzoso internacional, así como el acceso ilegal al país de destino de las víctimas.

Esta distinción jurídica entre ambos delitos resulta tanto más necesaria cuanto que en la práctica real, las organizaciones delictivas transnacionales practican tanto la trata de personas como el tráfico ilícito internacional ya sea de migrantes como de estupefacientes y armas.

3.2. El Estatuto de la Corte Penal Internacional

El otro texto jurídico internacional de referencia es el *Estatuto de la Corte Penal Internacional*, que entró en vigor en 2002, y que tipifica las conductas delictivas sometidas a la denominada jurisdicción universal, es decir los crímenes que por su gravedad al atentar contra el *ius cogens* no sólo afectan a las posibles víctimas directas sino también al conjunto de la Humanidad, motivo por el que son delitos que no prescriben y pueden ser perseguidos de oficio por cualquier jurisdicción nacional. El Estatuto en su art. 5 regula cuatro crímenes: el crimen de genocidio; los crímenes de lesa humanidad; los crímenes de guerra y el crimen de agresión.

Es importante señalar que la jurisdicción de la Corte Penal Internacional, de acuerdo a lo dispuesto en los arts. 13 y 16 del Estatuto, es subsidiaria de la jurisdicción nacional lo que significa que sólo interviene cuando el crimen, en este caso de lesa humanidad, no es investigado y/o juzgado por los países afectados. Desde esta perspectiva, la función jurisdiccional de la Corte constituye una garantía adicional a la que ejercen los Estados parte con la finalidad de impedir la impunidad por la comisión de crímenes de tanta gravedad.

Además, la jurisdicción de la Corte está también limitada por razón de la materia, ya que sólo puede conocer y juzgar los cuatro crímenes señalados careciendo, por tanto, de competencia en el resto de los delitos internacionales.

Ello suscita la cuestión de determinar si el delito de la trata de seres humanos, tal y como se define en la Convención sobre la delincuencia organizada transnacional, se encuentra recogido, total o parcialmente, como parte de los crímenes de lesa humanidad ya que como tal delito no figura de modo expreso en el art. 7 del Estatuto que tipifica penalmente las conductas de esta categoría de crímenes.

Para que las conductas delictivas puedan ser consideradas un crimen de lesa humanidad deben realizarse "*como parte de un ataque generalizado o sistemático contra una población civil y con conocimiento de dicho ataque*" requisito que no se requiere para la comisión del delito de trata de personas. Por otra parte, de la relación de actividades consideradas como crímenes de lesa humanidad sólo se corresponden con las reguladas en la Convención la esclavitud, la deportación o traslado forzoso de población, la esclavitud sexual, la prostitución forzada; el embarazo forzado, la esterilización forzada o "*cualquier otra forma de violencia sexual de gravedad comparable*". [7]

Por tanto, podemos concluir que ciertas actividades propias de la trata de personas, cuando se producen en condiciones de un ataque armado o de forma sistemática, alcanzan la naturaleza y gravedad de los crímenes de lesa humanidad tal y como se encuentran regulados por el Estatuto de la Corte Penal Internacional.

4. LA TRATA DE PERSONAS EN EL MARCO DE LA UNIÓN EUROPEA

En el proceso de integración europea el tratamiento del delito de la trata de seres humanos se desarrolla de forma reciente por varias causas. En primer lugar, durante la etapa comunitaria, la integración se concentró en

---

7 En el art. 7.2 c) del Estatuto de la Corte Penal Internacional, la esclavitud aparece definida como "*el ejercicio de los atributos del derecho de propiedad sobre una persona, o de algunos de ellos, incluido el ejercicio de esos atributos en el tráfico de personas, en particular mujeres y niños;*" (Boletín Oficial del Estado nº 126 del 27 de Mayo de 2002; p. 4)

lograr la libre circulación de mercancías y el desarrollo económico y social, tanto regional como sectorial, entre los países miembros.

La iniciativa para facilitar la libre circulación de personas se aborda en el Acta Única Europea de 1986. Iniciativa comunitaria que tuvo su correlato en la adopción del Acuerdo multilateral de Schengen de 1985 y su Convenio de aplicación de 1990, por el que inicialmente Francia, Alemania, Bélgica, Holanda y Luxemburgo establecían la libre circulación de personas y, al mismo tiempo, una frontera única común. (Boletín Oficial del Estado nº 233 del 29 Septiembre de 2003; pp. 35280-35297)

En segundo término, la desaparición de las organizaciones que articulaban el bloque de países comunistas, tanto del Consejo de Ayuda Económica Mutua como del Pacto de Varsovia, unido a la desintegración de la Unión Soviética, tuvieron como consecuencia la redefinición del proceso de integración europea dando paso a la creación de la Unión Europea (en adelante UE) por el Tratado de Maastricht de 1992.

En esta etapa inicial de la UE, los aspectos relativos a la seguridad ciudadana, el control de fronteras y la cooperación judicial, tanto civil como penal, quedaron reguladas en el Título VI del Tratado, es decir el de la "Cooperación en los Asuntos de Justicia e Interior (AJI)".

En esta primera etapa, es comprensible que los delitos de la trata de personas y del tráfico ilícito de migrantes fueran regulados de un modo impreciso y con evidentes solapamientos normativos debido a la concurrencia en la realidad práctica de ambas formas delictivas. De este modo, en el Convenio por el que se crea la Oficina Europea de Policía (EUROPOL) se incluía entre los objetivos recogidos en el art.2.2 la prevención y lucha contra las redes de inmigración clandestina y la trata de seres humanos. (Boletín Oficial del Estado, nº 232 de 28 de Septiembre de 1998; pp. 32350)

La adopción de la Acción Común 97/154/JAI de 24 de Febrero de 1997 estableció ya una regulación europea en la que en el título I se definía la trata de seres humanos como "*cualquier conducta que facilite la entrada, tránsito, residencia o salida del territorio de un Estado miembro para los fines expuestos en las letras a), b) yd) de la parte B del presente título*" y en dicha parte se hacía referencia a la explotación sexual, especialmente de niños. (Diario Oficial de las Comunidades Europeas, L 63 del 4 de Marzo de 1997; p.2)

Como se puede apreciar, todavía en esta etapa se tiene una tipificación del delito de la trata de seres humanos muy restrictiva, ya que lo refería sólo a las actividades con fines de explotación sexual y, además, seguía centrando la atención en las actividades de entrada, tránsito o residencia en un Estado miembro.

El avance en la tipificación más rigurosa del delito de la trata de personas se realizará a partir del Tratado de Amsterdam de 1997, en el que se introdujo la distinción entre las materias del control de fronteras exteriores, la inmigración, el asilo, la protección de los derechos humanos y la cooperación en materia civil. materias que se incluyeron en el ámbito de la cooperación política (primer pilar) mientras se mantuvo en el Título VI la cooperación policial y judicial en materia penal como parte integrante del tercer pilar.

Para potenciar la actividad de la UE en la lucha contra la trata de seres humanos se adoptó la Decisión Marco 2002/629/JAI del 19 de Julio que venía a sustituir a la Acción Común anterior sobre esta materia. En su artículo 1 establecía una tipificación del delito mucho más completa y rigurosa que la recogida en la Acción Común ya que establecía que:

"*Cada Estado miembro adoptará las medidas necesarias para garantizar la punibilidad de los actos siguientes: la captación, el transporte, el traslado, la acogida, la subsiguiente recepción de una persona, incluidos el intercambio o el traspaso del control sobre ella, cuando:*

a) se recurra a la coacción, la fuerza o la amenaza, incluido el rapto, o

b) se recurra al engaño o fraude, o

c) haya abuso de autoridad o de situación de vulnerabilidad, de manera que la persona no tenga una alternativa real y aceptable, excepto someterse al abuso, o

d) se concedan o se reciban pagos o beneficios para conseguir el consentimiento de una persona que posea el control sobre otra persona, con el fin de explotar el trabajo o los servicios de dicha persona, incluidos al menos el trabajo o los servicios forzados, la esclavitud o prácticas similares a la esclavitud o la servidumbre, o con el fin de explotar la prostitución ajena o ejercer otras formas de explotación sexual, incluida la pornografía." (Diario Oficial de las Comunidades Europeas, nº 203, de 1 de agosto de 2002; p. 2)

Además, también se adoptaron la Decisión Marco 2004/68/JAI sobre la lucha contra la explotación sexual infantil y la pornografía infantil y la Directiva 2004/81/CE del Consejo del 29 de Abril de 2004 relativa a la expedición de permisos de residencia a las víctimas de la trata de seres humanos.

Un paso muy importante en el ámbito de la cooperación judicial en materia penal fue la aprobación de la Decisión Marco del Consejo de 13 de junio de 2002 relativa a la orden de detención europea y a los procedimientos de entrega entre Estados miembros, que en su art. 1.1 define la orden de detención europea como "*una resolución judicial dictada por un Estado miembro con vistas a la detención y la entrega por otro Estado miembro de una persona buscada para el ejercicio de acciones penales o para la ejecución de una pena o una medida de seguridad privativas de libertad*" (Diario Oficial de las Comunidades Europea L190 de 18 de Julio de 2002; p. 2) para a continuación en el art. 2.1 establecer los delitos que podrán ser objeto de la orden de detención europea, entre los que se encuentra la trata de seres humanos.

Pero el avance más significativo en el desarrollo normativo de la UE en la lucha contra la trata de seres humanos se realizó con la Directiva 2011/36/UE del parlamento Europeo y del Consejo del 5 de Abril basada en lo dispuesto en el art. 83.1 del Tratado de Funcionamiento de la Unión Europea, en el que se prevé que el Parlamento Europeo y el Consejo puedan aprobar directivas que establezcan normas mínimas en ámbitos delictivos de especial gravedad entre los que se incluye la trata de seres humanos y la explotación sexual de mujeres y niños.

Es en base a esta Directiva que se estableció un programa de actuación integral contra el delito de la trata de seres humanos que incluía desde la implantación de normas mínimas respecto de la definición de las infracciones penales y sus sanciones, con el fin de homogeneizar la legislación de los Estados miembros y facilitar así la cooperación judicial penal, hasta la introducción de normas comunes para el tratamiento de género entre las víctimas y la adopción de medidas de protección y prevención.

En su art. 2 al detallar las infracciones relacionadas con la trata de seres humanos señala que serán punibles las siguientes conductas:

"1. *La captación, el transporte, el traslado, la acogida o la recepción de personas, incluido el intercambio o la transferencia de control sobre estas personas, mediante la amenaza o el uso de la fuerza u otras formas de coacción, el rapto, el fraude, el engaño, el abuso de poder o de una situación de vulnerabilidad, o mediante la entrega o recepción de pagos o beneficios para lograr el consentimiento de una persona que posea el control sobre otra persona, con el fin de explotarla.*

3. *La explotación incluirá, como mínimo, la explotación de la prostitución ajena, u otras formas de explotación sexual, el trabajo o los servicios forzados, incluida la mendicidad, la esclavitud o prácticas similares a la esclavitud, la servidumbre, la explotación para realizar actividades delictivas o la extracción de órganos.*" (Diario Oficial de la Unión Europea L101 del 15 de Abril de 2011; p. 6) Se puede apreciar la similitud de esta definición con la establecida en la convención de las Naciones Unidas.

Además, se incluyen medidas de protección de las víctimas como la invalidez del consentimiento de las víctimas cuando concurren el resto de circunstancias o el carácter punible de las conductas cuando las víctimas son niños aún cuando no se hayan utilizado los medios regulados en el apartado1 del artículo.

En definitiva, nos encontramos, por primera vez, con un tratamiento integral en el seno de la Unión Europea del problema social causado por la delincuencia asociada a la trata de seres humanos y donde se diferencia claramente de la problemática de la seguridad y control de las fronteras generada por la inmigración ilegal.

Gracias al planteamiento integral de la Directiva, en 2021 la Comisión presentó una Estrategia de la Unión Europea para combatir la trata de seres humanos aplicable en el período 2021-2025. (COM(2021) 171 final, del 14 de Abril de 2021; pp. 1-23). También ha propuesto una revisión de la Directiva de 2011 para introducir en la tipificación del delito las conductas realizadas a través de las redes sociales, las páginas web y otras actividades en el ciberespacio que contribuyen a la trata de personas con fines de explotación.

En resumen, la UE aunque con algunas confusiones en los primeros años entre los delitos de trata de seres humanos y de tráfico ilícito de migrantes, muy pronto logró consolidar una legislación destinada a establecer la base normativa común entre los países miembros de la UE tanto el ámbito penal como en el de las medidas preventivas y protectoras de las víctimas de la trata de seres humanos. Una regulación que refuerza y amplía la establecida con carácter general por Naciones Unidas.

5. CONCLUSIONES

El Derecho Penal Internacional se configura como la parte específica del Derecho Internacional Público que regula tanto los crímenes internacionales como los delitos considerados por los estados de relevancia internacional, entre los que se encuentra la trata de seres humanos.

Los orígenes de la penalización de la trata de seres humanos hay que rastrearlos en los comienzos del siglo XIX cuando Inglaterra impuso la persecución del tráfico de esclavos poniendo fin a una actividad multisecular antes incluso de que se aboliese la esclavitud. Ello significa que frente a los milenios de este tipo de explotación humana practicado por sociedades y culturas muy diversas, la persecución penal de la trata de seres humanos es muy reciente.

Desde el punto de vista de la regulación internacional general, la trata de seres humanos como actividad delictiva aparece tipificada en el art. 3 del *Protocolo para prevenir, reprimir y sancionar la trata de personas, especialmente mujeres y niños,* que figura como anexo a la *Convención de las Naciones Unidas contra la Delincuencia Organizada Transnacional* de 2000.

Por otra parte, el *Estatuto de la Corte Penal Internacional,* vigente desde 2002 incluye en la tipificación de los crímenes de lesa humanidad del art. 7 sólo algunas de las conductas reguladas en el Protocolo a la Convención y. además, siempre que tales conductas se realicen como parte de un ataque generalizado y sistemático contra la población civil. Las conductas recogidas en el Estatuto son la esclavitud, la deportación o traslado forzoso de población, la esclavitud sexual, la prostitución forzada; el embarazo forzado, la esterilización forzada o cualquier otra forma de violencia sexual de gravedad comparable.

De este modo mientras el Protocolo establece una regulación penal extensiva respecto de las conductas tipificadas, el Estatuto restringe sustancialmente tales conductas delictivas pero incrementa su gravedad al incluirlas entre los crímenes contra la Humanidad.

En cuanto a la regulación de la trata de seres humanos en el seno de la UE, inicialmente estuvo muy estrechamente identificada con el tráfico ilegal de seres humanos, especialmente con fines de explotación sexual. Su desarrollo normativo se llevó a cabo como resultado de la implantación del Acuerdo de Schengen de 1985 y más tarde con la inclusión en el Título VII del Tratado de Maastricht de los Asuntos de Justicia e Interior (AJI).

Semejante regulación europea tuvo que revisarse cuando la actividad delictiva del tráfico ilegal de seres humanos quedó regulada de modo específico y diferenciado de la trata de seres humanos por el *Protocolo contra el tráfico ilícito de migrantes por tierra, mar y aire* anexo al Convenio de Naciones Unidas.

Será con la Decisión Marco 2002/629/JAI del 19 de Julio cuando se realice una tipificación detallada de las conductas delictivas propias de la trata de seres humanos y diferenciada del mero tráfico ilícito de personas. Pero será la Directiva 2011/36/UE del Parlamento Europeo y del Consejo del 5 de Abril la que finalmente realice una regulación sistemática del delito, gracias a la cual se pudo adoptar una Estrategia de la Unión Europea para combatir la trata de seres humanos, aplicable en el período 2021-2025.

La normativa europea que establece la tipificación y sanción del delito de la trata de seres humanos se completa con la Decisión Marco del Consejo de 13 de junio de 2002 relativa a la orden de detención europea y a los procedimientos de entrega entre Estados miembros por la que se facilita la persecución de este delito al serle de aplicación lo dispuesto en la Decisión Marco.

En definitiva, existe una legislación penal internacional, tanto universal como regional, que ofrece los instrumentos jurídicos necesarios para llevar a cabo una actuación policial y judicial coordinada internacionalmente para perseguir con eficacia el delito de la trata de seres humanos.

6. REFERENCIAS BIBLIOGRÁFICAS

Braudel, F. (1996) *Historia de las civilizaciones* Planeta

Badía Martí, A. (2005) Noción jurídica internacional de la trata de personas, especialmente mujeres y niños. En Vargas Gómez-Urrutia, M. (coord.); Salina de Frías, A. (coord.) *Soberanía del Estado y Derecho Internacional. Homenaje al profesor Juan Antonio Carrillo Salcedo*, vol. I (pp. 177-198) Universidad de Córdoba; Universidad de Sevilla; Universidad de Málaga

Duoda Centro de Investigación de Mujeres. Universidad de Barcelona (2025, 28 Junio). *Testamento y codicilo de Isabel I de Castilla, llamada la Católica*, https://www.ub.edu/duoda/diferencia/html/es/primario16.html

Hernández Campos, A. (1998) Avance del derecho Penal Internacional. La creación de la Corte Penal Internacional. *Agenda Internacional*, vol. 5 nº 11; pp. 103-128.

Jefatura del Estado *Instrumento de ratificación del Acuerdo de Adhesión del Reino de España al Convenio de aplicación del Acuerdo de Schengen de 14 de junio de 1985 entre los Gobiernos de los Estados de la Unión Económica Benelux, de la República Federal de Alemania y de la República Francesa, relativo a la supresión gradual de los controles en las fronteras comunes, firmado en Schengen el 19 de junio de 1990, al cual se adhirió la República Italiana por el Acuerdo firmado en París el 27 de noviembre de 1990, hecho el 25 de junio de 1991*. Boletín Oficial del Estado, nº 81 del 5 de Abril de 1994; pp. 10390-10422

Jefatura del Estado *Instrumento de ratificación de la Convención de las Naciones Unidas contra la Delincuencia Organizada Transnacional*, Boletín Oficial del Estado nº 233 del 29 Septiembre de 2003; pp. 35280-35297

Jefatura del Estado *Instrumento de ratificación del Protocolo para prevenir, reprimir y sancionar la trata de personas, especialmente mujeres y niños, que complementa la convención de las Naciones Unidas contra la delincuencia organizada transnacional*, Boletín Oficial del Estado nº 296 del 11 de Diciembre de 2003; pp. 44084-44089

Jefatura del Estado *Instrumento de ratificación del Protocolo contra el tráfico ilícito de migrantes por tierra, mar y aire que complementa la Convención de las Naciones Unidas contra la Delincuencia Organizada Transnacional, hecho en Nueva York el 15 de noviembre de 2000*. Boletín Oficial del Estado, nº 295 del 10 de Diciembre de 2003; pp. 43796-43804

Jefatura del Estado *Instrumento de Ratificación del Estatuto de Roma de la Corte Penal Internacional, hecho en Roma el 17 de julio de 1998.* Boletín Oficial del Estado nº 126 del 27 de Mayo de 2002; pp. 1-56.

Jiménez García, F. (2000) La Corte Penal Internacional. En Fernández de Casadevante, C. (coord.) *Derecho Internacional de los derechos humanos* (pp. 329-354). Dilex.

Maculan, E. (2019) La Corte Penal Internacional. En Gil Gil, A. (dir); Maculan, E. (dir) *Derecho Penal Internacional*; (pp. 83-114) Dykinson.

Ministerio de Asuntos Exteriores *Convenio basado en el artículo K.3 del Tratado de la Unión Europea por el que se crea una oficina europea de policía (Convenio Europol), hecho en Bruselas el 26 de julio de 1995.* Boletín Oficial del Estado, nº 232 de 28 de Septiembre de 1998; pp. 32349-32366

Priotti de Monreal, A. (2007) La jurisdicción penal internacional y la Corte Penal Internacional *Anuario hispano-luso-americano de derecho internacional*; nº 18; (pp. 487-505)

Rhodes, J. (1966) *History of the United States from the Compromise of 1850,* University of Chicago Press

Thomas, H. (1998) *La trata de esclavos. Historia del tráfico de seres humanos de 1440 a 1870.* Planeta

Toynbee, A.J. (1981) *Estudio de la Historia.* Alianza 3 vols.

Unión Europea *Acción Común de 24de febrero de 1997 adoptada por el Consejo sobre la base del artículoK.3 del Tratado de la Unión Europea, relativa a la lucha contra la tratade seres humanos y la explotación sexual de los niños* Diario Oficial de las Comunidades Europeas, L 63 del 4 de Marzo de 1997;pp. 2-6

Unión Europea *Decisión marco del Consejo, de 19 de julio de 2002, relativa a la lucha contra la trata de seres humanos (2002/629/JAI)* Diario Oficial de las Comunidades Europeas, nº 203, de 1 de agosto de 2002; pp. 1-4

Unión Europea *Decisión Marco del Consejo de 13 de junio de 2002 relativa a la orden de detención europea y a los procedimientos de entrega entre Estados miembros (2002/584/JAI).* Diario Oficial de las Comunidades Europea L190 de 18 de Julio de 2002; pp. 1-20

Unión Europea *Directiva 2011/36/UE del Parlamento Europeo y del Consejo de 5 abril de 2011 relativa a la prevención y lucha contra la trata de seres humanos y a la protección de las víctimas y por la que se sustituye la Decisión marco 2002/629/JAI del Consejo.* Diario Oficial de la Unión Europea L101 del 15 de Abril de 2011; pp. 1-11

Unión Europea *Comunicación de la Comisión al Parlamento Europeo, al Consejo, al Comité Económico y Social y al Comité de las Regiones sobre la estrategia de la UE en la lucha contra la trata de seres humanos 2021- 2025.* COM(2021) 171 final, del 14 de Abril de 2021; pp. 1-23.

Capítulo VI

El ordenamiento jurídico español ante la trata de seres humanos

BEATRIZ SÁNCHEZ ÁLVAREZ
Fiscal de Sala Coordinadora de Trata de Personas y Extranjería. Fiscalía General del Estado

M.ª DE LOS ÁNGELES SÁNCHEZ LÓPEZ-TAPIA
Fiscal Adscrita a la Fiscal de Sala de Trata de personas y Extranjería. Fiscalía General del Estado

MARÍA VILCHES FERNÁNDEZ
Fiscal Adscrita a la Fiscal de Sala de Trata de personas y Extranjería. Fiscalía General del Estado

1. INTRODUCCIÓN

La Ley Orgánica 5/2010 de 22 de junio *(1)*, introduce por primera vez en nuestro Código Penal (CP), la figura de la trata de seres humanos como un delito autónomo y con naturaleza propia, creando un nuevo Título, el VII bis, dentro del Libro II, denominado "de la trata de seres humanos", con un artículo único, el 177 bis, que describe el tipo penal.

Hasta ese momento, solo algunas conductas de las que hoy consideramos constitutivas de trata estaban contempladas de forma concreta a través de una agravación específica del art. 318 bis del CP, referido al tráfico ilegal o la inmigración clandestina, que preveía como supuestos agravados, aquellos casos en los que el favorecimiento a la inmigración ilegal tenía como objetivo la explotación sexual de los migrantes.

La situación anterior a 2010 suponía una clara distorsión, porque los dos fenómenos, la trata de seres humanos y el favorecimiento de la inmigración clandestina, aunque constituyen procesos delictivos que implican movimiento de personas, son claramente distintos en cuanto a los fines y los medios. En el primero siempre están presentes el propósito de explotación y el empleo de medios comisivos que vician la voluntad de la persona tratada, lo que no sucede en el delito de tráfico de personas, en el que los migrantes deciden libremente iniciar su proyecto migratorio, y el autor no persigue su explotación.

La citada Ley Orgánica 5/2010 de 22 de junio *(2)*, de forma coherente con la tipificación autónoma del delito de trata del nuevo art 177 bis, eliminó en el art. 318 bis la finalidad de la "explotación sexual". Sin embargo, mantuvo en este delito la referencia al empleo de medios comisivos propios de la trata de seres humanos (violencia, intimidación, engaño, y abuso de situación de superioridad o de especial vulnerabilidad de la víctima). Por este motivo, tras la reforma de 2010, persistieron algunos problemas de concurrencia entre ambos delitos.

Fue con la Ley Orgánica 1/2015, de 30 de marzo *(3)*, cuando el legislador español atendió la necesidad de dar un tratamiento definitivamente diferenciado a ambas figuras delictivas, con objeto de dotar de coherencia interna al régimen penal de los delitos de movimiento territorial de personas. Esta reforma, introdujo ciertas modificaciones en el art 177 bis, pero, sobre todo, dio a los "delitos contra los derechos de los ciudadanos extranjeros" del art. 318 bis la redacción actual, eliminando del precepto toda referencia a los medios comisivos propios del delito de trata, trasponiendo así a nuestro derecho interno la Decisión Marco de la UE 2002/946/JAI *(4)* y la Directiva 2011/36 UE *(5)*.

De esta forma, aunque con algunas semejanzas, los delitos de trata y tráfico de personas, en su regulación actual, presentan diferencias sustanciales:

- El objetivo perseguido por la acción: en el caso de la trata, el fin fundamental que se pretende, es la explotación del sujeto pasivo; sin embargo, en el tráfico de migrantes, el objetivo es auxiliar a estos para entrar o permanecer en un país contraviniendo la legislación administrativa existente al respecto.
- El bien jurídico protegido: en la trata de personas, está conformado por la dignidad y los derechos humanos de las personas a las que afecta y, en el tráfico, lo que se ampara es la protección de la política migratoria de un Estado y la defensa de sus fronteras mediante la legislación de extranjería existente, si bien, en los supuestos agravados de puesta en peligro de la vida o la integridad del inmigrante, se atiende, además, al bien jurídico pregonado en la rúbrica del título, como "delitos contra los derechos de los ciudadanos extranjeros".
- Los sujetos pasivos y la transnacionalidad: en el caso de la trata, las víctimas pueden ser personas nacionales o extranjeras y su situación administrativa resulta irrelevante, pudiendo existir trata externa o interna. Asimismo, su voluntad está viciada por algunos de los medios comisivos legalmente previstos; sin embargo, en el caso del trá-

fico, los sujetos pasivos, necesariamente han de ser extranjeros en situación administrativa irregular, con cuya decisión libre y sin vicio de voluntad se cuenta, exigiéndose en el traslado, en todo caso, el carácter transnacional.

Sobre la diferenciación entre ambos delitos, se pueden consultar, entre otras, las STS sec. 1ª, S 04-03-2016, N.º 188/2016; STS sec. 1ª, STS 29-03-2017, N.º 214/2017; STS sec. 1ª, STS 22-03-2018, N.º 144/2018; STS sec. 1ª, S 23-07-2020, N.º 422/2020; STS sec. 1ª, S 24-07-2019, N.º 396/2019; STS sec. 1ª, S 21-04-2021, N.º 324/2021.

La redacción actual del art 177 bis queda definida finalmente con dos modificaciones legales posteriores operadas por la Ley Orgánica 8/2021 *(6)* y la Ley Orgánica 13/2022 *(7)*.

2. BIEN JURÍDICO PROTEGIDO

El delito de Trata de Seres Humanos se ha recogido en nuestro Código Penal tal y como ha sido definido por el derecho internacional vinculante para España, como un *delito contra los derechos humanos, contra la dignidad, la libertad y la integridad de las personas*, sin discriminación alguna.

El concepto contemporáneo de la trata de seres humanos fue establecido por el art. 3 del Protocolo de Palermo del año 2000 para prevenir, reprimir y sancionar la trata de personas, especialmente mujeres y niños *(8)*, concepto que ha sido asumido con irrelevantes matices por el art. 4 del Convenio del Consejo de Europa sobre la lucha contra la trata de seres humanos (Varsovia, 2005) *(9)*. Finalmente, la Directiva 2011/36/UE del Parlamento Europeo y del Consejo, de 5 abril de 2011, relativa a la prevención y lucha contra la trata de seres humanos y a la protección de las víctimas, recientemente modificada por la Directiva 1712/UE del Parlamento Europeo y del Consejo de 13 de junio de 2024 *(10)*, sigue el mismo camino.

La trata de seres humanos es la forma más execrable de esclavitud moderna. Probablemente constituye el mayor atentado contra la dignidad de la persona pues es una actividad criminal que sólo persigue la *cosificación del ser humano*, esto es su conversión en mera mercancía, ya sea sexual, ya sea como instrumento productivo, banco de órganos u objeto de cualquier otra forma de explotación. En otras palabras, es un delito que pretende privar al ser humano de su condición de persona.

Al proteger un bien jurídico de naturaleza personalísima -en esencia la propia personalidad de la víctima-, se cometerán tantos delitos de trata de seres humanos como víctimas hayan sido tratadas, aunque todas ellas lo fueran en una acción conjunta. En este sentido, el Pleno no jurisdiccional de la Sala II del Tribunal Supremo para la unificación de criterios, que se celebró el día 31 de mayo de 2016 estableció: "*El delito de trata de seres humanos definido en el artículo 177 bis del Código Penal, reformado por la LO 1/2015, de 30 de marzo, obliga a sancionar tantos delitos como víctimas, con arreglo a las normas que regulan el concurso real.*" *(11)*

Por la manera de llevarse a cabo -separación de la víctima de su entorno más inmediato (familiar, cultural o social) y su desplazamiento a otro extraño donde será más fácil su dominación, mediante la fuerza, el engaño o el abuso de su vulnerabilidad-, produce efectos destructivos en la integridad física y psíquica de las víctimas, hasta el extremo de llegar a anular en muchas ocasiones la autoestima y la capacidad de reacción emocional del afectado, de tal manera que puede perder incluso la conciencia de su situación. La naturaleza eminentemente personal de los bienes jurídicos tutelados por el artículo 177 bis CP impide asimismo apreciar la *continuidad delictiva* en este delito (art. 74.4 CP).

3. ANÁLISIS DEL TIPO PENAL

El artículo 177 bis CP, siguiendo los dictados del derecho internacional, ha estructurado el tipo básico del delito de trata de seres humanos sobre la base de construir la acción típica a través de tres elementos que necesariamente deben concurrir para que el delito se produzca. Dos son de carácter objetivo, las conductas alternativas y los medios comisivos; y otro subjetivo, la finalidad perseguida, esto es, el objetivo de conseguir la explotación o dominación de la víctima, en sus diferentes modalidades.

La Fiscalía General del Estado (FGE) ofrece en esta materia una interesante guía de interpretación en la Circular 5/2011 *(12),* si bien su lectura debe entenderse sin perjuicio de las reformas legislativas posteriores. El breve análisis del tipo penal que a continuación vamos a realizar sigue la línea de la citada Circular, así como los criterios de la consolidada Jurisprudencia del Tribunal Supremo sobre el delito del art 177 bis CP (Entre otras, en las STS sec. 1ª de S 05-04-2016, N.º 270/2016; STS sec. 1ª de 29-03-2017, N.º 214/2017; STS sec. 1ª de 24-07-2019, N.º 396/2019 ; STS sec. 1ª de 30-10-2020, Nº 565/2020; STS sec. 1ª de 09-04-2021, N.º 307/2021; STS sec. 1ª de 15-09-2021, N.º 695/2021; y STS sec. 1ª de 06-02-2023, N.º 59/2023.)

3.1. Acciones típicas

Siguiendo la Circular FGE 5/2011, las conductas típicas que lo integran se corresponden con cada una de las fases del proceso movilizador en que la trata consiste: la captación de la víctima que se llevará a efecto normalmente en el lugar de su residencia habitual; el transporte o traslado que se desarrollará por las zonas de tránsito; y el alojamiento o recepción que normalmente se producirá en el sitio de destino donde se pretende la explotación de la víctima, pero que también puede tener lugar durante la fase de tránsito. El delito puede cometerse no solo en territorio español (trata doméstica o interna) sino también desde España, en tránsito o con destino a ella (trata transnacional). En definitiva, el artículo 177 bis CP recoge todo el proceso por el que se desplaza a una persona de un lugar a otro para su dominación y explotación.

Para entender el significado jurídico de los verbos nucleares utilizados por el legislador a la hora de relacionar cada una de las conductas típicas (captar, transportar, trasladar, acoger, recibir, intercambiar o transferir el control de la persona) debe tenerse en cuenta no solo su sentido gramatical, sino su interconexión con los medios típicos (violencia, intimidación, engaño, abuso de una situación de superioridad o de necesidad, o de vulnerabilidad de la víctima, o entrega-recepción de pagos o beneficios) y con la finalidad de explotación (delito de tendencia) en cualquiera de las modalidades recogidas en el precepto: imposición de trabajo o servicios forzados, la esclavitud o prácticas similares a la esclavitud, a la servidumbre o a la mendicidad; la explotación sexual, incluida la pornografía; la explotación para realizar actividades delictivas; la extracción de sus órganos corporales; y, la celebración de matrimonios forzosos.

La ***captación*** debe quedar orientada a la sustracción de la víctima de su entorno más inmediato para ser tratada, eso es para ser desplazada. La acción incluye actos de aprehensión, reclutamiento, o persuasión para extraer a la persona de su ámbito habitual.

El ***transporte y traslado*** consisten en la acción por la que se lleva a la persona tratada de un lugar a otro cualquiera que sea el medio o vehículo utilizado, por sí o a través de tercero.

Acoger, recibir y alojar refieren las conductas de quienes, de forma temporal o definitiva, albergan o instalan a las víctimas tratadas en el lugar de destino donde piensa realizarse la dominación o explotación planificada, o en algún otro sitio durante el proceso de tránsito.

El proceso movilizador que se consigue a través de estas conductas descritas es asociado por la jurisprudencia al concepto de "desarraigo". La víctima, extraída de su entorno, es trasladada a otro lugar y desvinculada de su medio social y familiar. Esa desconexión favorece el aislamiento y facilita el control y la sumisión de la víctima a los dictados impuestos por los tratantes y explotadores. Esto, no exige necesariamente grandes distancias, incluso puede lograrse una situación de aislamiento en un lugar próximo al entorno de la víctima. [8]

Es más, la incursión de las nuevas tecnologías en el fenómeno de la trata, y la posibilidad de la captación y la explotación *en línea*, en la que las víctimas, desde sus propios domicilios pueden estar siendo seducidas o atraídas, y, después, forzadas a realizar, por ejemplo, actos sexuales en *streaming*, encontrándose los clientes incluso en otros países, nos coloca en un novedoso escenario que podría llevar a cuestionar el alcance del proceso movilizador en que la trata consiste.

3.2. Medios comisivos

El tipo básico del artículo 177 bis CP, relaciona con carácter alternativo la violencia, la intimidación, el engaño, el abuso de una situación de superioridad o de necesidad o de vulnerabilidad de la víctima, y la entrega o recepción de pagos o beneficios para lograr el consentimiento de la persona que poseyera el control sobre la víctima. Los medios comisivos hacen referencia a los métodos que emplea el sujeto activo para forzar o doblegar la voluntad de la víctima, por lo que el consentimiento de esta resulta irrelevante. Para que haya trata es preciso que el sujeto activo que capta, traslada, acoge o explota a la víctima emplee alguno de los métodos citados.

Los medios comisivos son "alternativos", en el sentido de que cualquiera de ellos es suficiente para integrar el delito de trata en cada una de sus fases. Pero ello no supone que deba permanecer el mismo durante todo el proceso. Al contrario, cada conducta típica puede llevarse a cabo a través de un medio distinto, se puede captar con engaño y alojar con violencia,

---

8 Aunque el concepto de desarraigo aparece con frecuencia, siempre de modo colateral, en la jurisprudencia en la materia (así, STS sec. 1ª, S 29-03-2017, N.º 214/2017, rec. 10521/2016 FJ. 15.º; STS sec. 1ª, S 13-11-2019, N.º 554/2019, rec. 10121/2019 FJ. 15.º; o STS sec. 1ª, S 04-07-2022, N.º 677/2022, rec. 2977/2020 FJ. 7.º-3.2), ciertamente no se trata de un elemento del tipo (STS sec. 1ª, S 27-02-2024, N.º 172/2024, rec. 10509/2023)

de manera que el medio comisivo puede variar durante el proceso movilizador de la víctima.

Según el apartado 3 del art 177 bis, "*el consentimiento de una víctima de trata de seres humanos será irrelevante cuando se haya recurrido a alguno de los medios indicados en el apartado primero de este artículo*", lo cual, según se recoge en la Circular FGE 5/2011, *no solo es una consecuencia lógica sino también un recordatorio de que la trata es un delito distinto y diferenciado de la explotación efectiva de la víctima en cualquiera de sus modalidades. Es decir, una persona puede aceptar libremente realizar actividades integradas en la explotación sexual o laboral, pero haber sido engañada o forzada en cuanto a los presupuestos que condicionan su desplazamiento.*

Siguiendo los criterios de la citada Circular 5/2011 cabe conceptuar la ***violencia*** como *la fuerza física directamente ejercida sobre la víctima o encaminada a crear en ella un estado de miedo a sufrir malos tratos en el futuro, con capacidad para anular o limitar seriamente la libertad de acción y decisión. Abarcaría cualquiera de las conductas subsumibles en el delito de coacciones del artículo 172 CP, pero ni exige que se traduzca en lesiones corporales de la víctima, ni es preciso que llegue a producirse una situación adicional de privación de libertad constitutiva de detención ilegal.*

La ***intimidación*** se corresponde con la *fuerza psíquica o moral, es decir, con las amenazas en sentido estricto o el ejercicio de cierta clase de fuerza sobre las cosas, que son dirigidas a la víctima o a un tercero -generalmente familiares- con la finalidad de doblegar su voluntad.* Las amenazas de difundir en redes sociales imágenes de contenido sexual de las víctimas, o de enviárselas a los familiares, se ha convertido en uno de los métodos de presión más utilizados en la fase de explotación. En esta línea, la Directiva 1712/UE del Parlamento y el Consejo de 13 de junio de 2024 recoge una nueva circunstancia agravante consistente en "*el hecho de que el autor de la infracción haya facilitado la difusión o haya difundido, a través de tecnologías de la información y la comunicación, imágenes, vídeos o material similar de carácter sexual que impliquen a la víctima.*"

Cabe citar en este punto la Jurisprudencia consolidada sobre el sometimiento a ritos de "vudú" como método eficaz de coacción y presión en las victimas de trata nigeriana. A este método se refiere, entre otras muchas la STS sec. 1ª, S 29-03-2017, N.º 214/2017, rec. 10521/2016: "*Asimismo se les practicó un ritual vudú, valiéndose de su creencia en este rito arraigado en Nigeria, para constreñir su voluntad (coacción) y conminarlas a reintegrar en España el total importe de la deuda que iban a contraer para su traslado, bajo la advertencia de que, en otro caso, morirían y sus familiares en Nigeria sufrirían graves consecuencias.* Empleo del vudú encontramos también en las STS sec. 1ª de 12-12-2022,

N.º 941/2022, la STS sec. 1ª de 01-03-2023, N.º 132/2023, STS sec. 1ª, de 27-09-2023, N.º 690/2023, o la STS sec. 1ª de 06-07-2023, N.º 558/2023, así como en la jurisprudencia menor (SAP Madrid N.º 113/22 sec. 16ª de 2-3-22; SAP Madrid N.º 190/22 sec. 7ª de 22-3-22; SAP Madrid sec.17ª N.º 437/22 de 28-7-2;, STSJª de Castilla y León secc.1ª N.º 85/23 de 23-10-2 ; STSJª Madrid sec.1ª N.º 436/23 de 28-11-23, o STSJª Aragón sec.1ª N.º 27/23 de 4-5-23, entre otras muchas)

El ***engaño*** es el artificio o maquinación fraudulenta, comprendiendo cualquier tipo de señuelo que, según las circunstancias de cada caso, sea eficiente para determinar la voluntad viciada de la víctima. Comprende: las falsas ofertas de empleo; la seducción amorosa; técnicas de persuasión o atracción; o cualquier otro medio que objetivamente apreciado sea eficaz para que, según las características y circunstancias concretas de cada víctima, pueda viciar su consentimiento Es irrelevante que la captación engañosa sea presencial o por vía telemática (internet, redes sociales, etc.)

En la trata con fines de explotación sexual, además de los casos señalados, hay que indicar que existe engaño aunque la víctima se traslade al lugar de destino conociendo que va a realizar actividades de prostitución, pero sin saber las condiciones de su ejercicio, que finalmente resultaran diferentes a las convenidas, o que fueron ocultadas deliberadamente por los tratantes. La Jurisprudencia de nuestro Tribunal Supremo ha sostenido que el engaño puede ser "parcial": "*Es apreciable la existencia de engaño en el momento de la captación (...), ya que se le ofreció venir bajo la protección de (...), asegurándole que ejercería la prostitución libremente, cuando el plan de los acusados era proceder a su explotación, como finalmente ocurrió (...) bajo las condiciones impuestas por aquellos, que se quedaban con el dinero obtenido* (STS sec. 1ª, S 16-02-2021, N.º 136/2021)

Sin embargo, los juzgados y tribunales cuestionan con frecuencia que exista este delito en los casos en que las víctimas de trata sexual conocen la actividad a la que se van a dedicar, y restan credibilidad a su relato, por lo que es preciso insistir en que el engaño también puede ser parcial (sobre las condiciones), así como en la vulnerabilidad en origen, lo cual no siempre es fácil. Sobre valoración de las declaraciones de las victimas desde una perspectiva social y de género puede consultarse la SAP Salamanca Sección 1ª de 23-6-22.

También la Jurisprudencia ha admitido como método de engaño los supuestos de seducción en los que la víctima llega a creer que tiene una relación sentimental con el acusado, sometiéndose a sus designios como consecuencia de la dependencia emocional generada ("*Lover Boy*"). Cabe citar, entre otras, la STS sec. 1ª, S 09-04-2021, N.º 307/2021, en la que se recoge que "*...durante unos meses en Rumanía, mantienen una relación que creen que es de pareja sentimental y en cuanto llegan a la mayoría de edad, las traen a Gran Canaria, donde no tienen familia ni amigos, sin otra alternativa que ejercer la prostitución y de los ingresos que obtienen, viven los acusados, de los que no se conoce ninguna actividad laboral. Y generalmente, si la testigo no obtiene suficiente dinero, se la insulta y golpea (...) la finalidad del procesado era captar a la chica haciéndole creer que se convertiría en su pareja sentimental para posteriormente animarla a comenzar una vida en común en España en la que el procesado se lucraría de la explotación sexual de la misma". Y explícitamente relata que "el procesado le manifestó en qué consistiría el trabajo prometiéndole que ganaría dinero manteniendo relaciones sexuales*". [9]

El *abuso de una situación de superioridad* supone aprovecharse de la correlativa situación de inferioridad que se da en el sujeto pasivo, del desequilibrio de fuerzas que hay entre autor y víctima. Esta situación de superioridad podrá darse de múltiples formas (jerárquica, docente, laboral, dependencia económica, convivencia doméstica, parentesco, amistad o vecindad), excluyéndose la situación de superioridad que se genera por la minoría de edad o incapacidad de la víctima, pues vienen configuradas como causas de agravación de la pena.

Mención especial merece el *abuso de la situación de necesidad o vulnerabilidad,* por estar presente en casi todos los procesos de captación y explotación que vemos en la práctica diaria de nuestros tribunales. Además, se ha convertido en un elemento esencial en los casos de víctimas de trata sexual que saben que se van a dedicar al ejercicio de la prostitución, ya que la mayoría son mujeres vulnerables. La concurrencia de este medio comisivo exige que la víctima se encuentre en una situación de *necesidad o vulnerabilidad,* y, además, que el autor "*abuse*" de esta situación, esto es, que se aproveche, que actúe prevaliéndose de la fragilidad o desvalimiento de la víctima. El propio precepto nos ofrece un criterio valorativo al establecer que "*Existe una situación de necesidad o vulnerabilidad cuando la persona en cuestión no tiene otra alternativa, real o aceptable, que someterse al abuso.*" Aunque se uti-

---

9 El método del "Lover Boy" ya se contempló en la SAP Pontevedra, sec. 5ª, S 14-05-2014, N.º 217/2014, en la SAP Madrid sec. 5ª, S 20-01-2015, N.º 4/2015, rec. 17/2014 o en la SAP Madrid secc.5ª N.º 83/19 de 11-12-19, entre otras muchas, y recientemente en la SAP Madrid sec. 7ª, S 20-01-2025, N.º 28/2025, rec. 567/2022 comprobamos que este medio comisivo sigue siendo utilizado actualmente por los tratantes.

lizan por el legislador dos términos distintos, y la *necesidad* se suele asociar a circunstancias de penuria económica de entidad relevante, de pobreza o de carencia de medios económicos para subsistir o para afrontar deudas acuciantes, estas situaciones no dejan de ser una forma de *vulnerabilidad.*

Este medio comisivo debe valorarse según el sentido lógico y la realidad de la vida, así como en función de las circunstancias del caso concreto y las particularidades de cada víctima: discapacidad, enfermedad, extrema juventud, orientación sexual, exclusión social y cultural, pertenecía a comunidades indígenas o minorías, persecución; contexto de desarraigo y desamparo en territorio extranjero, de migración o desplazamiento; situación de irregularidad administrativa, desconocimiento del idioma; presiones sufridas por las víctimas y su familia para doblegar su voluntad; situación de desigualdad, necesidad objetiva o fragilidad personal. En muchas ocasiones, la vulnerabilidad es producto de una combinación de factores que, en definitiva, limitan de modo relevante la capacidad de la víctima de rechazar la explotación.

La exigencia de prueba de la situación de abuso de vulnerabilidad esta teñida, en no pocos casos, de un excesivo rigor. Por ello recogemos a continuación los razonamientos de la SAP Barcelona N.º 320/24 sec. 5ª, S 25-04-2024, rec. 144/2023 , cuyo enfoque compartimos, por ser mucho más acorde con la perspectiva de derechos humanos y de género, y con una mirada decididamente más sensible hacia la idiosincrasia de las víctimas de trata: *"A lo anterior puede añadirse una inferencia incontestable: o la testigo protegida vino a España engañada respecto al trabajo que iba a desarrollar (y el engaño es uno de los elementos del delito), o vino sabiendo que iba a ejercer la prostitución, pero en tal caso se infiere que tenía que encontrarse en una situación de extrema necesidad, pues solo esa situación explicaría que alguien acepte ir a ejercer la prostitución a un país extranjero, estando en situación ilegal, alejándose de su familia, y aceptando ponerse bajo la dirección de una persona con la que se ha mantenido solamente una conversación telemática."* En este sentido se ha pronunciado también el Tribunal Supremo, en Sentencia sec. 1ª, S 09-03-2022, N.º 224/2022, rec. 10511/2021 en la que se recoge lo siguiente: "*Las mujeres explotadas se encontraban en su país en situación de necesidad o vulnerabilidad, pues esa era precisamente la razón, no solo de venir a España, sino la que explicaba que se vieran obligadas a aceptar el control de los acusados. Acreditado ese aspecto, el consentimiento de la víctima es irrelevante, (artículo 177 bis.3). Es irrelevante también si fue la testigo quien contactó con los recurrentes pidiendo ayuda o si son ellos los que efectúan el primer contacto. Lo que resulta relevante es que ellos, aprovechando su situación de necesidad, cuando contactan, le proponen venir a España a ganar dinero ejerciendo la prostitución, con la finalidad de obtener, a su vez, parte de las ganancias que ella consiguiera.*"

En cuanto al *intercambio de control*, tendrá lugar cuando el objetivo del autor sea la venta o transmisión de una persona, lo cual sucede, por ejemplo, cuando el marido de una mujer, la familia o el clan del marido tienen el derecho de cederla a un tercero a título oneroso o de otra manera, o cuando la esposa, a la muerte de su marido, puede ser transmitida por herencia; o cuando se entrega a un menor por sus padres, o por uno de ellos, o por su tutor, a un tercero, mediante remuneración o sin ella, con el propósito de que se le explote. En realidad, el intercambio de control, tiene una naturaleza mixta, ya que además de un medio comisivo, conformaría una "acción" típica del delito, y constituye también una de las finalidades específicas de la trata, la esclavitud (artículo 1 Convención suplementaria sobre la abolición de la esclavitud, la trata de esclavos y las instituciones y prácticas análogas a la esclavitud de 1956).

Para terminar este apartado hay que precisar que existe una excepción en la que no es necesario que concurra ninguno de los medios comisivos para que exista delito de trata, que se produce cuando la víctima es menor de edad. En este caso, cualquiera de las acciones indicadas en el apartado anterior que se lleve a cabo respecto de menores de edad con fines de explotación, es constitutiva de trata. Esta decisión del legislador (artículo 117 bis 2 CP) ha sido impuesta por el Protocolo de Palermo (apartado c) del art 3°) y ratificada por la Convención de Varsovia y la Directiva 2011/36/UE. En la STS sec. 1ª, S 19-06-2015, N.° 379/2015, rec. 2084/2014 leemos claramente: "*Si el párrafo primero exige para la tipicidad violencia, intimidación, engaño, o abuso de superioridad o de una situación de vulnerabilidad o de necesidad, el párrafo segundo declara paladinamente que no será necesaria la concurrencia de ninguno de esos medios comisivos, caracterizados todos por implicar merma de libertad o vicios graves en el consentimiento, cuando la víctima sea un menor de edad y se identifique una finalidad de explotación*". En este mismo sentido se pueden consultar las STS sec. 1ª, S 04-02-2014, n° 53/2014; STS sec. 1ª, S 09-04-2015, n° 191/2015; STS sec. 1ª, S 28-09-2015, n° 545/2015; STS sec. 1ª, S 15-12-2015, n° 827/2015; y STS sec. 1ª, S 05-04-2016, n° 270/2016.

3.3. Tipo subjetivo. Finalidades. Delito de tendencia. Delitos finales

El delito de trata de seres humanos es un *delito de tendencia* que requiere que las conductas alternativas señaladas, ejecutadas empleando los medios también indicados, se realicen con cualquiera de las finalidades siguientes:

a) La imposición de trabajo o servicios forzados, la esclavitud o prácticas similares a la esclavitud o a la servidumbre, o a la mendicidad; b) La explotación sexual, incluida la pornografía; c) La explotación para realizar actividades delictivas; d) La extracción de sus órganos corporales; y e) la celebración de matrimonios forzados.

La trata es un delito doloso de "*propósito*" o de "*tendencia*" pues la finalidad perseguida por el tratante integra el tipo subjetivo del injusto. Esta configuración determina que nos encontremos en presencia de un delito de *consumación anticipada* pues el delito existe cuando se hayan realizado cualquiera de las conductas típicas, aunque no se haya logrado la explotación efectiva de la víctima. La trata constituye el delito antecedente respecto de aquellos que consisten en las situaciones de dominación o explotación perseguidas. Las modalidades de explotación, si llegan a producirse, darían lugar a los delitos finales que entran en concurso con la trata, castigándose entonces, además de la trata, por ejemplo, el delito de prostitución, el delito de matrimonio forzado etc.

3.3.1. La imposición de trabajo o servicios forzados, la esclavitud o prácticas similares a la esclavitud o a la servidumbre, o a la mendicidad

No existe en el Derecho Penal español un delito de trabajos o servicios forzosos que permita perseguirlo penalmente de forma autónoma o independiente de la trata, o que pueda castigarse como delito final en concurso con la trata, si llega a producirse. Lo mismo sucede con la servidumbre y la esclavitud. No obstante, estas finalidades han sido expresamente definidas por el Derecho Internacional en distintos tratados o convenios de Naciones Unidas vinculantes para España.

En la Sentencia de la SAP de Valencia, Núm. 140/2019 de 12-3-2019 se lee: "*No constituyen un delito de trata de seres humanos, porque no se aprecia que los acusados actuaran con un propósito claro y manifiesto de imponer a los trabajadores trabajos forzados o de someterlos a una situación de esclavitud o de prácticas similares a la esclavitud, en los términos normativos en que hay que entender estos conceptos, si bien se admite que actuaron imponiéndoles condiciones de trabajo que perjudicaban sus derechos laborales. (…) No se cuenta con una definición auténtica en el Código Penal ni tampoco hay ninguna referencia en la Ley Orgánica 5/2010, de 22 de junio, que introdujo el artículo 177 bis, acerca de lo que se entiende por esclavitud o trabajo forzado.*" La sentencia continúa diciendo que, ante este déficit, es necesario acudir a los convenios internacionales.

En la misma línea, la Circular 5/2011 de la FGE señala que la imposición de trabajo o servicios forzados está dirigida a obligar a la víctima a la realización de cualquier actividad o servicio contra su voluntad. El artículo 2.1 del Convenio sobre el trabajo forzoso de 1930 *(13)* define el *trabajo o servicio forzado u obligatorio* como el que es exigido a un individuo bajo la amenaza de una pena cualquiera y para el cual dicho individuo no se ofrece voluntariamente. Para el derecho internacional vinculante para España, el concepto de trabajo no solo comprende cualquier actividad laboral productiva reglada o no (agrícola, industrial, de servicios, domestica, etc.), sino también otras actividades de naturaleza bien distinta como la recluta de menores para intervenir en conflictos armados o para la comisión de hechos constitutivos de delitos (Convenio OIT de 1999, sobre las peores formas de trabajo infantil) *(14)*.

La esclavitud o prácticas similares a la esclavitud implica un estado o condición de un individuo sobre el cual se ejercitan los atributos del derecho de propiedad o algunos de ellos (artículo 1.1. Convención sobre la esclavitud de 1926; artículo 7 Convención suplementaria sobre la abolición de la esclavitud, la trata de esclavos y las instituciones y prácticas análogas a la esclavitud de 1956; artículo 7.2 c del Estatuto de Roma de la Corte Penal Internacional de 1998) *(15) (16)*. En esas situaciones, la persona esclavizada puede ser utilizada para la realización de cualquier actividad lucrativa o no.

Esta situación anómala, que el legislador español debería corregir sin demora, se viene supliendo con el recurso a los delitos tipificados en el Titulo XV del Código Penal, bajo la rúbrica "delitos contra los derechos de los trabajadores", entre los que se castiga la imposición a los trabajadores de condiciones de trabajo abusivas o restrictivas de derechos (art 311.1° del CP) o la contratación de trabajadores extranjeros sin permiso de trabajo en dichas condiciones (art 312.2° del CP). De esta forma, cuando se trata de víctimas de trabajos en condiciones manifiestamente abusivas e indignas, o socialmente intolerables, se castiga lo que se ha consagrado jurisprudencialmente como "trata con fines de explotación laboral", en la que los delitos contra los derechos de los trabajadores de los artículos 311 y 312 del Código Penal, se consideran delitos finales en concurso con la trata. La solución no supone una respuesta adecuada a una violación de derechos fundamentales de la persona tan relevantes. En efecto, los delitos contra los derechos de los trabajadores constituyen lo que se denomina el "derecho penal laboral", que no es otra cosa que infracciones administrativas del derecho social sancionador elevadas a la categoría de delito, y que la Jurisprudencia de nuestro Tribunal Supremo ha tenido que constreñir, por coherencia con el principio de fragmentariedad del derecho penal, a los casos más graves de imposición de condiciones de trabajo extraordinariamente abusivas e indignas, aquellas que serían consideradas socialmente intolerables, por atentar de forma manifiesta contra la dignidad de la persona, contra los valores constitucionales que inspiran nuestro Estado Social. La STS sec. 1ª, S 09-06-2016, N.º 494/2016, rec. 2171/2015 ya apuntaba el problema que se produce con la actual regulación: *"La labor Jurisdiccional es realmente dificultosa cuando el desempeño de la previa propia del legislador no es capaz de acotar con inequivocidad la conducta para la que impone la pena", lo que acarrea inseguridad jurídica al ciudadano, y lleva a que la Jurisprudencia tenga que abordar la función de paliar esta situación.* Paradigmática es también la STS sec. 1ª, S 13-11-2019, N.º 554/2019, rec. 10121/2019 que confirma que "*No cabe duda que…impuso a las víctimas unas condiciones de trabajo contrarias a la dignidad humana y ajenas a cualquier condición laboral licita y admisible.*

De acuerdo con la Circular de la Fiscalía General del Estado 5/2011, la *mendicidad* constituye uno de los fines de la trata cualquiera que sea el sexo, edad o capacidad física o psíquica de la víctima. Pero si se hubiese utilizado a menores o personas con discapacidad en el ejercicio efectivo de la mendicidad una vez alcanzado el lugar de destino entraría en concurso con el delito del artículo 232 del CP, en su caso con el delito del apartado segundo del mismo precepto de haberse empleado para esa efectiva utilización, violencia, intimidación o se les suministrare sustancias perjudiciales para la salud. Por su interés citamos la STS sec. 1ª, S 23-11-2023, N.º 867/2023, rec. 10253/2023, y, en particular, la reciente SAP de Alicante secc.2ª N.º 426/24 de 29 de noviembre en la que, en un caso de trata con fines de mendicidad, se aplica la agravante del art 177 bis 4 b), atendiendo a la "especial vulnerabilidad" de la víctima con discapacidad: "*No solo hay engaño, sino abuso de la situación de superioridad (ascendiente) derivada de la vecindad y soledad en la que se encontraba la víctima en Rumania. Una vez en España, el aprovechamiento grosero de su minusvalía, en tales condiciones de indignidad, va más allá del abuso de la situación subjetiva de patente discapacidad, y constituye una vulneración de las más elementales reglas de la solidaridad humana*"

3.3.2. La explotación sexual, incluida la pornografía

Esta forma de explotación incluye cualquier actividad sexual que pudiera integrarse en el ámbito de la prostitución coactiva y lucrativa , el alterne, los llamados masajes eróticos, o cualquier otra práctica de naturaleza erótico-sexual, como la participación en espectáculos exhibicionistas o "strip tease", o cualquier actividad dirigida a la confección de material pornográfico, todo ello sin perjuicio de que, en esta materia las normas deben ser interpretadas de acuerdo con la realidad social del momento.

Según la Jurisprudencia, el "ánimo de lucro" es consustancial al termino "explotación", de manera que quien explota o pretende explotar la prostitución de otros lo hace por las ganancias económicas que el ejercicio de ese comercio supone, ya sea una cantidad fija, variable o a comisión. En cualquier caso, siempre se persigue obtener un beneficio económico. En este sentido, en las resoluciones del Tribunal Supremo leemos que "*Es por ello que la trata de seres humanos con fines de explotación sexual, consiste, en este caso, una vez en nuestro país las personas violentadas, son obligadas a ejercer la prostitución en diversos lugares, en este caso en la calle, dentro de un polígono industrial, a modo de lugares en donde la dignidad humana carece de la más mínima significación, con tal de obtener el beneficio para el cual las mujeres han sido traídas como si fueran seres cosificados, de los que se intenta obtener el máximo rendimiento económico, mientras tales personas se encuentren en condiciones de ser explotadas".* Entre otras muchas, cabe citar las STS sec. 1ª, S 24-07-2019, N. º 396/2019; STS sec. 1ª, S 30-10-2020, N. º 565/2020; y STS sec. 1ª, S 09-04-2021, N. º 307/2021.

Es preciso detenerse en este punto para señalar que, según datos de la Fiscalía General de Estado (26) aproximadamente el 75% de las causas judiciales por delito de trata de seres humanos en España, lo son por trata con fines de explotación sexual. Se trata, por tanto, de la modalidad mayoritaria, que afecta a más del 60% del total de las víctimas identificadas judicializadas. Estos porcentajes vienen a coincidir con los que se recogen y analizan a nivel global en el Informe Mundial Sobre Trata de personas de UNDOC de 2024 (Viena 11 de diciembre de 2024) *(17)*.

La LO 10/2022, de garantía integral de la libertad sexual *(18)*, ha incluido como "violencias sexuales" en su ámbito de aplicación, regulado en el art 3, los delitos previstos en el Título VIII del Libro II de la Ley Orgánica 10/1995, de 23 de noviembre, del Código Penal, entre los que se encuentran los delitos relativos a la prostitución. También ha incluido la mutilación genital femenina, el matrimonio forzado, el acoso con connotación sexual y la trata con fines de explotación sexual. Sin embargo, uno de los principales problemas que persiste en materia de persecución de la trata con fines de explotación sexual en nuestro sistema legal lo constituye la falta de sanción penal del proxenetismo en todas sus formas, bajo la premisa de la irrelevancia del consentimiento. La concurrencia de una "aparente" voluntariedad de quienes ejercen la prostitución, dificulta sobremanera las investigaciones policiales y judiciales, impidiendo actuar contra quienes comercian impunemente con el cuerpo de muchas potenciales víctimas de trata, mayoritariamente mujeres extranjeras muy vulnerables.

3.3.3. La explotación para realizar actividades delictivas

El legislador español recogió en el art 177 bis esta especifica modalidad de trata, al igual que la Directiva 36/2011/CE, si bien no estaba contemplada en los textos internacionales anteriores, por entender que nada impide comprender esta modalidad en el concepto más amplio de servicios forzados. Los casos que encontramos en la práctica se presentan en la explotación de una persona para cometer delitos contra el patrimonio, tales como hurtos de cable de cobre o fruta (SAP Sevilla sec. 4ª, S 20-10-2015, N.º 536/2015, rec. 5679/2015), sustracciones en comercios o robos con fuerza (SAP Baleares sec. 1ª, S 20-04-2023, N.º 200/2023, rec. 29/2022, SAP Madrid 20-01-2025, N.º 28/2025, rec. 567/2022), estafas en línea *(phishing,* STS sec. 1ª, S 06-02-2023, N.º 59/2023, rec. 2561/2021), cultivo *indoor* de marihuana (SAP Salamanca sec. 1ª, S 24-10-2023, N.º 32/2023, rec. 19/2023), y, sobre todo, tráfico de estupefacientes relacionado con la explotación para la prostitución, siendo una constante que se obligue a las mujeres a suministrar droga a los clientes que la solicitan, e incluso a consumirla ellas mismas a fin de doblegar su voluntad más fácilmente debido a su adicción (sirva de ejemplo, entre otras muchas, la reciente SAP A Coruña sec. 2ª, S 08-04-2025, N.º 132/2025, rec. 59/2024).

3.3.4. La extracción de sus órganos corporales

Tal como recoge la Circular 5/2011 de la FGE, la trata de seres humanos con fines de extracción de órganos implica la incorporación al proceso de trata de la propia persona afectada para extraerle sus órganos corporales tal y como exige el Protocolo de Palermo y la Convención de Varsovia. Normalmente la extracción del órgano se realizará para ser posteriormente traficado o trasplantado, pero la redacción del artículo 177 bis CP no excluye otras posibilidades, como por ejemplo que la extracción forme parte integrante de una ceremonia o rito aberrante.

Tras la incorporación al Código Penal del artículo 156 bis, en el que se tipifica de la manera más extensa posible el tráfico ilegal de órganos, y, en particular, desde la reforma operada por la LO 1/2019 de 2 de febrero *(19),* que elevó la pena de este delito por encima de los límites de la prevista en el art 177 bis, podríamos estar ante infracciones penales con un sustrato factico parcial o incluso totalmente coincidente, y, en consecuencia, ante un posible concurso aparente de normas a resolver por el cauce del artículo 8.4 CP. Hasta el momento, no tenemos pronunciamientos judiciales al respecto, dado que no se han detectado casos de trata para extracción de órganos en nuestro país. Creemos que ello se debe, por un lado, al efecto disuasorio, derivado de la tipificación penal del delito de tráfico de órganos; y, por otro lado, a que los filtros y sistemas de control que establece la legislación española en materia de trasplantes de órganos resultan altamente eficaces desde el punto de vista de la prevención (Ley 30/1979, de 27 de octubre, sobre extracción y trasplante de órganos) *(20)*. La ausencia de casos de esta modalidad de trata es exponente de que una adecuada tipificación de los delitos finales unida a una sólida normativa en materia preventiva resulta altamente eficaz en la lucha contra la trata de seres humanos.

3.3.5. La celebración de matrimonios forzados

En esta modalidad de trata los tratantes pretenden imponer un matrimonio forzoso a una persona, que en la práctica totalidad de los casos son mujeres menores o muy jóvenes, sin capacidad para oponerse, siendo prometidas o dadas en matrimonio a cambio de una contrapartida en dinero o en especie entregada a sus padres, a su tutor, a su familia o a cualquier otra persona o grupo de personas. Esta es la forma en que se pueden encubrir gran parte de los casos de esclavitud o servidumbre doméstica y sexual. Y la dificultad de su detección es máxima, ya que los autores son siempre personas ligadas por directos y estrechos lazos de parentesco con la víctima, por lo que la decisión de denunciar es muy remota.

La mayoría de los supuestos detectados se refieren a matrimonios acordados por familias de etnia gitana, cuyos autores pretenden ampararse en sus tradiciones (SAP Badajoz sec. 3ª, S 17-07-2018, N.° 127/2018, rec. 3/2018). En este sentido hemos de poner de relieve pronunciamientos judiciales que sirven de base para descartar el error de prohibición, por considerar que supondría un sacrificio *"inasumible para una niña en post de antediluvianas y ya superadas costumbres étnicas, del todo reprochables en una sociedad democrática y avanzada"*. (STSJª de Andalucía de 21-02-2024, N.° 70/2024, Rec. 344/2023)

Hay sentencias en las que los tribunales entienden que, al haberse contraído matrimonio por el rito romaní, no puede considerarse como trata de seres humanos con fines de matrimonio forzoso, porque falta un requisito del tipo, ya que no hay un matrimonio válidamente celebrado, calificándose los hechos y condenando por trata con fines de servidumbre (sexual y domestica) o de servicios forzosos (por ejemplo, la SAP Huelva sec. 3ª, S 20-12-2019, N.º 229/2019, la SAP de Madrid sec. 16ª, S 23-06-2023, N.º 300/2023, y la SAP de Córdoba sec. 3ª, S 29-06-2023, N.º 237/2023).

3.3.6. La Directiva UE 2024/1712 del Parlamento y el Consejo de 13 de junio de 2024

No podemos terminar este apartado sin hacer referencia a la Directiva 1712/24 UE, ya citada, que ha modificado el art. 1. 3º de la Directiva 36/2011 añadiendo la explotación para el matrimonio forzado, la gestación subrogada y la adopción ilegal entre las formas de explotación explícitamente cubiertas por la norma europea. La trasposición de esta norma a nuestro derecho interno obliga al legislador español a incorporar al art 177 bis CP la gestación subrogada y la adopción ilegal como nuevas finalidades de la trata. La Directiva, que incluye otras modificaciones de gran relevancia, obliga a Los Estados miembros a poner en vigor las disposiciones legales, reglamentarias y administrativas necesarias para dar cumplimiento a lo establecido en la norma a más tardar el 15 de julio de 2026.

4. TIPOS CUALIFICADOS DEL DELITO DE TRATA DE SERES HUMANOS

El artículo 177 bis del Código Penal español contempla una serie de circunstancias agravantes específicas que elevan la penalidad del delito de trata de seres humanos.

Estas agravantes, recogidas en los apartados 4, 5 y 6, que concurren en la comisión del delito base, aumentan la responsabilidad criminal del hecho y, por lo tanto, la pena, resultando, eso sí, circunstanciales, pues no son necesarias para entender cometido el delito; en definitiva, suponen un mayor reproche penal por la concurrencia de ciertos elementos objetivos (que afectan a la ejecución del hecho) o subjetivos (que se relacionan al delincuente)

4.1. Peligro para la vida o integridad de la víctima

La agravante prevista en el art. 177 bis. 4.a) del Código Penal contempla un incremento de la penalidad del tipo básico, cuando se haya puesto en peligro la vida o la integridad física o psíquica de las víctimas de trata.

Esta redacción, alineada con la Directiva 2011/36/UE y la Decisión Marco de 2002, responde a las exigencias doctrinales y jurisprudenciales que exigen que el grave peligro afecte a bienes jurídicos esenciales que el tipo explicita. La inclusión de esta agravación se justifica por la especial lesividad de los medios empleados y sus consecuencias sobre las víctimas. Al tratarse de un concepto jurídico indeterminado, su aplicación exige una valoración casuística, si bien no se exige un resultado lesivo, sino la creación de un riesgo relevante.

Casos concretos en los que el Tribunal Supremo ha apreciado la concurrencia de esta circunstancia agravante podemos señalar, principalmente, los referidos al delito de tráfico de migrantes del artículo 318 bis, que resultan exportables al delito de trata de personas en cuanto a idénticos bienes jurídicos afectados, traslados en pateras, dobles fondos de camiones o condiciones de alojamiento peligrosas. Si se produjese un resultado lesivo (muerte o lesiones graves), estaríamos ante un concurso de delitos y no se aplica la agravante, sino el tipo básico en concurso real con el delito de resultado muerte/lesiones.

4.2. Especial vulnerabilidad

El art. 177 bis 4. b) contempla como agravante la especial vulnerabilidad de la víctima, ya sea por enfermedad, discapacidad, embarazo, minoría de edad o situación personal.

Es abundante la Jurisprudencia en la que se aplica la agravante de la minoría de edad de una víctima de trata (STS 861/2015 de 20 de diciembre, STS 53/2014 de 4 de febrero y STS 399/2022 de 22 de abril).

Interesante a estos efectos es la STS 677/2022 de 4 de julio, en la que aplica el apartado 4.b de este artículo 177 bis a una mujer en la que considera que, además de la vulnerabilidad predicable de las víctimas de trata con carácter genérico, conforme al primer apartado del mismo artículo, concurre un plus de antijuridicidad en la situación de vulnerabilidad que justifica la aplicación de esta circunstancia agravante. Así, entiende el Tribunal de Instancia y ratifica el TS, que del *factum* de la sentencia se infiere que *la actuación coactiva se impuso a una persona que se encontraba en un con-*

texto claramente perceptible de especial fragilidad personal. Los hechos probados de la sentencia describen que la víctima había sido desarraigada de su país de origen y de su familia. Sufrió además la adversidad de una migración clandestina sometida a importantes riesgos vitales, como cruzar el Mediterráneo en un bote neumático del que hubo de ser rescatada. Soportó también una persecución policial que motivó su privación de libertad en dos países: Libia e Italia. Conoció después que su esfuerzo no se correspondía con el objetivo que lo impulsó y que había sido engañada en cuanto a las perspectivas de porvenir que podía obtener. Y narrándose que llegó a reclamar el auxilio familiar tras ser liberada por las autoridades italianas, se describe que terminó encontrándose en nuestro país sin ninguna estructura social o familiar de soporte y sin conocer el idioma. Un conjunto de circunstancias que eran conocidas por la recurrente por haber contribuido a su aparición y que suponen el desprecio más absoluto de la dignidad de la víctima y de los deberes más básicos de la solidaridad humana. Y la SAP Alicante 426/24 de 29 de noviembre, (ya citada más arriba) donde se aplica el subtipo agravado 177 bis 4 b) del CP y se aborda el problema de la concurrencia entre el medio comisivo de abuso de vulnerabilidad del tipo básico y el tipo agravado de especial vulnerabilidad. Entendiendo en el presente caso que más allá del abuso de la situación subjetiva de patente discapacidad, hay una vulneración de las más elementales reglas de la solidaridad humana y aprecia un concurso medial con el delito de uso de personas menores o con discapacidad para la mendicidad.

Respecto a la circunstancia de especial vulnerabilidad por encontrarse la víctima en estado de gestación, es necesario destacar la STS núm. 172/2024 de 27 de febrero que, en un supuesto de trata de seres humanos con fines de explotación laboral, aplica la agravante referida respecto a una de las víctimas que, en el momento de los hechos, fue obligada a trabajar en condiciones de explotación siendo menor de edad y encontrándose embarazada, incluso cuando estaba ya en muy avanzado estado de gestación.

En relación a la captación de personas especialmente vulnerables para su posterior explotación, sin duda una de las condiciones que es aprovechada habitualmente por los tratantes y que justifica este plus de antijuridicidad y penalidad, es el ser la víctima persona con discapacidad. Así se aprecia en la Jurisprudencia, entre la que cabe citar la STS 196/2017 de 24 de marzo en la que los condenados captaban a personas desvalidas o por circunstancias económicas, o por padecer problemas de salud o enfermedad mental, con la finalidad de tenerlas a su exclusiva disposición, no solo para realizar todo tipo de tareas para ellos, sin recibir a cambio ninguna remuneración, sino también para lucrarse en su propio beneficio de las pensiones o ayudas sociales de las que fueran o pudieran ser beneficiarios, generando para ello un ambiente de agresividad, tanto física como verbal, y de hostigamiento, con una condiciones de vida absolutamente precarias y carentes de la mínima dignidad. Siendo condenados por trata de personas con fines de servidumbre con la concurrencia de la circunstancia agravante de especial vulnerabilidad por ser personas con discapacidad física o intelectual.

4.3. Prevalimiento de autoridad o función pública

El art. 177 bis. 5 agrava la pena cuando *el autor se prevale de su condición de autoridad, agente o funcionario público. Se impone además inhabilitación absoluta de seis a doce años.*

Es necesario acudir a la interpretación auténtica de "autoridad/funcionario público" que realiza el legislador en el artículo 24 del Código Penal, que literalmente dispone que "*A los efectos penales se reputará autoridad al que por sí solo o como miembro de alguna corporación, tribunal u órgano colegiado tenga mando o ejerza jurisdicción propia. En todo caso, tendrán la consideración de autoridad los miembros del Congreso de los Diputados, del Senado, de las Asambleas Legislativas de las Comunidades Autónomas y del Parlamento Europeo. Tendrán también la consideración de autoridad los funcionarios del Ministerio Fiscal y los Fiscales de la Fiscalía Europea.*

2. Se considerará funcionario público todo el que por disposición inmediata de la Ley o por elección o por nombramiento de autoridad competente participe en el ejercicio de funciones públicas."

Por lo que se refiere al prevalimiento, supone el valerse de su condición de autoridad/funcionario para realizar la conducta típica y tal aprovechamiento puede producirse tanto en actividades ajenas a la función que le es propia, como en las competencias inherentes a la misma.

Esta circunstancia agravante nos sitúa ante un delito especial impropio, definido por el aprovechamiento de la condición de autoridad, agente de la misma o funcionario público. Esta agravación encuentra su fundamento, por una parte, en el mayor desvalor de la acción que implica la conducta infractora y, por otra, en el incremento del desvalor del resultado, al existir una mayor probabilidad de consumación del hecho delictivo.

Si bien no existe Jurisprudencia en la que se haya aplicado esta agravante referida al delito de trata de personas propiamente dicho, si puede servir de referencia la interpretación que de la misma hizo la Sala Segunda en su sentencia núm. 727/2004 de 10 de junio con ocasión de un delito de tráfico de migrantes del artículo 318 bis, en la conducta del que exhibió ante los controles judiciales sus credenciales como funcionario de policía facilitando, de esa forma, la entrada ilegal de personas en territorio nacional por la confianza depositada en sus compañeros de aduanas al tratarse de un agente de autoridad.

4.4. Organización criminal

Como hemos venido señalando, estamos ante un delito que requiere en multitud de ocasiones una estructura organizativa que colme todos los estadios del mismo, captación, traslado, explotación, en ocasiones traspaso de la persona explotada, así como la gestión de los beneficios generados por la/s actividades delictivas llevadas a cabo, lo que supone que estemos hablando de un delito habitualmente vinculado con el crimen organizado.

Así, por parte de UNDOC, se ha puesto de manifiesto en sus informes anuales que la cifra de tratantes que se integran dentro de organizaciones criminales para la consecución de sus fines delictivos se encuentra en claro aumento. De este modo, mientras que en 2020 era el 69%, en 2024 se incrementó hasta un 74%, además de reflejar que solo el 10% de las personas enjuiciadas por este delito actuaban de manera individual, por lo que hablamos de que el 90% de personas que hacen de la trata su *modus vivendi* se asocian con otras para poder desarrollar esta actividad criminal.

Estos datos, suponen que en la mayor parte de las investigaciones y procedimientos judiciales por trata de personas presenten dificultades propias de la delincuencia organizada, en especial:

- ***Estructura funcional***: la investigación estará orientada a la comprensión completa de la estructura personal y funcional que la compone, distribución de roles y adecuación de los comportamientos de sus miembros a una finalidad común.
- ***Necesidad de realizar investigaciones patrimoniales completas***: con el objetivo primordial de descapitalizar a las organizaciones, evitar su recomposición, la reutilización de lo obtenido en nuevas conductas delictivas y resarcir a las víctimas. Esta investigación patrimonial debe incluir la detección de actividades legales instrumentadas para facilitar el delito, como es el caso de empresas pantalla o el uso de ingeniería financiera.

En este contexto el propio legislador, consciente de esta realidad, introduce en el art. 177 bis. Apartado 6 un tipo cualificado: cuando *el culpable perteneciera a una organización o asociación de más de dos personas, incluso de carácter transitorio, que se dedicase a la realización de tales actividades.*

La Jurisprudencia recoge cada vez en mayor medida la agravante de organización criminal, y permite que pueda darse en cualquiera de las fases del delito de trata; así cabe citar a título de ejemplo la STS 659/2016 de 19 de julio, que confirma la agravante por organización criminal al acreditarse la existencia de una estructura jerarquizada dedicada a la captación y explotación de mujeres.

Y respecto al concepto de "asociación" al que se refiere (además del de "organización") el art. 177 bis.6 CP, la Jurisprudencia STS 324/2021 de 21 de abril manifiesta que debe ser interpretado conforme al art. 1.2 de la Decisión Marco 2008/841/JAI *(25)*, relativa a la lucha contra la delincuencia organizada, a la que se remite además de forma expresa y conforme a la cual, se conceptúa como "una organización no formada fortuitamente para la comisión inmediata de un delito ni que necesite haber asignado a sus miembros funciones formalmente definidas, continuidad en la condición de miembro, o exista una estructura desarrollada". La regulación incorporada al art. 177 bis va en este punto más allá del nivel mínimo exigido por la Directiva, y dispone la agravación de la pena no solamente en los supuestos de actuaciones llevadas a cabo en el marco de una "organización delictiva" (arts. 4.2.b) de la Directiva y 177 bis.6 CP), sino también en los supuestos de "asociación de más de dos personas, incluso de carácter transitorio, que se dedicase a la realización de tales actividades" (art. 177 bis.6, inciso segundo, CP).

Como hemos señalado anteriormente, el objetivo último de los tratantes, sean autores individuales, organizaciones o asociaciones, es lucrarse con la explotación de las personas más vulnerables del sistema; así se hace preciso acudir a las distintas herramientas que nos proporciona el código penal para potenciar la investigación patrimonial, el seguimiento de los activos y la congelación y realización de estos. Siendo lo anterior predicable de cualquier supuesto de trata, es especialmente relevante cuando nos encontramos ante organizaciones criminales, pues el objetivo es descapitalizarlas para evitar que sigan operando y, fundamentalmente, para utilizar los beneficios obtenidos en favor de sus víctimas.

Sin duda uno de los instrumentos esenciales que nos facilita el legislador español con este fin es el comiso de los efectos utilizados para la ejecución del delito, así como de las ganancias dimanantes del mismo, conforme a lo dispuesto en el artículo 127 y siguientes del código penal.

Respecto a esta figura, simplemente señalar que, por decomiso (o comiso) se entiende la "pérdida", que afecta a la persona investigada o enjuiciada como responsable de una actividad criminal, de los efectos, bienes, medios, instrumentos o ganancias provenientes del delito, o su aprehensión o embargo. Los tipos de decomiso que prevé la normativa española son los siguientes: directo, ampliado, equivalente, sin sentencia, por actividad delictiva previa, de bienes de tercero y anticipado.

Además, en aras del reforzamiento de la cooperación en el ámbito europeo y en aplicación del principio de reconocimiento mutuo de resoluciones judiciales en la UE, las resoluciones de decomiso dictadas en España son susceptibles de ser ejecutadas en otro Estado miembro de la UE y a la inversa.

Finalmente, es necesario resaltar que, nada impide que, de existir una organización criminal (art. 570 bis y 570 ter CP), pueda entrar en concurso este delito con el delito de trata de seres humanos cualificado del artículo 177 bis CP Núm. 6. Una cosa es constituir el grupo criminal y otra los delitos que este grupo pueda cometer, en los que, por razones de política criminal que atienden al mayor riesgo que ello comporta, además, debe apreciarse las agravantes correspondientes, cuando estén previstas, si puede estimarse constituido el grupo por lo partícipes, (STS 562/2016 de 27 de junio).

4.5. Víctimas de conflicto armado o catástrofe humanitaria

Las personas desplazadas se exponen a situaciones de extrema vulnerabilidad, especialmente las mujeres, las niñas y los niños frente a los tratantes de seres humanos, que aprovechan esta situación para captarles y explotarles.

La invasión del territorio de Ucrania por tropas de la Federación de Rusia, supuso el desplazamiento de millones de ucranianos/as a otros países de Europa, miles de los cuales fueron acogidos en España; el legislador español, consciente del potencial riesgo de captación por redes de trata de estas personas especialmente vulnerables, en su mayoría mujeres, niñas y niños, articuló una serie de instrumentos legales orientados a evitarlo, entre los que se encuentra el aumento del reproche penal de la conducta de aquellos tratantes que se aprovechen de quienes huyen precipitadamente de sus países de origen, como consecuencia de conflictos armados o de catástrofes humanitarias.

Así, con este objetivo disuasorio para las redes de trata de personas, la Ley Orgánica 13/2022, introdujo una agravante específica en el apartado c en el art. 177 bis.4.c) *cuando "la víctima sea una persona cuya situación de vulnerabilidad haya sido originada o agravada por el desplazamiento derivado de un conflicto armado o una catástrofe humanitaria"*

En este apartado es relevante la STS 108/2018 de 6 de marzo, que, aunque centrada en inmigración ilegal, reconoce la especial vulnerabilidad de menores desplazados, lo que puede extrapolarse a contextos de trata, y se hace hincapié en la necesidad de valorar la situación de desplazamiento forzado como factor agravante, incluso cuando la víctima no es formalmente reconocida como refugiada.

5. RESPONSABILIDAD DE LAS PERSONAS JURÍDICAS

El apartado 7 establece que las personas jurídicas serán penalmente responsables conforme al artículo 31 bis CP cuando los delitos de trata se cometan en su nombre o por su cuenta, y en su beneficio directo o indirecto, por sus representantes legales o por quienes estén autorizados para tomar decisiones en su seno.

Las penas aplicables de conformidad con el artículo 33 del código penal incluyen multas, disolución, suspensión de actividades, clausura de locales, prohibición de contratar con el sector público, entre otras. Además, hay que recordar que también cabe la posibilidad de acordar como medidas cautelares, la clausura temporal de los locales o establecimientos, la suspensión de las actividades sociales y la intervención judicial durante la instrucción de la causa, lo cual puede resultar muy conveniente porque supone paralizar, o al menos limitar, el flujo económico del que se nutren los tratantes.

A efectos de concretar los presupuestos de la responsabilidad penal de las personas jurídicas, la extensión y aplicación de los artículos 31 bis y 33 del Código Penal, es de suma relevancia la Circular 1/2011 de la Fiscalía General del Estado *(21)*, relativa a la responsabilidad penal de las personas jurídicas.

A este respecto hay que señalar que, aunque la jurisprudencia del Tribunal Supremo aún no ha consolidado una doctrina específica sobre la responsabilidad de personas jurídicas en delitos de trata, si ha señalado la necesidad de buscar la responsabilidad delictual no sólo en las personas físicas si no también en la empresas u otros entes jurídicos que puedan estar detrás de la comisión de estos delitos y/o lucrarse con la comisión de los mismos; en este sentido se pronuncia por ejemplo la STS 172/2024 de 27 de febrero "*Por último,..., habría sido, sin duda, deseable que la unidad policial hubiese extendido su investigación a los propietarios o gerentes de las fincas donde los testigos prestaron su trabajo, a fin de conocer hasta qué punto aquellos habían cumplido con diligencia su obligación de comprobar la regularidad de la situación laboral y de Seguridad Social de los trabajadores de la cuadrilla a la que subcontrataban y la responsabilidad, en su caso, de la empresas gestoras.*"

En la práctica, el ámbito más habitual en el que se ejercita la acción contra las personas jurídicas como responsables directos o subsidiarios de los delitos de trata de personas suele ser en el sector agrícola y de servicios por su vinculación con redes de trata laboral, especialmente en contextos de subcontratación. Con el objetivo de reforzar la responsabilidad "in vigilando" de las personas jurídicas, el legislador europeo ha aprobado el Reglamento (UE) 2024/3015, de 27 de noviembre de 2024 (22), por el que se prohíbe la comercialización en el mercado de la Unión de productos elaborados mediante trabajo forzoso, y se modifica la Directiva (UE) 2019/1937. Esta norma, de aplicación directa en todos los Estados miembros y en vigor desde el 13 de diciembre de 2024, no solo exige a las personas jurídicas garantizar que sus propios productos agrícolas, ganaderos, textiles o de cualquier otra naturaleza no hayan sido obtenidos mediante explotación laboral o trabajo forzoso, sino que también extiende dicha obligación a todas las fases de la cadena de producción en las que se haya recurrido a estas prácticas, tanto si se han desarrollado dentro de la UE como en terceros países.

Esta norma requiere no solo prohibir eficazmente la introducción en el mercado de la UE de productos realizados con trabajo forzoso, incluido el trabajo forzoso infantil, sino también el control interior/nacional y prohibir la comercialización y la exportación desde la UE de los productos para los que se haya utilizado trabajo forzoso en cualquier fase de su producción, fabricación, cosecha o extracción.

6. PROPOSICIÓN, PROVOCACIÓN Y CONSPIRACIÓN

El apartado 8 extiende la punibilidad a las formas imperfectas de ejecución del delito de trata, castigando la proposición, provocación y conspiración para cometerlo, conforme al artículo 18 CP.

La compleja estructura del delito de trata, conformado por una sucesión de fases/acciones, hace difícil apreciar la concurrencia de formas de resolución criminal manifestada. Téngase en cuenta, por ejemplo, que la captación ya es una acción típica, y su ejecución implica un delito de trata consumado.

Lo cierto es que, al abarcar el delito de trata de personas en su regulación típica todo el iter criminal, desde la captación hasta la explotación, la delimitación entre estos actos preparatorios punibles, la tentativa y la consumación puede resultar en muchos casos problemática; habrá que estar al caso concreto para saber si el tipo se ha consumado o no. Así por ejemplo podría aplicarse estos supuestos de proposición, provocación o conspiración, en contextos de investigaciones internacionales, donde se detectan comunicaciones, acuerdos o intentos de captación a través de redes sociales o plataformas digitales, pero como decimos es poco habitual que no se haya consumado alguna de las fases delictivas.

7. REINCIDENCIA INTERNACIONAL

El apartado 10 establece que *Las condenas de jueces o tribunales extranjeros por delitos de la misma naturaleza que los previstos en este artículo producirán los efectos de reincidencia, salvo que el antecedente penal haya sido cancelado o pueda serlo con arreglo al Derecho español.*

Cuando las personas que estén siendo investigadas como responsables de un delito de trata de personas, sean nacionales de algún estado miembro de la Unión Europea, parece que la aplicación de esta previsión puede ser más sencilla, toda vez que la Ley Orgánica 7/2014 (23), sobre intercambio de información de antecedentes penales y consideración de resoluciones judiciales penales en la Unión Europea, establece con carácter preceptivo en su artículo 15, que *"cuando se trate de nacionales de otros Estados miembros de la Unión Europea o ciudadanos que hayan tenido residencia o nacionalidad en otro Estado, o nacionales de otros Estados con los que se haya suscrito el correspondiente Convenio de cooperación, el Juez o Tribunal o el Ministerio Fiscal recabarán de oficio los antecedentes penales de los imputados".*

Mas difícil parece su aplicación en supuestos en el que los investigados sean ciudadanos de países que no pertenezcan a la UE, pues la petición de estos antecedentes, en la mayoría de los casos, deberá hacerse a través de la oportuna comisión rogatoria que puede producir dilaciones indeseables del procedimiento y que, en muchas ocasiones, puede incluso que, después del esfuerzo que supone su emisión, nunca llegue a ser cumplimentada.

A este respecto, cabe señalar que en los casos de nacionales de terceros países y apátridas, debemos acudir al Reglamento (UE) 2019/816 (24) por el que se establece un sistema centralizado para la identificación de los Estados miembros que poseen información sobre condenas de nacionales de terceros países y apátridas (ECRIS-TCN); a través de esta herramienta, las autoridades nacionales centrales pueden utilizar ECRIS-TCN para identificar el Estado miembro que dispone de información sobre los antecedentes penales de un nacional de un país no perteneciente a la UE, con el fin de obtener posteriormente información sobre las condenas anteriores de una persona. Señalar que la Fiscalía Europea, Eurojust y Europol, tienen acceso directo, a efectos meramente de consulta, al sistema ECRIS-TCN para identificar los Estados miembros que poseen información de antecedentes penales sobre un nacional no perteneciente a la UE.

Probablemente por las dificultades que comporta, pese a esta previsión expresa y el carácter preminentemente trasnacional de este delito, no se tiene constancia de que, hasta la fecha, se haya aplicado de forma explícita esta agravante; por ello, se considera oportuno poner de relieve la necesidad de que se recaben los antecedentes penales de las personas extranjeras investigadas por estos delitos para poder computarlos a efectos de reincidencia, en caso de que existieran condenas previas por delito de trata o cualquiera de las finalidades de explotación, a través de la herramienta de cooperación judicial internacional que resulte de aplicación.

8. CONCURSO DE DELITOS

Estamos ante un delito que plantea una pluralidad de problemas concursales, derivado del hecho de que muchos de los medios comisivos en sí mismos pueden constituir delitos independientes o ser medio o instrumento de otros, por ello el legislador introduce una regla de interpretación auténtica, tanto para los delitos de explotación concurrentes como en lo que al delito de tráfico de personas se refiere. Concretamente, en el apartado 9 del artículo 177 bis del Código Penal establece que: *"En todo caso, las penas previstas en este artículo se impondrán sin perjuicio de las que correspondan, en su caso, por el delito del artículo 318 bis de este Código y demás delitos efectivamente cometidos, incluidos los constitutivos de la correspondiente explotación"*.

Esta previsión tiene una finalidad clara: garantizar la acumulación de responsabilidad penal por todos los hechos delictivos que concurran en el marco de todo el iter criminal del delito de trata de personas, evitando que el castigo por el delito de trata absorba otros delitos conexos que han vulnerado otro bien jurídico protegido o excedan de las acciones imprescindibles para conformar el medio comisivo y, por ende, requieren de un castigo específico o autónomo. Esto, sin embargo, no significa que, en todo caso ese concurso tenga que ser real, siendo posible otras formas de relación concursal como la ideal o la medial.

Así los delitos más habituales que concurren con el delito de trata de personas del artículo 177 bis, son los siguientes:

8.1. Compatibilidad con el artículo 318 bis CP

La concurrencia entre los delitos tipificados en el artículo 318 bis CP (ayuda a la entrada, circulación y permanencia ilegal de ciudadanos extranjeros) y los delitos del artículo 177 bis CP no pueden resolverse por el principio de absorción, consunción o especialidad previstos en el art. 8 CP, pues no es aceptable entender que se produce un concurso de normas. Nos hallamos en presencia de un concurso de delitos especialmente previsto por el ordinal 9 del artículo 177 bis CP

Se trata de un concurso real debiéndose penar por separado pues los bienes jurídicos que ambos preceptos tutelan son distintos: defensa de los intereses del Estado en el control de los flujos migratorios, en el primer caso, y, la defensa de un bien personalísimo (la dignidad) en el segundo y, porque para la comisión del delito de trata no es necesaria la previa infracción de los controles de inmigración. Así lo recoge de manera habitual la jurisprudencia, por ejemplo en la STS 108/2018 de 6 de marzo donde el Tribunal distingue claramente entre el delito de trata (con finalidad de explotación) y el de inmigración ilegal (318 bis), permitiendo su concurso real cuando ambos se producen en el mismo contexto, o en la más reciente STS 172/2024 de 27 de febrero' donde se confirma la posibilidad de imponer penas por ambos delitos cuando se acredita que el traslado de las víctimas tenía como fin su posterior explotación, sin que uno absorba al otro.

Además, en estos casos es bastante habitual que exista también un concurso real con el delito de falsedad documental previsto y penado en el artículo 392 del Código Penal español (cuando se utilizan documentos falsos para el traslado o explotación).

8.2. Delitos de explotación o de otra índole efectivamente cometidos en el marco de la trata

En los casos en los que además de consumarse el delito de trata se produce también la efectiva explotación de la persona, se produce una concurrencia medial o ideal de delitos, que se resuelve conforme al artículo 77 de nuestro Código Penal, *aplicando la pena prevista para la infracción más grave en su mitad superior, sin que esta pueda exceder de la que represente la suma de las que correspondería aplicar si se penaran separadamente las infracciones. Cuando la pena así computada exceda de este límite, se sancionarán las infracciones por separado.*

A este respecto, el concurso más común en nuestro país, hasta el momento, es el conformado por el delito de trata con fines de explotación sexual del art. 177 bis. 1 b) y 9 del CP, en concurso ideal del art. 77 con un delito de prostitución coactiva del art. 187.1 párrafo primero del CP (SSTS 53/2014 de 4 de febrero; 270/2016 de 5 de abril, STS 324/2021); es decir la trata es el delito medio o antecedente y la prostitución el delito final, todo ello sin perjuicio de los posibles delitos de agresión sexual o lesiones que hayan podido producir a las víctimas.

En este sentido cabe recordar que cuando se aprecie este concurso delictual es preceptivo imponer la medida de libertad vigilada, que se ejecutará con posterioridad a la pena privativa de libertad, y la inhabilitación especial para cualquier profesión, oficio o actividades que conlleven contacto con personas menores de edad conforme a lo dispuesto en el artículo 192.1 y 3 del CP.

El segundo supuesto más común de concurso medial o ideal de delitos es el del delito de trata de personas con fines de explotación laboral, con un delito contra los derechos de los trabajadores extranjeros (art. 311 o con el art. 312 CP, STS 933/2024 de 31 de octubre).

Siguiendo el tenor literal del tipo penal, los actos de violencia ejercidos, si no son constitutivos de lesiones, pueden ser parte del medio comisivo exigido por el propio tipo penal, pero si como consecuencia de esa violencia se han causado lesiones, deberán ser estas condenadas como entidades delictivas independientes en la relación concursal que proceda con la TSH ; en este sentido es muy interesante la STS 943/2021 de 1 de diciembre, donde se condena no sólo por TSH con fines de explotación sexual en relación de concurso medial con un delito de prostitución coactiva con la concurrencia de la circunstancia agravante de parentesco (por ser marido-mujer), si no por dos delitos de maltrato habitual a la víctima por la situación de coacción, miedo y violencia a la que fue sometida, que supera con creces la necesaria para constituir la coacción del tipo de prostitución coactiva del artículo 187 del CP.

Respecto a las posibles agresiones sexuales, habrá de ser analizado cada caso concreto para determinar si se encuadran dentro de lo que la actividad de prostitución supone o tienen entidad propia e independiente, debiendo ser castigadas por separado en este último caso, situación que es bastante habitual cuando el tratante nada más llegar la víctima, con intención de someterla, procede a violarla previamente a obligarla a ejercer la prostitución; a este respecto resaltar las recientes STSJ Cataluña 352/2024 de 12 de noviembre y STSJ[a] Castilla y León 100/24. También, en los casos de trata para servidumbre sexual, las agresiones sexuales que en su caso puedan haberse producido deben ser consideradas de forma independiente.

También es reseñable el concurso de delitos que se aprecia en los supuestos de condena por trata con fines de actividades delictivas y las efectivas conductas delictivas realizadas por los tratantes, y ello pese a la participación directa de las víctimas de trata con esos fines, las cuales resultan amparadas por la excusa absolutoria prevista en el apartado 11 del art. 177 bis del CP, que es objeto de estudio pormenorizado en el apartado siguiente. De este concurso delictual cabe destacar la STS 301/23 de 26 de abril, donde se confirma la condena impuesta en instancia a uno de los tratantes que, además de ser condenado por un delito de trata de seres humanos con la finalidad de imposición de prácticas similares a la esclavitud y la explotación para realizar actividades delictivas, del artículo 177 bis, se le condena en concurso real por un delito contra la salud pública en su modalidad de tráfico de drogas o estupefacientes que no causan grave daño a la salud ("cannabis sativa") que se desarrollaba en la plantación de marihuana *indoor* donde eran explotadas las víctimas de trata.

Un reflejo más de la problemática de la falta de tipificación de determinados delitos finales, anteriormente expuesta, se produce también en materia concursal dado que la pena se ve comparativamente reducida cuando no podemos aplicar la regla concursal del artículo 77.1 o 3 en las finalidades de explotación respecto de las cuales no tenemos una regulación autónoma.

9. EXENCIÓN DE RESPONSABILIDAD PENAL DE LAS VÍCTIMAS

Finalmente cierra este TÍTULO VII bis, una cláusula de exención de responsabilidad en el apdo. "11 del artículo 177 bis. "*Sin perjuicio de la aplicación de las reglas generales de este Código, la víctima de trata de seres humanos quedará exenta de pena por las infracciones penales que haya cometido en la situación de explotación sufrida, siempre que su participación en ellas haya sido consecuencia directa de la situación de violencia, intimidación, engaño o abuso a que haya sido sometida y que exista una adecuada proporcionalidad entre dicha situación y el hecho criminal realizado*".

Los requisitos que la Jurisprudencia exige para a la aplicación del principio de no punición en las víctimas de trata de seres humanos por el/los delitos cometidos como consecuencia de la situación de explotación en la que se encuentran son los siguientes (STS 59/2023 de 6 de febrero, que remite a las STS 146/2020 de 14 de mayo y 214/2017 de 23 de marzo).

Primero: el reconocimiento de la persona autora de actos susceptibles de tipificación penal como víctima de trata de seres humanos. En muchas ocasiones este reconocimiento se efectúa ex ante por la Fiscalía que se abstiene directamente de acusar a estas personas (muy habitual en los casos de víctimas de explotación sexual a las que los tratantes les obligan a ofrecer drogas a "sus clientes").

Segundo: dicha excusa absolutoria ha de incardinarse en la situación de explotación sufrida, como adjetiva el propio precepto, o lo que es lo mismo, en un escenario de aprovechamiento de la víctima por los tratantes, situación que no puede confundirse con un acto aislado de contribución delictiva.

Tercero: que la participación de la víctima en las actividades delictivas haya sido consecuencia directa de la situación de violencia, intimidación, engaño o abuso a que haya sido sometida

Cuarto: que exista una adecuada proporcionalidad entre dicha situación y el hecho criminal realizado

Para concluir este epígrafe, es necesario aludir a la STS 960/2023 de 21 de diciembre que revoca una sentencia absolutoria que aplicaba el principio de no punición. Se trataba de la SAP de Barcelona 183/2020 de 22 de junio, que había sido íntegramente confirmada por la STSJ Cataluña 351/2021 de 2 de noviembre, al entender el Alto Tribunal que no concurrían los requisitos anteriormente referidos para poder apreciar la exención de responsabilidad conforme al artículo 177bis. 11 del CP, sobre la base de las siguientes consideraciones: (i) sólo resulta aplicable esta exención en el marco del enjuiciamiento de un delito de trata de seres humanos, pero no en el enjuiciamiento autónomo del delito cometido por la víctima (FD 4º). De otro lado, que (ii) en este caso no se aprecia tampoco la exigencia necesaria para la concurrencia del delito de trata de seres humanos de que exista «[...] *una explotación, caracterizada por su duración temporal, más o menos larga, pero con vocación de prolongación*», (FD 5º), por lo que « [...] *no detectamos captación con vocación de sumisión para sucesivos transportes, o para su explotación personal [...], sino que identificamos un acto ocasional, referido al expresado transporte de droga, mediante precio, aceptado por la acusada* [...]», (FD 5º). Hay que señalar que se ha interpuesto recurso de amparo contra esta Sentencia, el cual a fecha de la presente publicación no ha sido resuelto.

10. CONCLUSIONES

Primera. - Nuestro Código Penal no contempló la trata de seres humanos, como un delito autónomo y con entidad propia, hasta la reforma operada por la LO 5/2010 de 22 de junio, pero no fue hasta la llevada a cabo por la LO 1/2015 cuando se consiguió delimitar nítidamente las diferencias existentes entre aquel delito, (art.177 bis) y el de tráfico de personas (art.318 bis).

Segunda. - El bien jurídico protegido en el delito de trata de seres humanos es, fundamentalmente, la dignidad de las personas, así como su libertad e integridad física, psíquica y emocional. Tratándose de bienes eminentemente personales, no cabe la continuidad delictiva, existiendo tantos delitos de trata como sujetos pasivos/víctimas se vean afectados por la acción.

Tercera. - El delito de trata se conforma en nuestro Derecho como un delito de tendencia caracterizado por la concurrencia de una serie de acciones típicas alternativas que deben ser alcanzadas a través de unos medios comisivos con una finalidad de explotación.

- Acciones típicas: captación, transporte, traslado, acogimiento, recepción, intercambio o transferencia de control sobre la persona.
- Medios comisivos: violencia, intimidación, engaño, abuso de una situación de superioridad o de necesidad o de vulnerabilidad de la víctima, o entrega o recepción de pagos o beneficios para lograr el consentimiento de la persona que poseyera el control sobre la víctima.

- Finalidades: La imposición de trabajo o de servicios forzados, la esclavitud o prácticas similares a la esclavitud, a la servidumbre o a la mendicidad; la explotación sexual, incluyendo la pornografía; la explotación para realizar actividades delictivas; La extracción de sus órganos corporales o la celebración de matrimonios forzados.

Cuarta. - Dentro del delito de trata de seres humanos, se describen formas agravadas basadas en la concurrencia en los hechos de ciertos elementos objetivos o subjetivos que los hacen merecedores de un mayor reproche penal.

Quinta. - El legislador refleja la importancia y gravedad del delito de trata de seres humanos en elementos que se contemplan en el propio precepto así, prevé la posibilidad de que las personas jurídicas sean penalmente responsables y establece la punibilidad de la proposición, provocación y conspiración para cometer el delito.

Sexta. - Dado el frecuente carácter trasnacional de la trata, parece acertada la previsión legislativa que explícitamente posibilita la apreciación de la reincidencia internacional.

Séptima. - La trata de seres humanos es un delito antecedente a la explotación, de forma que, no es necesario que esta última se produzca para considerar consumado el delito. Así, en el caso de que finalmente se consiga la explotación pretendida, podrán producirse supuestos de concursos delictivos con los delitos que conforman esta (principalmente delitos relativos a la prostitución, contra los derechos de los trabajadores, lesiones o fallecimientos consecuencia de la extracción de órganos, delitos cometidos en el marco de la trata cuando estos constituyen su objetivo o delito de matrimonio forzado). También pueden y suelen producirse concursos con otra serie de delitos que tienen lugar durante el desarrollo del proceso de sometimiento y que exceden de los propios medios comisivos (fundamentalmente lesiones, agresiones sexuales o abortos). Por último, es frecuente el concurso con el delito contra los derechos de los ciudadanos extranjeros, cuya posibilidad contempla el propio precepto penal. Todos estos concursos, deberán ser resueltos conforme a las normas generales previstas en nuestro CP y los criterios jurisprudenciales existentes, atendiendo a las circunstancias del caso concreto.

Octava. – El apartado 11 del art. 177 bis del CP, prevé expresamente, como excusa absolutoria, el principio de no punición a las víctimas de trata por los delitos que estas se hubieran visto obligadas a cometer como consecuencia de la situación padecida, exigiendo para ello la concurrencia de una serie de requisitos que deberán ser objeto de prueba y valoración en cada supuesto, a saber:

- Reconocimiento de la persona autora de los delitos como víctima de TSH.
- Los delitos han de ser cometidos en la situación de explotación sufrida, debiendo ser consecuencia directa de la situación de violencia, intimidación, engaño o abuso a que haya sido sometida.
- Existencia de una adecuada proporcionalidad entre dicha situación y el hecho criminal realizado.

11. REFERENCIAS BIBLIOGRÁFICAS

Acuerdo del Pleno No Jurisdiccional de la Sala Segunda del Tribunal Supremo, de 31 de mayo de 2016. https://www.poderjudicial.es/cgpj/es/Poder-Judicial/Tribunal-Supremo/Jurisprudencia-/Acuerdos-de-Sala/Acuerdo-del-Pleno-No-Jurisdiccional-de-la-Sala-Segunda-del-Tribunal-Supremo-de-31-05-2016–sobre-si-el-delito-de-trata-de-seres-humanos-definido-en-el-art–177-bis-del-Codigo-Penal–dentro-del-Titulo-VII-bis-del-Libro

Circular 5/2011 sobre Criterios para la Unidad de Actuación Especializada del Ministerio Fiscal en materia de Extranjería e Inmigración FIS-C-2011-00005, de 02 de noviembre de 2011. https://www.boe.es/buscar/doc.php?id=FIS-C-2011-00005

Circular 1/2011, de 1 de junio, relativa a la responsabilidad penal de las personas jurídicas conforme a la reforma del Código Penal efectuada por Ley Orgánica número 5/2010 FIS-C-2011-00001, 01/06/2011 https://www.boe.es/buscar/doc.php?id=FIS-C-2011-00001

Convención suplementaria sobre la abolición de la esclavitud, la trata de esclavos y las instituciones y prácticas análogas a la esclavitud, firmada en Ginebra el 7 de septiembre de 1956. *Boletín Oficial del Estado*, núm. 311, de 29 de diciembre de 1967, pp. 17951 a 17953. https://www.boe.es/buscar/doc.php?id=BOE-A-1967-20553

Decisión marco del Consejo, de 28 de noviembre de 2002, destinada a reforzar el marco penal para la represión de la ayuda a la entrada, a la circulación y a la estancia irregulares. (2002/946/JAI). *DOCE*, núm. 328, de 5 de diciembre de 2002, pp. 1 a 3. https://www.boe.es/buscar/doc.php?id=DOUE-L-2002-82210

Decisión Marco 2008/841/JAI del Consejo, de 24 de octubre de 2008, relativa a la lucha contra la delincuencia organizada. *DOUE*, núm. 300, de 11 de noviembre de 2008, pp. 42 a 45. https://www.boe.es/buscar/doc.php?id=DOUE-L-2008-82239

Directiva 2011/36/UE del Parlamento Europeo y del Consejo, de 5 abril de 2011, relativa a la prevención y lucha contra la trata de seres humanos y a la protección de las víctimas y por la que se sustituye la Decisión marco 2002/629/JAI del Consejo. *DOUE*, núm. 101, de 15 de abril de 2011, pp. 1 a 11. https://www.boe.es/buscar/doc.php?id=DOUE-L-2011-80799

Directiva (UE) 2024/1712 del Parlamento Europeo y del Consejo, de 13 de junio de 2024, por la que se modifica la Directiva 2011/36/UE relativa a la prevención y lucha contra la trata de seres humanos y a la protección de las víctimas. *DOUE*, núm. 1712, de 24 de junio de 2024, pp. 1 a 13. https://www.boe.es/buscar/doc.php?id=DOUE-L-2024-80945

Global Report on Traffiking in Persons 2024, United Nations, Office on Drugs and crime, December 2024. https://www.unodc.org/documents/data-and-analysis/glotip/2024/GLOTIP2024_BOOK.pdf

Instrumento de Ratificación del Protocolo para prevenir, reprimir y sancionar la trata de personas, especialmente mujeres y niños, que complementa la Convención de las Naciones Unidas contra la delincuencia organizada transnacional, hecho en Nueva York el 15 de noviembre de 2000. *Boletín Oficial del Estado*, núm. 296, de 11 de diciembre de 2003, pp. 44083 a 44089. https://www.boe.es/eli/es/ai/2000/11/15/(2)

Instrumento de Ratificación del Convenio del Consejo de Europa sobre la lucha contra la trata de seres humanos (Convenio nº 197 del Consejo de Europa), hecho en Varsovia el 16 de mayo de 2005, *Boletín Oficial del Estado*, núm. 219, de 10 de septiembre de 2009, pp. 76453 a 76471. https://www.boe.es/eli/es/ai/2005/05/16/(1)

Instrumento de ratificación del Protocolo de 2014 relativo al Convenio sobre el trabajo forzoso, 1930, hecho en Ginebra el 11 de junio de 2014. *Boletín Oficial del Estado*, núm. 309, de 21 de diciembre de 2017, pp. 126012 a 126016. https://www.boe.es/eli/es/ai/2014/06/11/(1)

Instrumento de Ratificación del Convenio número 182 de la OIT sobre la prohibición de las peores formas de trabajo infantil y de la acción inmediata para su eliminación, hecho en Ginebra el 17 de junio de 1999. *Boletín Oficial del Estado*, núm. 118, de 17 de mayo de 2001, pp. 17451 a 17453. https://www.boe.es/eli/es/ai/1999/06/17/(2)

Instrumento de Ratificación del Estatuto de Roma de la Corte Penal Internacional, hecho en Roma el 17 de julio de 1998. *Boletín Oficial del Estado*, núm. 126, de 27 de mayo de 2002, pp. 18824 a 18860. https://www.boe.es/eli/es/ai/1998/07/17/(1)

Ley Orgánica 10/1995, de 23 de noviembre, del Código Penal. *Boletín Oficial del Estado*, núm. 281, de 24 de noviembre de 1995, pp. 33987 a 34058. https://www.boe.es/buscar/act.php?id=BOE-A-1995-25444

Ley Orgánica 1/2015, de 30 de marzo, por la que se modifica la Ley Orgánica 10/1995, de 23 de noviembre, del Código Penal. *Boletín Oficial del Estado*, núm. 77, de 31 de marzo de 2015, pp. 3 a 111. https://www.boe.es/eli/es/lo/2015/03/30/1/con

Ley Orgánica 5/2010, de 22 de junio, por la que se modifica la Ley Orgánica 10/1995, de 23 de noviembre, del Código Penal. *Boletín Oficial del Estado*, núm. 152, pp. 54811 a 54883. https://www.boe.es/eli/es/lo/2010/06/22/5

Ley Orgánica 8/2021, de 4 de junio, de protección integral a la infancia y la adolescencia frente a la violencia. *Boletín Oficial del Estado*, núm. 134, de 05 de junio de 2021, pp. 6 a 74. https://www.boe.es/eli/es/lo/2021/06/04/8/con

Ley Orgánica 13/2022, de 20 de diciembre, por la que se modifica la Ley Orgánica 10/1995, de 23 de noviembre, del Código Penal, para agravar las penas previstas para los delitos de trata de seres humanos desplazados por un conflicto armado o una catástrofe humanitaria. *Boletín Oficial del Estado,* núm. 305, de 21 de diciembre de 2022, p. 2. https://www.boe.es/eli/es/lo/2022/12/20/13/con

Ley Orgánica 10/2022, de 6 de septiembre, de garantía integral de la libertad sexual. *Boletín Oficial del Estado,* núm. 215, de 07 de septiembre de 2022, pp. 6 a 66. https://www.boe.es/eli/es/lo/2022/09/06/10/con

Ley Orgánica 1/2019, de 20 de febrero, por la que se modifica la Ley Orgánica 10/1995, de 23 de noviembre, del Código Penal, para transponer Directivas de la Unión Europea en los ámbitos financiero y de terrorismo, y abordar cuestiones de índole internacional. *Boletín Oficial del Estado,* núm. 45, de 21 de febrero de 2019, pp. 16698 a 16712. https://www.boe.es/eli/es/lo/2019/02/20/1

Ley 30/1979, de 27 de octubre, sobre extracción y trasplante de órganos *Boletín Oficial del Estado,* núm. 266, de 6 de noviembre de 1979, pp. 25742 a 25743. https://www.boe.es/eli/es/l/1979/10/27/30

Ley Orgánica 7/2014, de 12 de noviembre, sobre intercambio de información de antecedentes penales y consideración de resoluciones judiciales penales en la Unión Europea. *Boletín Oficial del Estado,* núm. 275, de 13 de noviembre de 2014, pp. 3 a 12. https://www.boe.es/eli/es/lo/2014/11/12/7/con

Memorias de la Fiscalía General del Estado (2022-2024). https://www.fiscal.es/documentaci%C3%B3n?category=13391059&category=36784&category=13392073

Reglamento (UE) 2019/816 por el que se establece un sistema centralizado para la identificación de los Estados miembros que poseen información sobre condenas de nacionales de terceros países y apátridas (ECRIS-TCN). *DOUE,* núm. 135, de 22 de mayo de 2019, pp. 1 a 26. https://www.boe.es/buscar/doc.php?id=DOUE-L-2019-80851

Reglamento (UE) 2024/3015 del Parlamento Europeo y del Consejo, de 27 de noviembre de 2024, por el que se prohíben en el mercado de la Unión los productos realizados con trabajo forzoso y se modifica la Directiva (UE) 2019/1937. *DOUE,* núm. 3015, de 12 de diciembre de 2024, pp. 1 a 33. https://www.boe.es/buscar/doc.php?id=DOUE-L-2024-81833#:~:text=L-2024-81833

Relación de Sentencias citadas

STS 214/2017 de 29-03-2017

STS 136/2021 de 16-02-2021

STS 307/2021 de 09-04-2021

STS 224/2022 de 09-03-2022

STS 379/2015 de 19-06-2015

STS 494/2016 de 09-06-2016

STS 554/2019 de 13-11-2019

STS 867/2023 de 23-11-2023

STS N.º 59/2023 de 06-02-2023

STS 861/2015 20-12-2015

STS 196/2017 de 24-03-2017

STS 727/2004 de 10-06-2004

STS 659/2016 de 19-07-2016

STS 324/2021 de 21-04-2021

STS 562/2016 de 27-06-2016

STS 108/2018 de 6-03-2018

STS 172/2024 de 27-02-2024

STS 108/2018 de 6-03-2018

STS 172/2024 de 27-02-2024

STS 943/2021 de 1-12-2021

STS 301/2023 de 26-04-2023

STS 960/2023, de 21-12-2023 (SAP Barcelona 183/2020 de 22-06-2020 y STSJ Cataluña 2-11-2021)

STS Junta de Andalucía 70/2024 de 21-02-2024

SAP Barcelona N.º 320/24 de 25-04-2024

SAP de Valencia, Núm. 140/2019 de 12-3-2019

SAP de Alicante secc.2ª N.º 426/24 de 29-11-2024

SAP Salamanca sec. 1ª, N. º 32/2023 de 24-10-2023

SAP A Coruña sec. 2ª, N.º 132/2025 de 08-04-2025

SAP Sevilla sec. 4ª, N. º 536/2015 de 20-10-2015

SAP Baleares sec. 1ª N. º 200/2023 de 20-04-2023

SAP Madrid, N. º 28/2025 de 20-01-2025

SAP Badajoz sec. 3ª, N.º 127/2018 de 17-07-2018

Capitulo VII

La actuacion policial internacional y nacional ante la trata de seres humanos

JOSÉ NIETO BARROSO
Comisario de Policía Nacional, jefe de Brigada de la UCRIF
Central de la Comisaría General de Extranjería y Fronteras

1. INTRODUCCIÓN

La trata de seres humanos es la esclavitud de nuestro tiempo y, lamentablemente, una realidad en el mundo, en Europa y por supuesto en nuestro país. Supone una profunda violación de los derechos humanos, de la dignidad y de la libertad de la persona y constituye una forma de delincuencia grave, que en la mayoría de las ocasiones implica a organizaciones criminales a las que proporciona pingües beneficios debido a la utilización de las personas en los diferentes tipos de explotación.

Basándonos en el ordenamiento jurídico, las víctimas de la trata son captadas, transportadas o alojadas (los verbos que utiliza el art. 177 bis del Código Penal) mediante engaño, aprovechando su situación de vulnerabilidad o utilizando la fuerza, con el propósito de obtener un beneficio de su explotación.

El concepto de "trata de seres humanos" es muy amplio y hace referencia a los diferentes propósitos de explotación de sus víctimas. Así, la trata de seres humanos puede estar referida a la extracción y comercio de órganos, a la utilización de personas con fines de explotación laboral, a la explotación para realizar actividades delictivas o a la explotación sexual., esta última la más visible y numerosa, en España, pero hay que recordar que no es la única, que en ocasiones se nos olvida.

Refiriéndonos a este último tipo, el atentado contra los derechos de las personas ha adquirido enormes dimensiones, siendo la trata con fines de explotación sexual una de sus expresiones más crueles y denigrantes, y la forma de trata de mayor magnitud en nuestro país. Según la OIT, esta situación de esclavitud moderna, entre las que están incluidas las víctimas de la explotación sexual, asciende a cerca de 21 millones de personas.

La comprensión de este fenómeno requiere tener en cuenta otras realidades no directamente vinculadas, en principio, con esta actividad delictiva. Tal es el caso de los movimientos migratorios a escala global, la falta de perspectivas laborales en las sociedades de origen y las graves carencias que, en el respeto y protección de los derechos humanos, se viven en muchas de ellas, así como las diferencias económicas y sociales entre países de la Unión Europea. De igual modo, hemos de tener en consideración que la mayoría de los casos de trata con fines de explotación laboral se producen en nuestro país en el ámbito de la economía sumergida o irregular.

Al mismo tiempo, la trata constituye un crimen de base incriminatoria compleja por su integración en un conjunto de diversas modalidades delictivas conexas, como amenazas, intimidaciones, coacciones, agresiones sexuales, lesiones, falsificación de documentos, delitos fiscales o blanqueo de capitales y por sus estrechas relaciones con el crimen organizado

Es más, la definición de la trata de seres humanos se ha erigido en un presupuesto básico de la convivencia comunitaria al prevenir el artículo 5 de la Carta de Derechos Fundamentales de la Unión Europea la prohibición de la esclavitud y del trabajo forzado.

Aquellos instrumentos internacionales contienen una definición similar del delito de trata de seres humanos en el que se distinguen unas conductas típicas alternativas (captación, transporte, traslado, acogida o recepción de personas) realizadas a través de unos determinados medios comisivos (recurriendo a la amenaza o al uso de la fuerza u otras formas de coacción, al rapto, al fraude, al engaño, al abuso de poder o de una situación de vulnerabilidad o a la concesión o recepción de pagos o beneficios para obtener el consentimiento de una persona que tenga autoridad sobre otra) y con una finalidad específica o tipo subjetivo del injusto (con fines de explotación) que admite tres modalidades (esa explotación incluirá, como mínimo, la explotación de la prostitución ajena u otras formas de explotación sexual, los trabajos o servicios forzados, la esclavitud o las prácticas análogas a la esclavitud, la servidumbre o la extracción de órganos).

2. ACTORES QUE INTERVIENEN EN LA LUCHA CONTRA LA TRATA DE SERES HUMANOS

La lucha para combatir este fenómeno se debe de basar en una perfecta coordinación entre las fuerzas policiales especializadas, la Fiscalía de Trata y Extranjería y las ONG con experiencia acreditada en esta faceta.

Desde el punto de vista policial, clave para dicha lucha, la perspectiva debe de ser doble, tanto a nivel nacional como internacional, teniendo en cuenta, en todo momento los anteriores puntos de vista.

Así, España, por su posición estratégica y geográfica, ha recibido durante años, números flujos migratorios, tanto del continente africano, del cual nos distan escasos veinte kilómetros, del interior de Europa, donde nos encontramos incrustados, del Sur y Centroamérica, por nuestros vínculos históricos, así como los procedentes del gigante asiático, no solo de China, sino Pakistán, India, Bangladesh entre otros, cuyo destino, con frecuencia, no es España, sino el Reino Unido o Estados Unidos.

3. PLAN ESTRATÉGICO NACIONAL CONTRA LA TRATA Y LA EXPLOTACIÓN DE SERES HUMANOS (PENTRA)

Frente a este atroz delito, la Trata de Seres Humanos, las Fuerzas y Cuerpos de Seguridad del Estado han elaborado un **Plan Estratégico específico nacional contra la trata y la explotación de seres humanos**, coordinando su elaboración la Secretaría de Estado de Seguridad, dependiente del Ministerio del Interior, y contando con la participación de todos los actores implicados.

El Plan Estratégico Nacional contra la Trata y la Explotación de Seres Humanos (PENTRA), aprobado por el Ministerio del Interior, es una iniciativa integral y multidisciplinar que busca combatir la trata de personas en España. Este plan se estructura en torno a cinco objetivos prioritarios y dieciséis líneas de actuación, con un enfoque centrado en la víctima y una perspectiva de género.

3.1. Objetivos prioritarios

a. Detección y prevención de la trata de seres humanos.

b. Mejorar la sensibilización de la sociedad.

c. Potenciar la detección de casos de trata y explotación.

d. Desincentivar la demanda de servicios que explotan a las víctimas.

e. Identificación, derivación, protección, asistencia y recuperación de las víctimas.

f. Promover una ley integral de prevención y lucha contra la trata.

g. Optimizar los mecanismos de identificación de víctimas.

h. Perfeccionar los procedimientos de derivación.

i. Garantizar la protección y recuperación de todas las víctimas.

j. Persecución del delito

k. Mejorar la respuesta legislativa, policial y judicial para neutralizar las estructuras criminales.

l. Cooperación y coordinación

m. Reforzar la coordinación interinstitucional.

n. Incrementar la cooperación internacional, especialmente con países de origen y tránsito de las víctimas.

o. Fortalecer el papel de la sociedad civil en la lucha contra la trata.

p. Mejora del conocimiento.

q. Promover la formación continua de operadores jurídicos e investigadores en detección, protección, prevención y persecución del delito.

r. Favorecer la calidad y comparabilidad de los datos.

s. Establecer mecanismos ágiles para el intercambio de información y buenas prácticas.

3.2. Líneas de actuación. Enfoque integral y multidisciplinar

El PENTRA considera a las víctimas como el elemento central de todas las actuaciones, reconociéndolas como titulares de derechos. El plan aborda la trata en todas sus formas, incluyendo la explotación sexual y el trabajo forzoso, y promueve una respuesta coordinada entre instituciones públicas y organizaciones de la sociedad civil.

Además, se destaca la importancia de abordar la dimensión de género, ya que mujeres y niñas son especialmente vulnerables a la explotación sexual, aunque también se reconoce la necesidad de atender las diversas situaciones de vulnerabilidad de las víctimas.

Para garantizar la implementación efectiva del plan, se ha establecido un Grupo de Trabajo Permanente encargado de elaborar informes de seguimiento y evaluación, bajo la coordinación del Centro de Inteligencia contra el Terrorismo y el Crimen Organizado (CITCO).

Este plan es parte de la Estrategia Nacional contra el Crimen Organizado y la Delincuencia Grave 2019-2023, y sirve como marco de referencia para la elaboración de otros planes específicos en áreas como la explotación sexual y el trabajo forzoso.

En resumen, el PENTRA 2021-2023 representa un compromiso sólido y coordinado para combatir la trata de seres humanos en España, enfocándose en la protección de las víctimas y la persecución efectiva de los responsables.

4. PLAN ESTRATÉGICO CONTRA LA TRATA EN POLICÍA NACIONAL

Dentro de la Policía Nacional se ha desarrollado un plan estratégico 2022-2025 cuyo objetivo principal es reducir la incidencia de la trata de seres humanos (TSH) a través del conocimiento y las investigaciones sobre los distintos tipos de explotación.

4.1. Líneas de trabajo

Para ello se han trazado las siguientes líneas de trabajo dentro de la Comisaría General de Extranjería:

a. Intensificar las labores de investigación de redes de TSH, especialmente aquellas que tengan parte de su modus operandi en el ciberespacio y aquellas que versen sobre explotación laboral.
b. Elaborar inteligencia con relación al delito de TSH y sus delitos conexos.
c. Reforzar la cooperación internacional en el ámbito de TSH.
d. Aumentar los contactos del enlace territorial de Policía Nacional ante el/la Fiscal Delegado/a de Extranjería de la provincia.
e. Realizar investigaciones patrimoniales a nivel periférico y, en su caso, de blanqueo de capitales.
f. Mejorar los procedimientos de asistencia a las víctimas de esta tipología delictiva.
g. Promover la clausura de los establecimientos públicos en los que se produzca la explotación sexual de las víctimas de TSH, instando la adopción de medidas cautelares.

4.2. Instrucción 6/2016 de la Secretaria de Estado de Seguridad

En relación a esta necesidad de acercarse a las víctimas, la Secretaria de Estado de Seguridad publicó la Instrucción 6/2016, sobre actuaciones de la Fuerzas y Cuerpos de Seguridad del Estado en la lucha contra la trata de seres humanos y en colaboración con las organizaciones y entidades con experiencia acreditada en la asistencias a las víctimas, estableciendo la figura de Interlocutor social en materia de trata de seres humanos, instando a Policía Nacional y Guardia Civil a la creación de tal figura entre sus miembros.

5. LA FIGURA DEL INTERLOCUTOR SOCIAL

Así, Policía Nacional, crea, en virtud de la Instrucción 5/2016, de la Comisaría General de Extranjería y Fronteras la figura de Interlocutor Social, el cual es un componente esencial en la lucha contra la trata de seres humanos en España. Su principal objetivo es fortalecer la colaboración entre las Fuerzas y Cuerpos de Seguridad del Estado y las organizaciones no gubernamentales (ONG) especializadas en la asistencia a las víctimas de trata.

5.1. Funciones clave del Interlocutor Social

a. **Coordinación y cooperación**: Actúa como enlace entre la Policía Nacional, la Guardia Civil y las entidades sociales, facilitando el intercambio de información y la implementación de protocolos conjuntos para la identificación y protección de las víctimas.

b. **Identificación de víctimas**: Desde el momento en que existen indicios razonables de que una persona es víctima de trata, el Interlocutor Social coordina las acciones necesarias para garantizar su protección, asistencia médica, social y apoyo jurídico.

c. **Seguimiento personalizado**: Además de la intervención inicial, se realiza un seguimiento continuo de las víctimas, asegurando su integración en programas de asistencia y protección a largo plazo.

5.2. Estructura organizativa

La figura del Interlocutor Social se organiza en dos niveles:

a. **Interlocutor Social Nacional**: Coordina y supervisa las acciones de los interlocutores territoriales a nivel nacional, siendo un funcionario de la Escala Ejecutiva primera categoría (inspector/a jefe/a), apoyado por un equipo de funcionarios, de Escala Ejecutiva y de Subinspección.

b. **Interlocutores Sociales Territoriales**: Asignados a diferentes áreas geográficas, se encargan de la coordinación y desarrollo de las actuaciones relacionadas con los delitos de trata en su ámbito territorial. Se solicita a las diferentes plantillas, que nombren a un interlocutor titular y un suplente, que lo sustituya en caso de vacaciones, baja o enfermedad, debido pertenecer a la Escala Ejecutiva o subinspección de la Policía Nacional, y estar destinado en la Brigada Provincial de Extranjería respectiva.

4.3. Importancia en la lucha contra la trata

La implementación de esta figura responde a la necesidad de una respuesta integral y coordinada frente a la trata de seres humanos. La colaboración estrecha entre las fuerzas de seguridad y las ONG permite una identificación más eficaz de las víctimas, una mejor protección de sus derechos y una respuesta más eficiente ante este delito grave.

En resumen, el Interlocutor Social desempeña un papel fundamental en la creación de una red de apoyo sólida y efectiva para las víctimas de trata, promoviendo una acción policial más humana y orientada a la protección integral de las personas afectadas.

6. LA FIGURA DEL ENLACE POLICIAL EN LA FISCALÍA GENERAL DEL ESTADO

Siguiendo con la colaboración interinstitucional, el 26 de marzo se publica la instrucción de la Comisaría General de Extranjería y Fronteras 4/2021, por la cual se crea la figura del Enlace Policial en la Fiscalía General del Estado. Este enlace, un funcionario de la Escala Ejecutiva debe de pertenecer a la UCRIF Central, y cuya misión será dar respuesta a los retos planteados y las necesidades detectadas en materia de trata de seres humanos, investigaciones relativas contra los derechos de los ciudadanos extranjeros e investigaciones sobre falsedades documentales referida a la trata de seres humanos, el tráfico de personas y la inmigración irregular.

Uno de sus principales objetivos es apoyar y asesorar a los grupos operativos policiales encargados de la investigación de los delitos referidos, y especialmente en la resolución de incidencias que puedan surgir de una instrucción de las causas con los órganos judiciales o miembros del Ministerio Fiscal, con el objetivo de poder anticiparse a eventualidades como cuestiones de competencia, posibles denegaciones de diligencias de pruebas u otras cuestiones que puedan afectar negativamente a la investigación. Este enlace promoverá el contacto permanente con la Unidad de Cooperación Internacional de la Fiscalía General del Estado así como otros actores involucrados, como Magistrados de enlace desplegados en España, el Consejo del Poder Judicial o el Ministerio de Asuntos Exteriores, Unión Europea y Cooperación. Igualmente se designará un enlace territorial de la Policía Nacional ante el Fiscal Delegado de Extranjería de la provincia. En cada Brigada Provincial de Extranjería se designará un responsable a nivel territorial que realizará las funciones de enlace tanto con el fiscal delegado de extranjería como con el enlace de la UCRIF Central en la Fiscalía General del Estado. Este funcionario deberá de ser siempre de la Escala Ejecutiva de Policía Nacional.

7. LUCHA POLICIAL CONTRA LA TRATA EN SENTIDO ESTRICTO

La lucha contra la trata se ha convertido en la función estratégica y primordial para el Ministerio del Interior. Las fuerzas y cuerpos de seguridad del Estado han convertido esta lucha en una de sus prioridades. Así Policía Nacional y Guardia Civil han invertido tiempo y funcionarios en combatir esta lacra denominada la esclavitud del siglo XXI.

Especialmente significativo es el trabajo de Policía Nacional, que desde antes de la introducción del delito de trata de seres humanos en el Código Penal, en noviembre del 2010, ya creó unidades específicas y especializadas en esta materia. Sirva significar que pese a estar trabajando en esta materia desde hace ya unos años antes, es en el año 2001 cuando se crea una unidad específica dentro de la entonces denominada Unidad Central de Extranjeros, adscrita a la entonces Comisaría General de Extranjería y Documentación, (hoy y Fronteras) y que pasa a denominarse con su actual nombre UCRIF, es decir Unidad Contra Redes de Inmigración y Falsedades Documentales. Por parte de la Policía Nacional, el despliegue de las UCRIF abarca la casi totalidad del territorio nacional. Las 24 UCRIF, (23 territoriales así como la UCRIF Central) y las distintas Brigadas Provinciales de Extranjería y Fronteras, incluyen a más de 3200 funcionarios de Policía

Nacional de todas las categorías y escalas, desde Comisario Principal a Policía desempeñando dichas labores.

El despliegue de dichas unidades se realizó observando la problemática de trata y de tráfico de personas en las diferentes provincias. Así se instalaron en todo el arco Mediterráneo, prácticamente, a excepción de la provincia de Castellón, así como en las Islas Baleares, las Ciudades Autónomas de Ceuta y de Melilla, en ambas provincias canarias y en el norte, en A Coruña y en la ciudad de Vigo. En el interior de la península, aparte de la problemática existente en Madrid también se añadió más adelante, Zaragoza Valladolid y Toledo. Hay que significar que por su especial problemática en la provincia de Cádiz existen dos UCRIF, una en Algeciras y otra en la localidad de La Línea de la Concepción.

En el resto de provincias donde no existen en esta Unidades especializadas de Policía Nacional, existen en todas y cada una de las provincias, las respectivas Brigadas Provinciales de Extranjería y Fronteras, que deben simultanear la labor de investigación con otras funciones que le son asignadas, tales como procedimientos administrativos, realizar repatriaciones de extranjeros, trámites de protección internacional y asilo, así como los expedientes sancionadores y de otro tipo, que son funciones de la brigada de extranjería.

En caso de iniciar una investigación, bien con motivo de una información que ha llegado a la Brigada Provincial (reactiva) o porque dicha unidad policial de forma proactiva ha iniciado una investigación que afecte a dicha provincia y/o limítrofes, los policías de dicha localidad destinados en la Brigada deberán compatibilizar las funciones anteriores con la nueva investigación. En caso de tener problemas para llevar a cabo de forma efectiva la investigación, podrán solicitar apoyo de la Unidad Central, que desplazará gente a dicha ciudad para el apoyo en dicha acción policial.

Hay que añadir, que en todas y cada una de las capitales de provincia de España, hay una Brigada Provincial, y en los casos, 23, que existan UCRIF, ésta estará integrada dentro de aquella, y con las funciones delimitadas para investigación única y exclusivamente.

Estas unidades policiales tienen una doble dependencia, orgánicamente del jefe de la plantilla donde esté ubicada, y funcionalmente del jefe de la UCRIF Central, que determinará los objetivos y directrices a la hora de combatir la trata y el tráfico de personas, así como el resto de delitos relacionados y vinculados a estos.

Los órganos que componen la estructura central y periférica de la Policía Nacional se encuentran regulados en el Real Decreto 734/2020 de estructura básica del Ministerio del Interior y en la Orden Ministerial 859/2023, se desarrolla la estructura orgánica y funciones de los Servicios Centrales y Periféricos de la Dirección General de la Policía, en ella se indica, al mencionar a la UCRIF Central de la Comisaría General de Extranjería y Fronteras, como la oficina nacional central en relación con otros organismos o entidades, coordinando la cooperación policial y judicial, nacional e internacional en materia de trata y tráfico de personas, así como los delitos conexos vinculados a los dos primeros.

Así, cualquier actividad operativa relacionada con una investigación, en la cual haya que contactar con autoridades extranjeras, serán realizadas siempre a través de la Unidad Central, al igual que las autoridades de fuera de España, no deberán ponerse en contacto directamente con las plantillas policiales diseminadas por el territorio nacional. La ventanilla única para esta actividad será la UCRIF Central, a través de la División de Cooperación Internacional, con el mismo nivel administrativo que la Comisaría General.

Clarifiquemos con un ejemplo. Si una brigada o grupo que se encuentra investigando una red de trata de personas con fines de explotación sexual de Quito en la provincia de Pichincha -Ecuador- y saben que las están siendo llevadas para tal fin a Alicante, España, ellos no deben contactar directamente con la Brigada Provincial de Extranjería de Alicante, sino a través de la UCRIF Central. Igualmente se haría en caso contrario, si en Alicante se tuviera conocimiento del hecho, donde captaban a mujeres en Quito.

Dichas comunicaciones, entre países, se realizan a través de la Red de Consejeros y Agregados que tiene el Ministerio del Interior. Las Fuerzas y Cuerpo de Seguridad del Estado (Policía Nacional y Guardia Civil), son titulares de las Consejerías de Interior en numerosos países (al mando de un funcionario de la Escala Superior, comisario o comisario principal, o de un coronel) y así como en un número superior de Agregadurías de Interior, (al mando de un Inspector-jefe o teniente coronel), un 65 % del total de países del mundo. Es significativo que hay Consejerías de Interior que cubren dos o más países, como es el caso del consejero con sede en Argentina, que está habilitado para representar a España a parte de en Argentina, en Uruguay y Paraguay. Al igual ocurre en las Agregadurías en África, donde un mismo funcionario policial se encuentra habilitado hasta en cinco países distintos. Por otro lado, en determinados países, de gran interés estratégico para España, se encuentra un Consejero al mando de varios Agregados policiales, como puede ser el caso de Francia, Marruecos o incluso Brasil.

Hay que significar, que según la Ley Orgánica 2/86 de 13 de marzo de Fuerzas y Cuerpos de Seguridad, en su **artículo doce, apartado f)**, corresponde a la Policía Nacional el "Colaborar y prestar auxilio a las policías de otros países, conforma los Tratados o Acuerdos Internacionales sobre las Leyes...", por lo que una amplia mayoría de los Consejeros y Agregados en el exterior son de Policía Nacional.

En el resto de países, donde no se encuentran desplazados funcionarios de la Fuerzas y Cuerpos de Seguridad del Estado para cumplir estas funciones, es Interpol la que se encarga de cualquier incidente relacionado con la trata de seres humanos, siendo la Oficina Nacional de Interpol en Madrid, la encargada de transmitir via Lyon (Francia) las informaciones sobre el caso en concreto.

8. AGENCIAS INTERNACIONALES

La cooperación internacional policial en cualquier tipo de investigación de crimen organizado es importante e imprescindible. Para ello nada mejor que formar parte de las agencias policiales internacionales que coordinan la información sobre la inteligencia, estratégica y operativa, que pueda atajar el mismo problema, estando íntimamente vinculadas y relacionadas las informaciones de una parte de los territorios, con otros.

La problemática existente en una parte de un territorio es posible que tenga fiel reflejo y sea espejo en la otra, por lo que muy probable que las fuerzas policiales tengan que ser ayudadas y auxiliadas por otras de países vecinos o alejados. Entre las varias agencias existentes actualmente, las que pueden participar en la investigación y en la gestión de las investigaciones sobre trata de personas, junto con la red de Consejeros y Agregados policiales, existen tres en las que España forma parte muy activa de las mismas; Europol, Interpol y Ameripol.

8.1. Ameripol

Ameripol nace en 2007, pero no es hasta 2011, con apoyo del proyecto de la Unión Europea gestionado por la Fundación Internacional para Iberoamérica de Administración de Políticas Públicas (FIIAPP), (actualmente se denomina FIAP), liderado por la Policía Nacional de España, que comienza a dar sus pasos hacia la consolidación jurídica, tecnológica y operativa.

Actualmente cuenta con 37 cuerpos de policía miembros y 33 observadores, entre ellos la Policía Nacional de España, siendo su objetivo potenciar las acciones sostenidas de investigación criminal y asistencia judicial entre los cuerpos de policía e instituciones homólogas de América, promoviendo la consolidación de una doctrina y filosofía policial, así como la prevención y neutralización del delito transnacional, como es la trata de personas. La Unión Europea a través de El Paccto 2.0, apoya actualmente en exclusiva a Ameripol hacia su plena consolidación jurídica con la firma del tratado de Brasilia en 2023 y el camino final a la ratificación del tratado que posicionará a este organismo de cooperación policial y regional al mismo nivel que Interpol y Europol.

8.2. Europol

La Oficina Europea de Policía, oficialmente es conocida como Agencia de la Unión Europea para la Cooperación Policial, más conocida con el acrónimo de Europol, es la agencia encargada de planificar y coordinar las investigaciones y operaciones contra las organizaciones criminales y terroristas en la Unión Europea, y en colaboración con las autoridades de cada uno de los países esta agencia institucionaliza la cooperación policial y también la judicial, entre cuyos principios se encuentra la apertura de las fronteras nacionales como consecuencia directa del tratado de Schengen.

Europol se funda en octubre de 1998, teniendo un presupuesto actualmente de más de cien millones de euros, con casi mil quinientos empleados, doscientos cincuenta de los cuales son funcionarios de enlace, entre los que encuentra una amplia representación española, con un Comisario de Policía Nacional a su cabeza. Europol tiene su sede en La Haya, en Países Bajos.

Actualmente Europol lo componen 27 estados de la Unión Europea si bien hay numerosos países denominados "asociados con presencia", y que van en aumento. Entre estos países podemos destacar a Colombia y Brasil.

Igualmente, Europol, ha llegado a una serie de acuerdos con varios países dependiendo de la finalidad del acuerdo, por ejemplo para acuerdos operativos ("*Operational agreement*") ha incluido a 27 países de varios continentes, entre los que podemos destacar Australia, Canadá, Montenegro, Georgia, Estados Unidos etc. Igualmente, para acuerdos denominados de estrategia ("*Strategic agreement*") hay acuerdos con cuatro países, que son

Turquía, Brasil, Emiratos Árabes Unidos, China. De este grupo está suspendido Rusia por motivos obvios. Finalmente también hay un acuerdo de modalidades de trabajo ("*Working arragements*") con 12 países entre los que destaca India, Armenia Israel, Corea y Catar entre otros.

Una de las principales armas con la que trabaja Europol son los denominados EMPACTS, cuyo acrónimo significa Plataforma Europea Multidisciplinar Contra las Amenazas Criminales, y tiene como finalidad mejorar la seguridad de toda Europa mediante un enfoque coordinado y basado en la colaboración entre los diferentes países y agencias. La implementación de los EMPACTS es cofinanciada con cargo a los fondos europeos, e involucra a múltiples actores incluyendo las fuerzas de seguridad de los estados organizaciones judiciales y autoridades de control fronterizo coma que deben trabajar de forma conjunta para compartir información y desarrollar estrategias conjuntas. Los EMPACTS se centran en las denominadas prioridades, que actualmente son diez (10) como pudiera ser los ciberataques, la explotación sexual de menores, la trata de seres humanos, el tráfico de personas, el fraude económico dentro de la organización criminal y el tráfico de armas entre otros.

Hay que indicar, que para el próximo ciclo político, 2026/2029, de diez prioridades, se van a ajustar a siete, reconvirtiendo el de Trata y Tráfico en uno solo.

Por lo que se refiere a la trata de seres humanos, la finalidad es desarticular las redes delictivas dedicadas a esta esclavitud del siglo XXI, principalmente con fines de explotación en todas sus formas y prestar especial atención a los que explotan menores con finalidad de delinquir, a parte de su explotación sexual. También a quien utilizan la violencia contra las víctimas y sus familias o amenazan con ejercerla o engañar a las víctimas simulando para oficializar la explotación. Igualmente a quienes captan y anuncian a las víctimas en métodos cibernéticos y son atendidos por intermediarios que prestan estos servicios digitales.

8.3. Interpol

Quizá la agencia policial más conocida es la Organización Internacional de Policía Criminal-INTERPOL (abreviado como ICPC–INTERPOL), comúnmente conocida como Interpol, es la mayor organización de policía internacional, con sede central en Lyon, ciudad ubicada en Francia. Formada por 196 países miembros tras la adhesión de Palaos, por lo cual es una de las organizaciones internacionales más grandes del mundo, superando en dos la cifra de países unidos a las Naciones Unidas. Creada en 1923 bajo el nombre de Comisión Internacional de Policía Criminal.

El objetivo de Interpol es permitir a la policía de todo el mundo afrontar los retos que plantea la lucha contra la delincuencia internacional.

Su sede Central, como se ha indicado arriba está en Lyon (Francia), pero tiene sedes en Nueva York (USA), con el representante Especial de Interpol ante las Naciones Unidas y Oficinas de Enlace en Viena (Austria), en Europol (Países Bajos), Ante la Unión Europea (Bruselas, Bélgica), así como numerosas oficinas en regiones como la de Nairobi (Kenia), Harare (Zimbabue), Yaundé (Camerún), etc.

Interpol, tiene cuatro programas mundiales sobre Delincuencia Organizada:

- Lucha contra el terrorismo.
- Ciberdelincuencia
- Delincuencia Organizadas y nuevas tendencias delictivas
- Delincuencia financiera y Corrupción.

Interpol posee 19 bases de datos, con más de ciento cincuenta millones de registros en dichas bases, con una media de veintidós millones de búsquedas al día y casi millón y medio de resultados positivos.

La finalidad es permitir a la policía de todo el mundo afrontar los retos que plantea la lucha contra la delincuencia internacional, ya que los delitos son cada vez más internacionales y están cada vez más interconectados.

De esto Interpol, crea una doble red de ISON, interlocutores Internacionales de Tráfico de Personas y de Trata de Seres humanos, con la finalidad de interconectarse en las operaciones de estos delitos.

Sobre esto, se procura tener una mayor comunicación policial, con acceso en tiempo real, de día y de noche a datos policiales esenciales.

9. CONCLUSIONES

Todo el tema operativo, policialmente hablando, se centra en la cooperación internacional. De poco o nada sirven las grandes actuaciones individuales, si luego, en el país de destino de las víctimas, o no se actúa, o se hace con poca coordinación.

La Legislación, dimanante toda del Protocolo de Palermo, debe de ser acorde a la importancia del delito investigado.

Las relaciones interpoliciales son muy importantes y para ello, los vínculos con las agencias policiales, como Europol, Interpol y Ameripol son esenciales para una buena coordinación internacional. Es decir, que con cuantas más agencias España participe, y en ellas sus funcionarios policiales operativos, mucho más fácil será la lucha contra la trata en España, ya como país de destino o como últimamente se está dando el caso, como país de tránsito hacia terceros estados. Esencial, como hemos repetido, es la participación también en estas agencias, de los países de origen y tránsito de las víctimas, igualmente coinciden en muchas ocasiones con los países de origen de los tratantes.

Las legislaciones nacionales, coordinadas con los países miembros de la UE, así como las de terceros estados, deben tener nexos y estar vinculados entre ellos, para poder realizar operaciones conjuntas y equipos de investigación.

Asimismo, es muy importante e imprescindible, la preparación y formación en esta materia tan específica de los funcionarios policiales, así como su concienciación. Es muy difícil, por no decir imposible, tratar de combatir un delito, si la persona encargada de la investigación no cree en la materia y ni en las acciones que hace para esa lucha.

10. REFERENCIAS BIBLIOGRÁFICAS

Comunidad de Policías de América (AMERIPOL). http://www.ameripol.org/portalAmeripol/ShowBinary?nodeId=/WLP%20Repository/52080//archivo;https://www.policia.es/_es/tupolicia_conocenos_estructura_cooperacioninternacional.php

Europol. División de Cooperación Internacional de la página web de Policía Nacional. https://www.policia.es/_es/tupolicia_conocenos_estructura_cooperacioninternacional.php

Fundación para la Internacionalización de las Administraciones Públicas (FIAP). https://www.fiap.gob.es/

Instrucción 6/2016 de Secretaría de Estado de Seguridad, sobre la figura del Interlocutor Social en materia de Trata de Seres Humanos. https://rm.coe.int/esp-2-eval-report-annex-1-thb-comprehensive-plan-2015-2018/1680790618

Instrucción 5/2015 de la Comisaría General de Extranjería y Fronteras, aplicando la 6/2016 de la SES en el ámbito de Policía Nacional.

Instrucción 4/2021 de la Comisaría General de Extranjería y Fronteras, regulando la figura del enlace policial en la Fiscalía General del Estado.

Instrumento de Ratificación del Protocolo contra el tráfico ilícito de migrantes por tierra, mar y aire que complementa la Convención de Naciones Unidas contra la Delincuencia Organizada Transnacional, hecho en Nueva York el 15 de noviembre de 2000. Boletín Oficial del Estado, núm. 295, de 10 de diciembre de 2003, pp. 43796 a 43804. https://www.boe.es/buscar/doc.php?id=BOE-A-2003-22593

Ley Orgánica 2/1986, de 13 de marzo, sobre Fuerzas y Cuerpos de Seguridad del Estado. Boletín Oficial del Estado núm. 63, de 14 de marzo de 1986, pp. 9604 a 9616. https://www.boe.es/buscar/act.php?id=BOE-A-1986-6859

Ley Orgánica 10/1995, de 23 de noviembre, del Código Penal. Boletín Oficial del Estado núm. 281, de 24 de noviembre de 1995, pp. 33987 a 34058. Última modificación, texto consolidado, 2 marzo de 2019. Art. 177 bis. https://noticias.juridicas.com/base_datos/Penal/lo10-1995.html

Orden INT/859/2023, de 21 de julio, por la que se desarrolla la estructura orgánica y funciones de los servicios centrales y territoriales de la Dirección General de la Policía. Boletín Oficial del Estado núm. 176, de 25 de julio de 2023, pp. 108032 a 108068. https://www.boe.es/diario_boe/txt.php?id=BOE-A-2023-17072

Orden General número 1325 de la Policía Nacional de 24 de septiembre de 2001, sobre desarrollo de servicios centrales y periféricos, creando la UCRIF (Unidad contra Redes de Inmigración y Falsedades Documentales) en la Comisaría General de Extranjería y Documentación. https://www.policia.es/_es/tupolicia_conocenos.php; https://www.boe.es/boe/dias/2001/04/27/pdfs/A15323-15343.pdf;

Organización Internacional de las Migraciones (OIM). https://www.iom.int/es

Organización Policial Internacional (INTERPOL) https://www.interpol.int/es/Quienes-somos/Nuestra-historia/Como-comienzo-nuestra-historia; https://www.interpol.int/es/Noticias-y-acontecimientos/Noticias/2024/219-detenciones-y-1-374-victimas-identificadas-en-la-semana-de-accion-contra-la-trata-de-personas.

Plan Estratégico Nacional contra la Trata de Seres Humanos (PENTRA), para el ciclo político 2021/2023. https://contralatrata.apramp.org/03-documentos/plan-estrategico-nacional-contra-la-trata-y-la-explotacion-de-seres-humanos-2021-2023/

Plan Estratégico de Policía Nacional contra la Trata de Seres Humanos, para el ciclo 2022/2025.

Resolución de 17 de abril de 2001, de la Delegación de Gobierno para la Extranjería y la Inmigración. Boletín Oficial del Estado núm. 101, de 27 de abril de 2001, pp. 15323 a 15343. https://www.boe.es/buscar/doc.php?id=BOE-A-2001-8154

Capítulo VIII

La respuesta estatal en España ante la trata de seres humanos: políticas públicas. El caso específico de la trata con fines de explotación sexual

CARMEN MARTÍNEZ PERZA
Delegada del Gobierno contra la Violencia de Género

JUAN ÁLVAREZ HERNANDO
Ministerio de Igualdad

1. INTRODUCCIÓN

La trata de seres humanos constituye una de las formas más graves de criminalidad y una manifestación extrema de la vulneración de los derechos humanos, con un impacto especialmente devastador sobre mujeres y niñas. En particular, la trata con fines de explotación sexual representa una violencia estructural y sistemática que perpetúa las desigualdades de género y que convierte a las víctimas en instrumentos para la obtención de beneficios económicos, privándolas de su dignidad, autonomía y libertad. En este contexto, resulta urgente e imprescindible una respuesta firme, coordinada e integral por parte del Estado.

Aunque la trata ha sido frecuentemente abordada desde una óptica penal centrada en su persecución y en su vinculación con el crimen organizado y las migraciones irregulares, este enfoque resulta insuficiente ante la complejidad y la dimensión global del fenómeno. La trata con fines de explotación sexual no es solo un delito, sino una práctica que hunde sus raíces en sistemas estructurales de dominación —económicos, sociales y patriarcales— que afectan de forma desproporcionada a las personas más vulnerables. De ahí que su combate deba inscribirse en el marco de una política pública transversal de derechos humanos, igualdad y justicia social.

La respuesta normativa e institucional española ha evolucionado en las últimas décadas en paralelo al desarrollo del marco jurídico internacional, comenzando por la adopción del Protocolo de Palermo, el Convenio de Varsovia y la Directiva 2011/36/UE, recientemente modificada en 2024. Todos estos instrumentos han contribuido a consolidar una definición jurídica del delito centrada en el proceso de captación, traslado y acogida con fines de explotación, más allá del acto mismo de explotación. La legislación española incorporó esta definición en el artículo 177 bis del Código Penal.

En este marco, la trata con fines de explotación sexual ha sido, hasta hace poco, el foco principal de la acción estatal. A través de planes específicos y protocolos interinstitucionales, España ha desarrollado herramientas de coordinación, detección e intervención. Sin embargo, diversas instancias internacionales, como el Grupo de Expertos sobre la Lucha contra la Trata de Seres Humanos del Consejo de Europa (GRETA), han subrayado la necesidad de ampliar este enfoque hacia una perspectiva más inclusiva, que contemple todas las formas de trata y que refuerce especialmente los mecanismos de protección y asistencia a las víctimas.

Este artículo analiza el conjunto de políticas públicas desarrolladas por el Estado español en respuesta a la trata de seres humanos, con especial atención a la trata con fines de explotación sexual, por su gravedad, prevalencia y vinculación con la violencia de género. En primer lugar, se aborda el marco normativo y la planificación estatal. En segundo lugar, se exponen las medidas de atención y protección a las víctimas, con especial atención a los servicios dirigidos desde la Delegación del Gobierno contra la Violencia de Género. En tercer lugar, se analizan las políticas públicas de prevención, sensibilización y conocimiento. En cuarto lugar, se aborda la cuestión de la financiación pública y el apoyo al tercer sector. En quinto lugar, se exponen los retos actuales y las perspectivas de futuro. Por último, se aportan unas breves conclusiones.

2. MARCO NORMATIVO E INSTITUCIONAL Y PLANIFICACIÓN ESTATAL

La adopción de determinadas políticas públicas de lucha contra la trata de seres humanos no se entiende sin el marco normativo que les sirve de cobertura legal, sin las instituciones que las impulsan y sin la planificación que las organiza y las hace posibles.

Como señalábamos en la introducción, el **marco normativo** de España contra la trata de seres humanos con fines de explotación sexual ha evolucionado en paralelo al desarrollo del marco jurídico internacional y europeo.

Desde el punto de vista internacional, la Convención sobre la eliminación de todas las formas de discriminación sobre la mujer (CEDAW), hecha en Nueva York en 1979 y ratificada por España en 1983, ya obligaba a los Estados a tomar "las medidas apropiadas, incluso de carácter legislativo, para suprimir todas las formas de trata de mujeres y explotación en la prostitución de la mujer" (artículo 6). En el año 2000, también en el seno de la ONU, los Estados, entre ellos España, preocupados por la ausencia de un instrumento universal que abordara todos los aspectos de la trata de seres humanos, firman en Palermo el Protocolo para prevenir, reprimir y sancionar la trata de personas, especialmente mujeres y niños. El Protocolo de Palermo, ratificado por España en 2003, establece una definición clara y operativa de la trata de seres humanos[10], reconoce su relación con otras formas de explotación, obliga a los Estados a implementar medidas de protección y recuperación para las víctimas y exige políticas de cooperación internacional y fortalecimiento institucional.

En el marco europeo, destaca en primer lugar el Convenio del Consejo de Europa sobre la lucha contra la trata de seres humanos, hecho en Varsovia en 2005 y ratificado por España en 2009. El Convenio de Varsovia establece obligaciones de carácter vinculante para los Estados en cuanto a prevención, persecución del delito y asistencia a las víctimas, incluyendo periodos de recuperación, protección contra la deportación, acceso a asistencia legal y, en algunos casos, a la residencia temporal o permanente. Su impacto en las políticas públicas ha sido significativo: ha forzado a los Estados parte a adoptar planes nacionales contra la trata, crear mecanismos de identificación y derivación de víctimas, y establecer unidades especializadas. Además, con el mecanismo de seguimiento independiente

---

10 El artículo 3.a) establece que: *Por "trata de personas" se entenderá la captación, el transporte, el traslado, la acogida o la recepción de personas, recurriendo a la amenaza o al uso de la fuerza u otras formas de coacción, al rapto, al fraude, al engaño, al abuso de poder o de una situación de vulnerabilidad o a la concesión o recepción de pagos o beneficios para obtener el consentimiento de una persona que tenga autoridad sobre otra, con fines de explotación. Esa explotación incluirá, como mínimo, la explotación de la prostitución ajena u otras formas de explotación sexual, los trabajos o servicios forzados, la esclavitud o las prácticas análogas a la esclavitud, la servidumbre o la extracción de órganos.*

del GRETA, el Convenio ha impulsado la rendición de cuentas y la mejora progresiva de los marcos jurídicos, visibilizando las diferencias estatales en la protección efectiva, especialmente en contextos migratorios y de trata con fines de explotación sexual.

Por su parte, en la Unión Europea, la Directiva 2011/36/UE del Parlamento Europeo y del Consejo, de 5 de abril de 2011, relativa a la prevención y lucha contra la trata de seres humanos y a la protección de las víctimas, así como la modificación operada por la Directiva (UE) 2024/1712 del Parlamento Europeo y del Consejo, de 13 de junio de 2024, constituyen la piedra normativa angular de la lucha contra la trata y la explotación de seres humanos. Entre sus aspectos más relevantes, se encuentran la definición armonizada del delito de trata[11], la obligación de los Estados miembros de proporcionar asistencia especializada, protección y apoyo jurídico a las víctimas, incluso sin necesidad de que colaboren en los procedimientos penales, o la exigencia de que las víctimas tengan acceso a servicios adecuados de integración y recuperación y sean debidamente compensadas.

En el ámbito estatal, bajo el paraguas de derechos fundamentales que consagra la Constitución de 1978[12], destaca la introducción en 2010 del artículo 177 bis del Código Penal, que castiga el delito de trata de seres humanos[13]. Más recientemente, la Ley Orgánica 10/2022, de 6 de septiem-

---

11 El artículo 2 establece que se considerará trata: *[...] La captación, el transporte, el traslado, la acogida o la recepción de personas, incluido el intercambio o la transferencia de control sobre estas personas, mediante la amenaza o el uso de la fuerza u otras formas de coacción, el rapto, el fraude, el engaño, el abuso de poder o de una situación de vulnerabilidad, o mediante la entrega o recepción de pagos o beneficios para lograr el consentimiento de una persona que posea el control sobre otra persona, con el fin de explotarla. [...] La explotación incluirá, como mínimo, la explotación de la prostitución ajena u otras formas de explotación sexual, el trabajo o los servicios forzados, incluida la mendicidad, la esclavitud o prácticas similares a la esclavitud, la servidumbre, la explotación para realizar actividades delictivas, la extracción de órganos o la explotación de la maternidad subrogada, del matrimonio forzado o de la adopción ilegal.*

12 Podrían citarse, entre otros derechos, el reconocimiento de la dignidad de la persona (art. 10), la prohibición de discriminación (art. 14), la vida e integridad física y moral (art. 15), la libertad y seguridad (art. 17), o el derecho al trabajo en condiciones dignas (art. 35).

13 El artículo 177 bis.1 establece que: *Será castigado con la pena de cinco a ocho años de prisión como reo de trata de seres humanos el que, sea en territorio español, sea desde España, en tránsito o con destino a ella, empleando violencia, intimidación o engaño, o abusando de una situación de superioridad o de necesidad o de vulnerabilidad de la víctima nacional o extranjera, o mediante la entrega o recepción de pagos o beneficios para lograr el consentimiento de la persona que poseyera el control sobre la víctima, la captare, transpor-*

bre, de garantía integral de la libertad sexual (LOGILS) extiende el ámbito de aplicación de esta norma a las víctimas de trata con fines de explotación sexual, al considerar en todo caso violencia sexual este delito, lo que implica que las víctimas de trata con fines de explotación sexual sean también víctimas de violencias sexuales y se les reconozcan los mismos derechos que al resto.[14] Unos meses antes de la entrada en vigor de la LOGILS, el gobierno aprobó el Real Decreto-ley 6/2022, de 29 de marzo[15]. En su artículo 47 se previó la posibilidad de acreditar la condición de víctima de trata de seres humanos o explotación sexual a los efectos de poder acceder a una serie de derechos y recursos asistenciales, siendo este el sistema que opera actualmente a falta de una ley que aborde de manera integral la lucha contra la trata de seres humanos.

En cuanto al **marco institucional**, sin perjuicio de las competencias del resto de administraciones públicas y ministerios implicados en la lucha contra la trata con fines de explotación sexual, la propuesta de normas y medidas en este ámbito corresponde al Ministerio de Igualdad quien, a través de la Delegación del Gobierno contra la Violencia de Género, ejerce la función de coordinación institucional. Interesa destacar también el papel del Foro Social contra la Trata con fines de explotación sexual, constituido en 2009 con la finalidad de favorecer el intercambio de información y puntos de vista entre organizaciones especializadas en la atención a víctimas de trata con fines de explotación sexual y administraciones competentes en la materia (ministerios, comunidades y ciudades autónomas y entidades locales), al objeto de mejorar la colaboración entre todos los actores implicados con un enfoque de promoción y protección de los derechos humanos.

---

tare, trasladare, acogiere, o recibiere, incluido el intercambio o transferencia de control sobre esas personas, con cualquiera de las finalidades siguientes:
a) La imposición de trabajo o de servicios forzados, la esclavitud o prácticas similares a la esclavitud, a la servidumbre o a la mendicidad.
b) La explotación sexual, incluyendo la pornografía.
c) La explotación para realizar actividades delictivas.
d) La extracción de sus órganos corporales.
e) La celebración de matrimonios forzados.
Existe una situación de necesidad o vulnerabilidad cuando la persona en cuestión no tiene otra alternativa, real o aceptable, que someterse al abuso. [...]

14 Artículo 3.1 de la Ley Orgánica 10/2022, de 6 de septiembre, de garantía integral de la libertad sexual.

15 Real Decreto-ley 6/2022, de 29 de marzo, por el que se adoptan medidas urgentes en el marco del Plan Nacional de respuesta a las consecuencias económicas y sociales de la guerra en Ucrania.

Con respecto a la **planificación estatal** de políticas públicas, al igual que sucede con el resto de las políticas de lucha contra la violencia sobre las mujeres, las políticas de lucha contra la trata con fines de explotación sexual tienen su principal sustento en el Pacto de Estado contra la Violencia de Género, aprobado en 2017 y renovado en febrero de 2025[16]. El Pacto de Estado incluye 461 medidas con un enfoque integral para combatir todas las formas de violencia machista, incluyendo la trata de seres humanos con fines de explotación sexual. De entre las medidas sobresale la número 389 que, por su importancia y afectación al resto de políticas públicas, reproducimos de manera íntegra: "Aprobar la Ley Orgánica integral contra la trata y la explotación de seres humanos. Esta Ley establecerá mecanismos adecuados para la prevención, el refuerzo de la persecución de oficio del delito y pondrá en marcha servicios y programas de protección social, reparación y recuperación integral de las víctimas de trata y explotación sexual, con una previsión de costes y una dotación adecuada de recursos humanos y económicos para su implementación y seguimiento. Garantizar planes y medidas para ofrecer alternativas económicas, laborales y sociales a las víctimas de trata y explotación sexual". Otras medidas a resaltar son: en el ámbito asistencial y de protección de la víctima, mejorar los procesos de obtención del derecho de asilo (120), impulsar una red de recursos plenamente accesible para estas víctimas en todas las comunidades autónomas, incluyendo el recurso habitacional de urgencia (156), o promover la lucha contra el proxenetismo (400); en el ámbito laboral y educativo, priorizar a las víctimas de trata y explotación en los programas de formación para el empleo de las personas con discapacidad (269); en el ámbito estadístico y de investigación, llevar a cabo de manera periódica informes y evaluaciones sobre esta problemática (390) o realizar un estudio diagnóstico de la situación de la trata para mejorar la detección de casos (364); en el ámbito de la seguridad, establecer la recomendación legal de que las Fuerzas y Cuerpos de Seguridad cuenten con las entidades sociales en el proceso de identificación de víctimas (393); y, en el ámbito de prevención y sensibilización, establecer campañas de concienciación y talleres que sirvan para desincentivar la demanda de prostitución, fundamentalmente entre la población joven (396).

---

[16] Boletín Oficial de las Cortes Generales. Congreso de los Diputados. Serie D, núm. 290, de 26 de febrero de 2025, p. 11. Aprobación por la Comisión del Informe de la Subcomisión para la renovación y actualización del Pacto de Estado en materia de Violencia de Género.

Además del Pacto de Estado, el Plan España te protege contra la violencia machista contempló la ampliación de los servicios de asistencia y atención integral que se venían ofreciendo para víctimas de violencia de género, a víctimas de trata y de explotación sexual; y la Estrategia Estatal para combatir las Violencias Machistas 2022-2025 abordó todas las formas de violencia machista incluidas en el Convenio de Estambul, incluyendo la trata con fines de explotación sexual.

Por último, cabe destacar otros instrumentos de planificación de políticas públicas de lucha contra la trata de seres humanos con fines de explotación sexual, tales como el Plan integral de Lucha contra la trata de mujeres y niñas con fines de explotación sexual 2015-2018 o el Plan operativo para la protección de los derechos humanos de mujeres y niñas víctimas de trata, explotación sexual y mujeres en contextos de prostitución 2022-2026. Este último, conocido como «Plan Camino» y dotado con un presupuesto de 204.023.000 euros, reforzó las medidas de asistencia integral, protección y reparación de las mujeres y niñas víctimas de trata con fines de explotación sexual y en contextos de prostitución y consolida las medidas y acciones institucionales necesarias para garantizar sus derechos, incluyendo un Plan de Inserción Sociolaboral.

3. MEDIDAS DE ATENCIÓN Y PROTECCIÓN A LAS VÍCTIMAS

La trata de seres humanos con fines de explotación sexual constituye una grave vulneración de los derechos fundamentales, que requiere una respuesta integral por parte de los sistemas de atención y protección. Ante esta realidad, resulta imprescindible establecer medidas específicas de atención y protección que garanticen la seguridad, el acompañamiento y la recuperación de las víctimas. Este apartado analiza los principales recursos disponibles en España y, en particular, aquellos dirigidos o coordinados por la Delegación del Gobierno contra la Violencia de Género, como el servicio telefónico 016, el programa ATENPRO, el Sistema de seguimiento por medios telemáticos de las prohibiciones de aproximación impuestas en materia de violencia de género y violencia sexual, y los centros de crisis 24 horas, todos ellos diseñados para ofrecer una atención accesible, especializada y continuada.

El **servicio 016** es un recurso telefónico gratuito, confidencial y accesible las 24 horas del día, los 365 días del año, destinado a ofrecer información, asesoramiento jurídico y atención psicosocial inmediata a víctimas de violencia contra las mujeres, incluida la trata de seres humanos con fines de explotación sexual. No deja rastro en la factura telefónica y está disponible en 53 idiomas, así como en formatos accesibles para personas con discapacidad. Además de atender directamente a las víctimas, el 016 también presta apoyo a su entorno cercano, como familiares o amistades, con el objetivo de facilitar una red de apoyo que contribuya a su protección y recuperación.

Solo en el año 2024, el servicio 016 atendió en un total de 122.820 consultas pertinentes. Un 75% fueron realizadas por la víctima, y un 19% por su entorno.

El servicio **ATENPRO** (Servicio Telefónico de Atención y Protección para víctimas de violencia contra las mujeres) es un dispositivo de atención inmediata que ofrece apoyo a mujeres en situación de riesgo, a través de un sistema de teleasistencia móvil con geolocalización. Dirigido principalmente a víctimas que no conviven con su agresor y han aceptado participar en el programa, este servicio proporciona atención personalizada y seguimiento continuo las 24 horas del día, permitiendo la activación rápida de los servicios de emergencia en caso de peligro. ATENPRO combina el acompañamiento psicosocial con la respuesta inmediata, fomentando la autonomía de las mujeres y reforzando su seguridad en el proceso de recuperación y salida de la situación de violencia.

En 2024 eran 19.495 las usuarias activas en este servicio —incluyendo todos los tipos de violencia sobre las mujeres—. En este servicio se registran, de media, 1.800 llamadas cada día, con 800 situaciones de alerta.

El **Sistema de seguimiento por medios telemáticos de las prohibiciones de aproximación impuestas en materia de violencia de género y violencia sexual**, permite verificar el cumplimiento de las prohibiciones de aproximación a la víctima impuestas en los procedimientos que se sigan por violencia de género y por violencia sexual en los que la autoridad judicial acuerde su utilización. Este sistema proporciona, además, información actualizada y permanente de las incidencias que afecten al cumplimiento o incumplimiento de las medidas, así como de las posibles incidencias, tanto accidentales como provocadas, en el funcionamiento de los dispositivos electrónicos utilizados.

La mejora del contexto de seguridad por medio de este Sistema permite, en primer lugar, hacer efectivo el derecho de la víctima a su seguridad y contribuir a su recuperación; en segundo lugar, documentar el posible quebrantamiento de la prohibición de aproximación impuesta, ya que el Sistema proporciona información actualizada y permanente de las incidencias que afecten al cumplimiento o incumplimiento de las prohibiciones de aproximación, así como de las posibles incidencias, tanto accidentales como provocadas, en el funcionamiento de los elementos del sistema utilizados; y, en tercer lugar, disuadir al investigado, encausado o condenado.

El Ministerio de Igualdad gestiona este servicio a través de contratación pública, siendo la entidad contratada la encargada de realizar las tareas relacionadas con la instalación, monitorización y desinstalación de los dispositivos del Sistema de seguimiento. Estas tareas son desarrolladas por el Centro COMETA, que es el que se relaciona con los órganos judiciales, el Ministerio Fiscal y las Fuerzas y Cuerpos de Seguridad. COMETA está operativo las 24 horas del día los 365 días del año.

En el año 2024, estaban dadas de alta en el Sistema un total de 4.395 mujeres entre todos los tipos de violencia —la mayoría víctimas de violencia de género—, siendo 19.226 los casos acumulados desde que empezó a utilizarse.

Finalmente, cabe destacar los **centros de crisis 24 horas** para la atención a víctimas de violencias sexuales, incluidas las víctimas de trata de seres humanos con fines de explotación sexual. El Plan de Recuperación, Transformación y Resiliencia comprometía a España a constituir 52 centros de crisis, uno por provincia y ciudad autónoma. Estos centros son recursos especializados que ofrecen atención integral, gratuita y confidencial a mujeres que hayan sufrido cualquier forma de violencia sexual, independientemente de si han presentado denuncia. Están operativos las 24 horas del día, los 365 días del año, y su objetivo es proporcionar una respuesta inmediata, segura y accesible, basada en un enfoque de derechos y centrado en las víctimas. En estos centros se brinda atención psicológica, jurídica y social, así como acompañamiento durante todo el proceso de recuperación. Además, están diseñados para evitar la revictimización y garantizar un entorno de contención y respeto, favoreciendo el empoderamiento de las mujeres en su proceso de sanación. Su creación forma parte de las medidas del Pacto de Estado contra la Violencia de Género (medida 387) y del cumplimiento del Convenio de Estambul.

Actualmente, prestan servicio un total de 59 centros de crisis, 51 de los cuales forman parte del compromiso de 1 centro por provincia y 8 de ellos son centros adicionales al compromiso adquirido con el objetivo CID-327 del Plan de Recuperación Transformación y Resiliencia.

4. POLÍTICAS DE CONOCIMIENTO, PREVENCIÓN Y SENSIBILIZACIÓN

En el marco de la lucha contra la trata de seres humanos con fines de explotación sexual, las políticas de generación de conocimiento, prevención y sensibilización resultan fundamentales para abordar las causas estructurales del fenómeno, reducir la demanda y promover una conciencia social crítica. Este apartado aborda los estudios e investigaciones que permiten comprender la magnitud y las dinámicas de la trata, así como los sistemas estadísticos que proporcionan datos esenciales para diseñar políticas públicas eficaces y basadas en evidencia. Asimismo, se analizan las principales campañas institucionales y estrategias de concienciación impulsadas por organismos públicos y, en particular, por la Delegación del Gobierno contra la Violencia de Género. Estas acciones, complementarias a las medidas de protección, constituyen pilares esenciales en la erradicación de este grave delito y en la defensa de los derechos humanos.

Comencemos por las políticas de generación de **conocimiento y estadística**. A este respecto, la Delegación del Gobierno contra la Violencia de Género ha colaborado con diversas entidades y equipos de investigación en la publicación de varios estudios en materia de lucha contra la trata con fines de explotación sexual[17]. El más reciente y ambicioso, y en el que nos centraremos, es el Macroestudio de trata de 2024[18].

El objetivo principal del Macroestudio de trata es conocer el número estimado de mujeres prostituidas en España y su distribución en el territorio, así como conocer el número estimado de víctimas de trata con fines de explotación sexual y de explotación sexual. Para la elaboración del Macroestudio de trata se utilizó una metodología estadística pionera en España basada en técnicas de Big Data, estudiando y cribando 654.109 anuncios, únicamente de sitios web de prostitución.

De entre sus conclusiones, interesa destacar las siguientes:

- De la extracción inicial de 654.109 anuncios, tras un proceso de eliminación de duplicados e información no relevante, no tratable, o

---

[17] Entre otros, cabe destacar: *Poblaciones-mercancía: tráfico y trata de mujeres en España* (2011) y *Apoyando a las víctimas de trata: las necesidades de las mujeres víctimas de trata con fines de explotación sexual desde la perspectiva de las entidades especializadas y profesionales involucrados. Propuestas para la sensibilización contra la trata* (2015).

[18] Indexa Geodata S.L (2024). *Macroestudio. Trata, explotación sexual y prostitución de mujeres: una aproximación cuantitativa.* Ministerio de Igualdad.

falsa, se obtuvieron 204.433 anuncios, de los que el 94,5% correspondían a mujeres prostituidas, un 1,58% a mujeres transexuales prostituidas, y un 1,84% a hombres prostituidos.

- Los anuncios correspondientes a mujeres y mujeres transexuales fueron sometidos a un nuevo cribado, obteniéndose una muestra final de 114.576 mujeres prostituidas tras descartar anuncios repetidos.
- El grupo de edad con mayor prevalencia es el de 18 a 24 años: casi 20 de cada 1.000 mujeres en ese grupo de edad se encuentran en situación de prostitución. El grupo étnico con mayor prevalencia es "Latina" (51,30%).
- Por territorios, Baleares es la comunidad autónoma con mayor tasa de mujeres prostituidas, seguida de Cataluña.
- En cuanto a las mujeres en riesgo de trata con fines de explotación sexual, siguiendo las indicaciones de la Organización para la Seguridad y la Cooperación en Europa (OSCE), podría haber, al menos, entre 9.764 y 17.639. Es decir, entre el 8,52% y el 15,40% de mujeres prostituidas son también mujeres en riesgo de trata. En cuanto al riesgo de explotación sexual, este afectaría a 27.757 mujeres.
- Por último, con base en la muestra de mujeres identificadas a través de anuncios, se llevó a cabo una estimación del número de mujeres en situación de prostitución en España utilizando el método de Poisson Truncado[19]. Los resultados indican que, en el año 2023, la cifra podría situarse entre 152.735 y 184.234 mujeres en dicha situación.

Estos datos contrastan con los datos de identificación de víctimas ofrecidos por el CITCO. En 2023 —año de estudio de la Macroencuesta de

---

19 El método de Poisson truncado es una técnica estadística utilizada para estimar el tamaño de una población oculta o difícil de contabilizar directamente, a partir de datos observables incompletos. Este método parte del supuesto de que el número de veces que un individuo aparece en la muestra (por ejemplo, en anuncios o registros) sigue una distribución de Poisson, pero truncada a la derecha o a la izquierda, es decir, no se observan todos los posibles valores (por ejemplo, no se observan los individuos que aparecen solo una vez, o nunca). En el caso del estudio sobre prostitución, se aplica este método porque no todas las mujeres en situación de prostitución son visibles o identificables, y muchas podrían aparecer más de una vez en los datos (como en anuncios), mientras que otras no aparecen en absoluto. El modelo ajusta esta información para estimar cuántas mujeres en total podrían estar en esa situación, incluyendo a las que no han sido observadas directamente.

trata—, las Fuerzas y Cuerpos de Seguridad identificaron a 294 víctimas de trata con fines de explotación sexual y a 370 víctimas de explotación sexual[20].

La recogida de datos estadísticos se completa con los Informes anuales del Observatorio Estatal de Violencia sobre la mujer que, desde el año 2017, recoge dentro de los datos relativos a violencia sexual a las víctimas de trata y/o explotación de seres humanos con fines de explotación sexual, así como a mujeres en contexto de prostitución; o los Boletines Estadísticos anuales y mensuales de la Delegación del Gobierno contra la Violencia de Género, que destinan un capítulo a la lucha contra la trata de mujeres y niñas con fines de explotación sexual.

Es importante conocer los datos de prevalencia de mujeres prostituidas y víctimas de trata y/o explotación sexual, pero la imagen global del problema quedaría incompleta sin los datos de tratantes, explotadores y consumidores de prostitución. Para los dos primeros grupos, cabe remitirse a los datos del CITCO[21]. Sobre las cifras del consumo de prostitución en España, cabe decir que no es un tema muy abordado por encuestas, y menos de carácter monográfico. Aznar Martínez y Lorente De Sanz indican lo siguiente[22]:

"En el contexto español, una encuesta realizada en 2003 basada en 10.980 participantes con el objetivo de explorar la salud y los hábitos sexuales de la población general puso en relieve que el 25,4% de los hombres de entre 18 y 49 años habían pagado alguna vez por mantener relaciones sexuales (Instituto Nacional de Estadística [INE], 2003).

Pocos años después, otra encuesta similar realizada por el Centro de Investigaciones Sociológicas [CIS], determinó que el 32,9% de los hombres en España habían recurrido a la prostitución alguna vez (CIS, 2009). Esta segunda encuesta se basó en 9.850 entrevistas presenciales dirigidas a la población general a partir de 16 años, y tuvo como objetivo estudiar también la salud sexual nacional."

El INJUVE, en lo que respecta a las personas jóvenes, señala lo siguiente:

---

20 Centro de Inteligencia contra el Terrorismo y el Crimen Organizado (2024). *Trata y explotación de seres humanos. Resumen ejecutivo anual 2024.* Ministerio del Interior, p. 15.

21 Ibídem.

22 Aznar Martínez, B. y Lorente De Sanz, J. (2024). *El consumo de prostitución en España: ¿Qué sabemos sobre los compradores de sexo?* Revista Internacional de Estudios Feministas. p 5.

"En la Encuesta INJUVE 2019 se ha preguntado a los y las jóvenes si han pagado por practicar sexo y la frecuencia con la que lo han hecho. Un 2,8% de los jóvenes apunta que ha pagado por practicar sexo más de una vez, un 3,1% al menos una vez y un 92% que no lo ha hecho nunca. Cuando se segrega la muestra en función del género, solo un 0,9% de las mujeres declaran haber pagado [...]."[23]

Por último, por su estrecha relación con la trata con fines de explotación sexual, daremos unas breves pinceladas sobre el consumo de pornografía también entre los jóvenes españoles: el 70% de los varones consultados de entre 15 y 34 años afirma haber visto porno, y el 42,9% lo hace habitualmente, frente al 33% y el 12,6%, respectivamente, de las mujeres[24].

Todos estos datos justifican en buena medida la preocupación por el problema de la trata con fines de explotación sexual y la necesidad de adoptar políticas que busquen evitar que se produzca y concienciar a la población. Las políticas de **prevención y sensibilización** adoptan múltiples formas y estrategias: campañas de sensibilización institucional, guías de actuación, programas educativos en escuelas, jornadas, capacitación a profesionales, campañas dirigidas a sectores vulnerables o declaraciones institucionales, como la del Día Internacional contra la Explotación Sexual y el Tráfico de Mujeres, Niñas y Niños, que se conmemora el 23 de septiembre. La actuación directa de la Delegación del Gobierno contra la Violencia de Género se centra, en este ámbito, en campañas institucionales, como la campaña "Corazón Azul", iniciativa promovida por la Oficina de Naciones Unidas contra la Droga y el Delito, o la Campaña "Contra la Trata de Mujeres. No inviertas en Sufrimiento", dirigida a la sociedad en general y a los entornos de la víctima en particular.

Sin embargo, el grueso de las actuaciones de prevención y sensibilización tienen un carácter indirecto, y se basan en el apoyo al tercer sector a través de subvenciones públicas. Abordaremos esta cuestión en el siguiente apartado.

---

23 Simón, P., et al. (2021). *Informe Juventud en España 2020.* INJUVE, Ministerio de Derechos Sociales y Agenda 2030. p. 338.

24 Freixa, C. (director), et al. (2025). *Informe Juventud en España 2024. Entre la emergencia y la resiliencia.* INJUVE, Ministerio de Juventud e Infancia. p. 130.

5. FINANCIACIÓN PÚBLICA Y APOYO AL TERCER SECTOR

El apoyo al tercer sector resulta fundamental para dar una respuesta integral, coordinada y con enfoque de derechos humanos a las necesidades específicas de las mujeres y niñas víctimas de trata con fines de explotación sexual. Desde el Estado se han articulado diferentes líneas de financiación pública dirigidas a fortalecer tanto la atención directa a las víctimas como la sensibilización social frente a esta forma extrema de violencia sobre las mujeres. En particular, destacan dos **convocatorias de subvenciones** de carácter anual que permiten canalizar recursos hacia entidades sociales con experiencia y arraigo en el territorio.

Por un lado, con las "Subvenciones públicas destinadas a proyectos de apoyo a mujeres y niñas víctimas de trata de seres humanos con fines de explotación sexual y sus hijos e hijas menores o con discapacidad"[25] se repartieron en 2024 un total de 7.000.000 euros para financiar los proyectos de 47 entidades.

Por otro lado, si bien las "Subvenciones públicas destinadas a programas y proyectos para la concienciación, prevención, sensibilización, investigación e innovación para la erradicación de las distintas formas de violencia contra las mujeres"[26] no financian en exclusiva proyectos de lucha contra la trata, sí que muchos proyectos abordan este problema. Algunos de los programas y proyectos financiados en 2024 tienen que ver con prevenir la trata generando conocimientos compartidos y respuestas participativas; desincentivar la demanda de prostitución a partir de la deconstrucción de la masculinidad; generar conocimiento para la mejora de la intervención social y sanitaria de mujeres víctimas; innovación para la sensibilización y atención de personas en contexto de prostitución, etc. En total, en esta línea de subvenciones en 2024 se admitieron un total de 225 solicitudes, concediéndose un importe global de 6.976.488,91 €.

Finalmente, también cabe mencionar las "Subvenciones para la realización de actividades de interés general consideradas de interés social"[27], correspondientes a la Secretaría de Estado de Derechos Sociales, en las que la Delegación del Gobierno contra la Violencia de Género participa en su

---

25 Bases reguladoras: «BOE» núm. 54, de 1 de marzo de 2024, páginas 25100 a 25118.

26 Bases reguladoras: «BOE» núm. 75, de 29 de marzo de 2022, páginas 41142 a 41159.

27 Bases reguladoras: «BOE» núm. 236, de 2 de octubre de 2021, páginas 121223 a 121244.

valoración. En 2024 fueron financiados programas y proyectos dirigidos a la asistencia integral de las víctimas de trata; prevención, reinserción y atención a la mujer prostituida; acompañamiento jurídico especializado para el acceso efectivo a la justicia; etc.

6. RETOS ACTUALES Y PERSPECTIVAS DE FUTURO

La lucha contra la trata de seres humanos con fines de explotación sexual sigue enfrentando importantes retos estructurales en el contexto de las políticas públicas en España. A pesar de los avances normativos e institucionales de las últimas décadas y del impulso del Pacto de Estado contra la Violencia de Género, persisten algunos déficits en materia de protección integral de los derechos de las víctimas, coordinación entre actores públicos y sostenibilidad de las acciones impulsadas por las entidades del tercer sector.

Uno de los principales desafíos sigue siendo la ausencia de una Ley Orgánica integral contra la trata y la explotación de seres humanos. Actualmente, la respuesta normativa se encuentra fragmentada entre distintos instrumentos normativos a los que nos referíamos en el apartado 2, lo que limita la articulación de un marco coherente y garantista. La futura aprobación de una ley integral permitiría no solo dotar de mayor seguridad jurídica a las actuaciones públicas, sino también consolidar un enfoque centrado en los derechos humanos y la recuperación integral de las víctimas, alejándose de miradas exclusivamente securitarias o migratorias.

En el plano institucional, es fundamental mejorar la coordinación entre las distintas administraciones públicas, tanto a nivel estatal como autonómico y local. La atención a las víctimas de trata implica intervenciones multisectoriales —sanitarias, sociales, educativas, judiciales, de empleo, de protección internacional— que exigen circuitos operativos claros, protocolos compartidos y una cultura de trabajo interinstitucional más sólida. La puesta en marcha de mecanismos estables de coordinación y evaluación interadministrativa es clave para superar la actual dispersión de esfuerzos. En la misma línea, es preciso reforzar las conexiones con las organizaciones sociales para aprovechar tanto su experiencia como su cercanía con las víctimas.

La planificación estratégica del Estado en esta materia también enfrenta importantes desafíos. Si bien el Pacto de Estado contra la Violencia de Género ha supuesto un marco fundamental de impulso político y presupuestario, su implementación específica en el ámbito de la trata requiere una mayor concreción. La renovación del Pacto ofrece una oportunidad para profundizar en medidas dirigidas específicamente a la trata con fines de explotación sexual, reforzando el enfoque de género, derechos y reparación.

En cuanto a la atención a las víctimas, persiste la necesidad de mejorar y ampliar las medidas de asistencia, protección y acompañamiento, especialmente para garantizar su acceso efectivo a derechos como el alojamiento seguro, la atención psicológica especializada, la asistencia jurídica gratuita y los itinerarios de inserción social y laboral. En este sentido, es urgente revisar las condiciones de acceso a los derechos en casos de mujeres en situación administrativa irregular, garantizando que su protección no esté condicionada exclusivamente a la colaboración con las autoridades policiales o judiciales. La no expulsión de las víctimas debe consolidarse como principio rector del sistema de protección, en consonancia con los estándares internacionales, garantizando debidamente el derecho a un periodo de restablecimiento y reflexión.

La detección e identificación de las víctimas sigue siendo otro punto crítico. Muchas mujeres y niñas no son identificadas como víctimas debido a la falta de recursos o de formación especializada del personal interviniente o a los obstáculos derivados de su situación administrativa, de miedo, temor a ser expulsadas o desconocimiento de sus derechos. Reforzar los protocolos de identificación proactiva, formar a los profesionales en enfoques basados en derechos y género, e incorporar a las entidades especializadas en los procesos de detección son medidas prioritarias.

Asimismo, resulta necesario fortalecer las políticas de prevención, sensibilización y generación de conocimiento. Las campañas de sensibilización deben incorporar mensajes claros, accesibles y dirigidos a toda la ciudadanía, incluyendo a los potenciales consumidores de prostitución, al tiempo que se visibiliza la violencia estructural que sustenta la trata con fines de explotación sexual. Del mismo modo, es imprescindible promover más estudios e investigaciones sobre esta realidad, con enfoque interseccional, que permitan comprender sus causas, dinámicas y consecuencias, así como evaluar la eficacia de las políticas públicas implementadas.

Por último, un aspecto transversal para abordar todos estos retos es la ampliación y consolidación de la financiación pública destinada a la lucha contra la trata y el apoyo a las entidades sociales especializadas. El tercer sector desempeña un papel esencial tanto en la atención directa a las víctimas como en la prevención y sensibilización, pero su actuación se ve limitada por la inestabilidad y la insuficiencia de los recursos disponibles.

Es necesario avanzar hacia modelos de financiación más sostenibles y con mayor capacidad de adaptación a las necesidades cambiantes del terreno.

En definitiva, el fortalecimiento del compromiso institucional frente a la trata con fines de explotación sexual requiere de una visión estratégica a medio y largo plazo, sostenida por un marco normativo integral, una gobernanza coordinada, recursos adecuados y un enfoque de derechos centrado en las víctimas. Solo así será posible avanzar hacia una sociedad libre de todas las formas de violencia contra las mujeres.

7. CONCLUSIONES

La trata de seres humanos con fines de explotacion sexual sigue representando una de las expresiones más perversas y normalizadas de la desigualdad de género y de la vulneración sistemática de los derechos humanos. A pesar de los avances normativos, institucionales y presupuestarios en el marco de la política pública española, el fenómeno continúa exigiendo respuestas más contundentes, coherentes y transformadoras.

Como se ha analizado a lo largo del presente artículo, el desarrollo del marco normativo e institucional y la planificación estatal ha sido clave para establecer una base jurídica y operativa desde la que articular la intervención pública. España ha incorporado los principales instrumentos internacionales y europeos, y ha adoptado planes específicos y generales, destacando el renovado Pacto de Estado contra la Violencia de Género. Sin embargo, la ausencia de una Ley Orgánica integral contra la trata y la explotación de seres humanos sigue siendo una importante asignatura pendiente. Sin un marco legal completo, dotado de previsión presupuestaria y con enfoque de derechos, el sistema continúa operando de forma fragmentada y, en muchos casos, insuficiente.

En el ámbito de la protección y atención a las víctimas, se han desarrollado servicios que refuerzan el enfoque integral: el servicio 016, ATENPRO, los centros de crisis 24 horas o el sistema de seguimiento por medios telemáticos. Todos ellos son pilares de una arquitectura institucional que busca garantizar la seguridad, la asistencia y la autonomía de las mujeres víctimas de trata con fines de explotación sexual. Pero para que estos recursos sean verdaderamente eficaces, es necesario asegurar su universalidad, accesibilidad, territorialización y especialización, así como abordar con urgencia los obstáculos legales y administrativos que enfrentan muchas víctimas, especialmente aquellas en situación administrativa irregular.

El reconocimiento de la víctima como sujeto de derechos, más allá de su utilidad procesal, es una cuestión de justicia y dignidad.

El artículo también ha puesto el foco en las políticas de conocimiento, prevención y sensibilización, fundamentales para comprender el fenómeno en su dimensión estructural y para avanzar en un cambio cultural profundo. La realización de estudios como el Macroestudio de trata, así como el impulso de campañas institucionales y otros proyectos de sensibilización y prevención, son pasos necesarios pero aún incipientes frente a la magnitud del problema. Falta una narrativa pública firme que denuncie la demanda como motor de la trata, y que deslegitime socialmente el consumo de prostitución y pornografía como formas normalizadas de violencia y desigualdad.

El papel del tercer sector, finalmente, ha sido y sigue siendo imprescindible. Las entidades sociales no solo cubren vacíos del sistema público, sino que innovan, acompañan y generan confianza con las víctimas. El apoyo financiero sostenido y estratégico a estas organizaciones es, por tanto, una cuestión de política pública, no una acción subsidiaria. En este sentido, las líneas de subvenciones específicas y de sensibilización han supuesto un avance importante, pero requieren continuidad, mejora en la gestión y mayor dotación económica.

Los retos actuales y las perspectivas de futuro pasan por asumir que la trata de seres humanos no se combate únicamente con reformas legislativas o con planes operativos, sino con una voluntad política sostenida, con la reconfiguración de las prioridades institucionales, con una mejor coordinación y con la implicación activa de toda la sociedad. La erradicación de esta forma de violencia exige compromisos estructurales: una ley integral, una mejor gobernanza, un enfoque interseccional, políticas basadas en evidencias y, sobre todo, la convicción de que ninguna democracia puede ser plena mientras haya mujeres y niñas sometidas a explotación sexual.

No se trata únicamente de proteger a las víctimas, sino de transformar las condiciones que hacen posible su existencia. La respuesta estatal a la trata no puede limitarse a gestionar sus consecuencias: debe aspirar a desactivar sus causas. Porque la trata no es un fenómeno inevitable. Es el resultado de decisiones, de omisiones y de estructuras que pueden y deben cambiarse.

8. REFERENCIAS BIBLIOGRÁFICAS

Aznar Martínez, B. y Lorente De Sanz, J. (2024). *El consumo de prostitución en España: ¿Qué sabemos sobre los compradores de sexo?* Revista Internacional de Estudios Feministas.

Boletín Oficial de las Cortes Generales.

Boletín Oficial del Estado.

Centro de Inteligencia contra el Terrorismo y el Crimen Organizado (2024). *Trata y explotación de seres humanos. Resumen ejecutivo anual 2024.* Ministerio del Interior.

Freixa, C. (director), et al. (2025). *Informe Juventud en España 2024. Entre la emergencia y la resiliencia.* INJUVE, Ministerio de Juventud e Infancia.

García Cuesta, S.; López Sala, A. M.; Hernández Corrochano, E.; y Mena Martínez, L. (2011). *Poblaciones-mercancía: tráfico y trata de mujeres en España.* Ministerio de Sanidad, Política Social e Igualdad.

Indexa Geodata S.L (2024). *Macroestudio. Trata, explotación sexual y prostitución de mujeres: una aproximación cuantitativa.* Ministerio de Igualdad.

Meneses Falcón, C. (coord.); *et. al.* (2015). *Apoyando a las víctimas de trata: las necesidades de las mujeres víctimas de trata con fines de explotación sexual desde la perspectiva de las entidades especializadas y profesionales involucrados. Propuestas para la sensibilización contra la trata.* Ministerio de Sanidad, Servicios Sociales e Igualdad.

Simón, P., et al. (2021). *Informe Juventud en España 2020.* INJUVE, Ministerio de Derechos Sociales y Agenda 2030.

Capítulo IX

La perspectiva y actuación del tercer sector en la atención y asistencia a las víctimas de trata de seres humanos

ASOCIACIÓN PARA LA PREVENCIÓN, REINSERCIÓN Y ATENCIÓN A LA MUJER PROSTITUIDA (APRAMP)

1. INTRODUCCIÓN

La trata de seres humanos constituye una grave violación de los derechos humanos que afecta de manera desproporcionada a mujeres y niñas, y que requiere una respuesta integral basada en un enfoque de derechos, género y protección. En este contexto, el tercer sector —y en particular las entidades especializadas en la atención a víctimas de trata— desempeña un papel fundamental en los procesos de detección, identificación, asistencia y acompañamiento a las personas afectadas. Su experiencia directa en el terreno, su capacidad para generar confianza con las potenciales víctimas y su especialización técnica las convierten en actores clave, especialmente en fases sensibles como la identificación formal.

En España, sin embargo, el proceso de identificación formal de las víctimas de trata sigue estando exclusivamente en manos de las Fuerzas y Cuerpos de Seguridad del Estado, a pesar de que múltiples organismos internacionales han instado a las autoridades españolas a ampliar esa competencia a las entidades especializadas del tercer sector. El Grupo de Expertos sobre la Lucha contra la Trata de Seres Humanos del Consejo de Europa (GRETA), en sus sucesivos informes sobre España, ha señalado que "la identificación formal debería ser posible sin necesidad de cooperación con la policía" y ha recomendado otorgar competencias formales de identificación a organizaciones de la sociedad civil con probada experiencia en la materia.

Asimismo, la Relatora Especial de Naciones Unidas sobre la trata de personas, especialmente mujeres y niñas, ha subrayado la importancia de reconocer a las ONG como actores legitimados para participar activamente en la identificación, dada su cercanía con las víctimas y su enfoque centrado en la persona. Esta recomendación también ha sido respaldada por organizaciones como la OSCE y por la Red Europea de Lucha contra la Trata (La Strada International), que advierten sobre los riesgos de condicionar la protección de derechos a la colaboración con procesos policiales o judiciales.

Pese a estas recomendaciones, en España persiste una interpretación restrictiva del proceso de identificación formal, lo que deja en situación de vulnerabilidad a muchas víctimas que, aunque son reconocidas como tales por entidades especializadas, no acceden a los derechos y protecciones legalmente establecidos.

Aun así, las entidades especializadas tienen un papel predominante, desde un punto de vista *"informal"* en la detección, atención y protección de las víctimas de trata, así como en la prevención y visibilización social del delito. Con las apuestas metodológicas diferenciadas, pero con el común denominador de la atención integral.

Este artículo analiza el papel del tercer sector en este proceso, visibiliza sus aportaciones y desafíos, y plantea la necesidad de una reforma del modelo actual desde una perspectiva garantista y alineada con los estándares internacionales de derechos humanos.

Además, analizaremos la metodología de intervención de estas entidades, fijándonos en el modelo pionero y reconocido como Buena Práctica de la Asociación para la Prevención, reinserción y Atención a la Mujer Prostituida (APRAMP)

2. LAS ENTIDADES ESPECIALIZADAS EN EL MARCO NORMATIVO ESPAÑOL

A pesar de la destacada labor que realizan las entidades del tercer sector en la identificación y asistencia a víctimas de trata de seres humanos, el marco normativo español mantiene una distribución competencial que limita su reconocimiento formal. Dos documentos clave —la Instrucción 6/2016 de la Secretaría de Estado de Seguridad y el Protocolo Marco de Protección de las Víctimas de Trata de Seres Humanos de 2011— establecen el papel que el Estado asigna oficialmente a las organizaciones sociales en este ámbito

El Protocolo Marco de 2011, firmado por ocho Ministerios junto con la Fiscalía General del Estado y el Consejo General del Poder Judicial, reconoce la participación de las organizaciones especializadas en la detección y asistencia a víctimas. Establece que las ONG pueden desempeñar un papel relevante en la "detección precoz" de posibles casos y en el acompañamiento de las víctimas durante el proceso de identificación. Sin embargo, se aclara que la identificación formal —paso necesario para el reconocimiento de derechos específicos, como el período de restablecimiento y reflexión o la exención de responsabilidad penal— queda exclusivamente en manos de las Fuerzas y Cuerpos de Seguridad del Estado, previo informe del Ministerio Fiscal en ciertos casos.

Este enfoque se mantiene en la Instrucción 6/2016 de la Secretaría de Estado de Seguridad, que actualiza criterios de actuación policial frente a la trata. Aunque reconoce expresamente la cooperación con entidades especializadas y valora su participación en la detección y derivación de casos, reafirma que la competencia para la identificación formal sigue siendo de carácter policial. En el punto 3.4 se indica que "las entidades especializadas podrán colaborar en las entrevistas y el acompañamiento, pero la valoración final de los indicios y la decisión sobre la identificación como víctima corresponderá a los Cuerpos policiales competentes".

Por otro lado, en los últimos años, en una clara evolución de la política pública española en materia de trata y explotación se ha desarrollado varios instrumentos estratégicos que, aunque con diferente alcance, reconocen el valor y le han otorgado un papel significativo, aunque no relevante ni determinante, a las entidades especializadas:

Por un lado, El Ministerio de Igualdad a través del Plan de Atención Integral a las Víctimas de Trata con fines de explotación sexual (2016-2018) y el Plan "CAMINO" 2022-2026, centrados en la explotación sexual. Y por otro lado el Ministerio del Interior con el Plan Estratégico Nacional contra la Trata y la Explotación de Seres Humanos (PENTRA) 2021–2023, desde una perspectiva integral y global para todas las finalidades de la explotación.

2.1. Plan de Atención Integral a las Víctimas de Trata 2015–2018

Este plan —impulsado por el entonces Ministerio de Sanidad, Servicios Sociales e Igualdad— fue el primero en articular una estrategia nacional centrada exclusivamente en la protección de víctimas, y no en la persecución del delito. Desde esta óptica, el plan reconoce a las organizaciones especializadas como actores esenciales en la intervención integral, considerando su experiencia y cercanía con los contextos de explotación.

En particular, el Plan contempla: La participación activa de entidades sociales en la detección, asistencia y recuperación de las víctimas, su incorporación en la red de recursos asistenciales, especialmente a través de convenios y subvenciones públicas y la colaboración para la formación de profesionales del ámbito sanitario, social, educativo, policial y judicial, integrando una perspectiva de género y derechos humanos.

No obstante, el plan también evidencia la ausencia de un enfoque estructural que fortalezca el rol de las entidades como agentes de gobernanza. Aunque se promueve su cooperación operativa, no se establecen mecanismos claros de participación en la toma de decisiones ni en la evaluación del impacto de las políticas públicas.

2.2. Plan CAMINO 2022–2026

El Plan CAMINO (Plan de Acción de Mujeres y Niñas en procesos de movilidad) tiene un enfoque más amplio e interseccional. Si bien no se dirige exclusivamente a víctimas de trata, incluye a las mujeres en situación de explotación o trata como uno de sus grupos prioritarios de atención.

Este plan, aprobado por el Ministerio de Igualdad, asigna a las entidades especializadas un papel crucial en el acompañamiento social, jurídico y emocional, destacando su capacidad para garantizar una intervención culturalmente adecuada, accesible y libre de violencias institucionales.

Se establece como objetivo reconocer e institucionalizar la participación de las entidades especializadas en las políticas públicas de atención a mujeres migrantes, impulsar la coordinación territorial entre administraciones públicas y entidades sociales, especialmente en el acceso a derechos, recursos habitacionales y servicios de salud mental y sexual. Y favorecer modelos de atención integral centrados en la autonomía y el empoderamiento de las mujeres en procesos de movilidad, incluidas las que han sido víctimas de trata.

El Plan CAMINO supone un avance significativo en términos de reconocimiento del tercer sector como agente estratégico, y plantea un modelo de intervención sostenible donde las organizaciones sociales no sean únicamente ejecutoras, sino coproductoras de políticas públicas.

2.3. El Plan Estratégico Nacional contra la Trata y la Explotación de Seres Humanos (PENTRA) 2021–2023

El PENTRA reconoce de forma explícita el papel clave que desempeñan las entidades especializadas en la lucha contra la trata en España. Estas organizaciones no solo participan activamente en la detección, atención y acompañamiento de las víctimas, sino que también forman parte del diseño, implementación y seguimiento de las políticas públicas en la materia.

El PENTRA destaca que las ONG poseen una capacidad única para establecer vínculos de confianza con las víctimas y acceder a entornos de especial vulnerabilidad, como la prostitución forzada, el trabajo informal o el ámbito doméstico. Aunque la identificación formal de las víctimas sigue siendo competencia exclusiva de las Fuerzas y Cuerpos de Seguridad del Estado, el plan promueve su colaboración en la identificación informal, así como su participación activa en los equipos multidisciplinares de intervención, mesas de coordinación territorial y redes de atención especializada.

Asimismo, el plan reconoce que muchas entidades especializadas cubren servicios que el sistema público no garantiza, como el alojamiento seguro, la asistencia jurídica, el acompañamiento psicológico y el apoyo en procesos de regularización migratoria. Esta atención integral se concibe como un derecho de las víctimas y no como una contraprestación por colaborar con procesos judiciales, en línea con los estándares internacionales.

El PENTRA fue elaborado con la participación activa de estas organizaciones, que también forman parte de la Comisión de Seguimiento del plan. Desde esta perspectiva, el texto plantea un marco de gobernanza más inclusivo y coordinado, que refuerza el papel del tercer sector como actor esencial en la lucha contra la trata y en la garantía de los derechos humanos de las personas afectadas.

No obstante, todos estos instrumentos, consolidan una visión instrumental del papel de las organizaciones sociales: se les considera colaboradoras útiles, pero no legitimadas para ejercer funciones decisorias dentro del procedimiento. Esta limitación genera tensiones importantes en la práctica, especialmente cuando una entidad especializada reconoce indicios claros de trata pero no se obtiene una identificación formal por parte de las autoridades, dejando a la víctima sin acceso a protección efectiva. Además, este modelo contrasta con los estándares internacionales, que instan a una separación clara entre los procesos de protección y los procesos penales o de control migratorio.

El marco normativo vigente no contempla mecanismos alternativos de identificación basados exclusivamente en criterios de protección y enfoque humanitario, lo que compromete el acceso real y efectivo a derechos por parte de muchas víctimas, en especial aquellas que no desean o no pueden colaborar con la investigación policial por razones de seguridad, miedo o desconfianza.

3. EL PAPEL REAL, *"A PIE DE CALLE"* DE LAS ENTIDADES. EL CASO DE APRAMP

APRAMP es una asociación sin ánimo de lucro que, desde hace más de 35 años, ofrece apoyo integral a mujeres y niñas explotadas sexualmente y/o víctimas de trata con cualquier finalidad. Sus principios de actuación y filosofía están orientados desde un enfoque de derechos humanos con perspectiva de género.

a) Detección proactiva de víctimas de trata

El trabajo de APRAMP comienza con la Unidad Móvil de Rescate. Que es la encargada de la detección e identificación de mujeres y menores de edad, en coordinación con las Fuerzas y Cuerpos de Seguridad del Estado.

La Unidad de Rescate es un dispositivo de carácter integral, preventivo y rehabilitador que recorre diariamente las distintas zonas donde se pueden encontrar posibles víctimas.

Ofrecen a las víctimas alternativas reales de apoyo integral: sanitario, psicológico, jurídico, etc.

Las agentes Sociales de la Unidad Móvil son la figura pilar en la intervención desde el dispositivo, siendo estas, **personas supervivientes que han vivido y logrado superar situaciones de trata**, actuando de mediadoras/es interculturales en tareas de apoyo y acompañamiento a las víctimas.

Estas profesionales, cuentan con una formación específica impartida en APRAMP, lo que permite establecer una intervención desde el primer contacto. Tienen, por tanto, la experiencia y habilidades necesarias para lograr una identificación, acercamiento y establecimiento de lazos de confianza con las víctimas. Además, realizan estas actuaciones en su propio idioma y adaptado a su cultura de origen.

A través del teléfono de atención de emergencias 24 horas, cuyo objetivo principal es la atención a personas en situación de explotación sexual y/o trata con acceso permanente a una coordinadora que facilita los recursos y canaliza las demandas a los dispositivos y servicios adecuados.

b) Atención Integral

Los Centros de acogida, con presencia en seis comunidades autónomas (Andalucía, Castilla y León, Extremadura, Madrid y Murcia) prestan un servicio de acogida e intervención integral a través de la valoración en profundidad de cada caso y el diseño de un itinerario individualizado con atención y orientación jurídica, sanitaria, psicológica, social y laboral.

A su vez, APRAMP posee recursos de acogida y protección para situaciones de emergencia y víctimas de trata: Pisos para mujeres y niñas víctimas de trata y pisos de protección para mujeres y niñas víctimas de trata con fines de explotación sexual.

c) Recuperación y Reinserción

El programa de atención integral cristaliza sus frutos en el desarrollo de propuestas de formación. Nuestro reto es construir un centro de formación que consolide las "Escuelas" y abra ventanas de oportunidad y alternativas.

APRAMP afronta los últimos años con un objetivo claro, dar cobertura "física" al trabajo de la entidad en formación y consolidar los espacios para el desarrollo de sus proyectos de inserción, aquellos que han generado alternativas reales y duraderas: Escuela de Moda y Escuela de Supervivientes.

Para ello era imprescindible liberar espacio del tradicional "taller de textil" para que la Escuela de Moda pudiera desarrollarse en todo su potencial y dotar de una infraestructura sólida a las propuestas formativas transversales, básicas, soft skills y prelaborales, con un espacio propio donde desarrollar también la formación y el aprendizaje de la Escuela de Supervivientes.

i. Escuela de Moda, del "Confecciona tu futuro" al "Hecho en APRAMP, hecho con Alma".

El taller de formación textil de APRAMP, situado en el centro de Madrid, forma parte de la recuperación integral de las Supervivientes.

Desde los años 90 en los que el taller de confección y arreglos inicia su andadura en la Calle Huertas hasta ahora las supervivientes han sido, siempre, las protagonistas del proceso de aprendizaje y las propuestas de desarrollo. La entidad ha acompañado ese proceso de consolidación, con las enseñanzas que la experiencia y la resiliencia de las mujeres nos han aportado.

El programa "Confecciona tu futuro" desarrolla una línea de trabajo pionera para un "taller" de estas características, desde el trabajo con diseñadores jóvenes comprometidos con la sostenibilidad, la huella ecológica y el impacto social de cada producción. Así como con consolidados referentes del mundo del diseño que apuestan por estos mismos valores. De ellos y ellas las mujeres aprenden cada día a valorar su trabajo y su esfuerzo, sus oportunidades y, por supuesto, a transformar tejidos en ropa y remendar trapos para convertirlos en futuro.

La Colección LIBRE del diseñador Ulises Mérida By APRAMP que se presentó el 10 de abril de 2021 en la Mercedes-Benz Fashion Week, supuso el punto y seguido de un camino de transformación y mejora de la escuela, consolidando públicamente el camino iniciado tanto tiempo atrás, se cerraba la era del confecciona tu futuro y se abría el futuro hacia la construcción de un proyecto propio. Las 12 supervivientes de la trata que como modistas organizaron el desfile han recuperado no solo su libertad, sino también su dignidad y una proyección de futuro, constituyéndose a su vez, como formadoras y referentes de próximas supervivientes rescatadas por la entidad. Han creado y fortalecido la Escuela de Moda de APRAMP.

Ellas ahora son el pilar fundamental de la Marca Alma by APRAMP que empieza, ahora, a desarrollar su colección.

La ampliación del espacio de uso del taller ha sido el punto de partida de este proyecto, que continuará caminando con el apoyo y el impulso de los colaboradores de la entidad, pero que tiene una clara proyección de futuro e independencia, de forma que se construya como un alternativa sólida y real a la explotación.

ii. Escuela de supervivientes, ellas nos marcan el camino.

La Escuela de Supervivientes, inicia su andadura en 1994 han pasado por ella más de 360 supervivientes que en estas tres décadas, han convertido un programa formativo en una oportunidad y un modelo de intervención, que, a día de hoy, sigue siendo único y pionero.

En 2020 lograron el hito que nos está impulsando en los siguientes pasos, 31 supervivientes se titulan en Mediación Comunitaria, con especialización en trata, por una Universidad Pública Española. Trabajamos por romper todas las barreras que dificultan este acceso a una titulación oficial y su reconocimiento por parte de las administraciones públicas como profesionales imprescindibles en todos los recursos de atención a víctimas de trata

La Escuela de Supervivientes y sus integrantes se ha convertido en un referente en la creación y desarrollo eficaz de herramientas y programas de detección, atención de víctimas de explotación sexual y trata; un referente para otras víctimas y para toda la sociedad; así como en la creación y aplicación de mecanismos y políticas públicas centradas a la restitución y recuperación de los derechos, las vidas y dignidad de las supervivientes.

Las propuestas y aportaciones de APRAMP al proyecto legislativo, así como a programas y estrategias en todos los niveles de las instituciones nacionales e internacionales están encaminadas a este reconocimiento imprescindible de las supervivientes y su punto de vista.

Fruto de este trabajo continuado de formación y preparación es la presencia de una de las supervivientes más "veteranas" de la entidad en el ISTAC, llevando sus propuestas a este órgano consultivo internacional e impulsando la creación de políticas públicas para ellas y con ellas.

iii. Programa de formación integral.

La creación de oportunidades y alternativas no depende, ni puede depender, solo de las propuestas y programas pioneros que desarrolla una sola entidad, las alianzas establecidas con diferentes actores en este sentido son fundamentales.

Igual que la Escuela de Supervivientes trabaja en estrecha armonía con las FCSE, la Fiscalía y otras entidades especializadas y la Escuela de Moda tiene alianzas con diseñadores de reconocido prestigio, emprendedoras y emprendedores del sector, marcas de tejidos y retail (como Mirto o el Corte Inglés, que favorecen e impulsan su trabajo; el programa de formación o la escuela de capacitación laboral de APRAMP cuenta con diversas alianzas para apoyar la formación de diversos sectores e impulsar la inserción laboral de las supervivientes.

En el último año hemos consolidado e impulsado estas alianzas estratégicas que, junto con el desarrollo del centro de formación, permitirán desarrollar una propuesta formativa amplia y profesional y abre la puerta hacia un futuro donde APRAMP pueda servir de puente hacia los certificados de profesionalidad y la titulación de todas las supervivientes.

d) Sensibilización, Estudios e Incidencia Política

APRAMP complementa su actuación con y por las víctimas con un trabajo de sensibilización e incidencia política, para evitar que más personas sean explotadas. La organización, al estar en primera línea dónde se realiza la explotación, tiene una visión privilegiada para analizar las causas y consecuencias de la trata de seres humanos.

Este conocimiento y el contacto directo con las personas afectadas permite elaborar campañas y acciones de sensibilización, tanto en España como en los países de origen de las víctimas, que ayuden, por un lado, a modificar conductas y opiniones que favorecen la existencia de la trata o la falta de una respuesta adecuada de las autoridades y de la sociedad; y por otro lado, permite realizar aportes a cambios normativos o de política pública.

La entidad es testigo cada día de los obstáculos que las víctimas tienen que enfrentar para que sus derechos sean reconocidos. Por ello, apuesta por la colaboración con las autoridades, proporcionando información, formación y propuestas de acción que faciliten la empatía hacia las personas afectadas y el cumplimiento de las obligaciones legales para con ellas.

APRAMP colabora activamente con las autoridades, proporcionando información, formación y propuestas de acción que faciliten la identificación, los indicios y la empatía hacia las personas afectadas y el cumplimiento de las obligaciones legales para con ellas.

La organización ha evidenciado el interés y compromiso en las actuaciones y actitudes de las autoridades con las que lleva años trabajando en favor de las víctimas. Sin embargo, es necesario seguir avanzando en la garantía efectiva de los derechos de las víctimas de trata y de explotación sexual.

APRAMP ha realizado diversos estudios y análisis sobre la realidad de la trata de seres humanos y la explotación sexual a partir de los cuales cuenta con elementos para: a) el desarrollo de campañas y acciones de sensibilización social que logren modificar opiniones, actitudes y comportamientos sociales que contribuyen o facilitan la existencia de la trata y explotación sexual o que por el contrario puedan prevenirla; b) garantizar y mejorar los derechos de las víctimas a través de estrategias de incidencia política potenciando el trabajo en red con otras entidades y la colaboración con las autoridades e instituciones para la mejora de la legislación y de las políticas para garantizar la integralidad de los derechos de las víctimas.

Para visibilizar esta realidad, se han puesto en marcha diversas campañas de concienciación social y apoyo a iniciativas documentales para promover la sensibilización, siempre poniendo a las mujeres víctimas en el centro.

Igualmente, se han desarrollado diversas herramientas pedagógicas audiovisuales para concienciar a profesionales y a la población en general: "# Exit", "Isabella" y "Loveth"

Además, el sitio web: www.apramp.org ofrece la posibilidad de acceder a información útil para cualquier persona interesada, y está presente en las redes sociales: Facebook(https://www.facebook.com/apramp) y Twitter: @APRAMP. Y su actividad en medios es bastante alta en artículos, revistas, reportajes, noticias.

Se imparten con frecuencia numerosos cursos de formación a diferentes profesionales, agentes sociales, fuerzas de seguridad, magistrados, jueces, Fiscales.

e) Coordinación y Participación en Redes de Trabajo

La coordinación con autoridades y otras entidades es esencial para garantizar una adecuada respuesta a cada caso. APRAMP sabe que para proteger a las víctimas y favorecer su recuperación es necesario contar con la colaboración de todas las instituciones y entidades públicas y organizaciones de la sociedad civil, implicadas en la lucha contra la trata.

APRAMP formó parte de la creación de la Red Española Contra la Trata de Personas (RECTP) en la que realiza un trabajo activo y ha contribuido a visibilizar el fenómeno de la trata.

La RECTP se ha constituido como espacio aglutinador y de referencia de las entidades especializadas en materia de trata y es un espacio de construcción colectiva donde, desde el consenso, las entidades hacen aportaciones e interlocutan con una sola voz ante las administraciones públicas.

En el ámbito internacional, ha tenido una presencia importante en foros de debate y organismos de decisión como la OSCE, la Comisión Europea, el Human Trafficking Center del Reino Unido y en Latinoamérica. También formamos parte de la Red Coalición contra la trata de mujeres internacional (CATW, siglas inglesas), del proyecto "The European Network Against Trafficking in Women for Sexual Explotación" y somos miembros de la EU Civil Society Platform Against Trafficking in Human Beings de la Comisión Europea.

También ha participado en diferentes espacios de coordinación en España como en el Foros social contra la trata, la Comisión de Seguimiento del Protocolo Marco, reuniones periódicas de las entidades especializadas con fiscalía general de Extranjería, con la Comisión de Igualdad del Consejo General del Poder Judicial.

f) El Papel de las Supervivientes de Trata en las entidades especializadas Buena Práctica de APRAMP

El complejo delito de trata requiere de abordajes integrales y especializados para establecer estrategias globales que tengan en cuenta el punto de vista y las aportaciones de las personas Supervivientes. La OSCE impulso en 2021 el ISTAC (Consejo Asesor Internacional de supervivientes de la Trata de Personas, por sus siglas en inglés). Este Consejo Asesor ejemplifica la necesidad de contar con la participación y las propuestas de las Supervivientes en el establecimiento de las políticas públicas de lucha contra la trata y en el desarrollo de los Mecanismos Nacionales de derivación (OSCE 2022). Para garantizar su presencia, no solo como meros órganos consultivos, sino también con el trabajo en primera línea, a través de la detección y acompañamiento a las víctimas de trata.

Así el Código de Buenas Prácticas para Garantizar los derechos de las víctimas y supervivientes, documento de propuestas para los Estados Miembros de la OSCE, que recoge algunas recomendaciones emanadas de este Consejo Asesor, reconoce que: "Los Estados deben facilitar la capacitación en materia de liderazgo y fomento de la capacidad de las supervivientes para que se conviertan en líderes de las supervivientes, incluidos los programas de tutoría" (OSCE 2023)

APRAMP de forma pionera en 1994 puso en marcha la Unidad Móvil, servicio especializado de detección de víctimas de trata, en la que se incorporan supervivientes de trata como Agentes Sociales viene desarrollando una política constante y firme de incorporación trasversal de las supervivientes en todos los programas que desarrolla.

Desde su constitución el servicio de Unidad Móvil está conformado en su mayoría por Supervivientes de trata y explotación sexual y son ellas las que lideran el equipo, recogen los indicadores y tendencias en relación a la explotación de mujeres y niñas y establecen los indicadores para la detección de posibles víctimas. Desde una posición de liderazgo en la entidad y referentes con el colectivo.

Así las Agentes Sociales prestan su sabiduría y experiencia en APRAMP como miembros de la plantilla de pleno derecho y se incorporan habitualmente a la Junta Directiva de la entidad, siendo el eje fundamental de la planificación estratégica de la entidad. Para APRAMP "Ellas nos marcan el camino" no es solo un lema de campaña, es esencia misma del proyecto construido en común.

4. CONCLUSIONES

Para un abordaje integral y efectivo del delito de trata de seres humanos, es necesario articular políticas públicas que homogenicen y garanticen la restitución de los derechos a todas las personas que son víctimas de este delito y para ello es necesario la concurrencia multidisciplinar el integrada de todos los agentes clave, entre ellos las entidades especializadas del tercer sector.

Cómo hemos visto, los organismos internacionales y el marco normativo nacional reconocen el papel fundamental de las entidades, reconocimiento que se traduce al día a día de forma desigual y desestructurada.

Es necesario dedicar un esfuerzo considerable a incorporar y definir el papel de las entidades especializadas en el proceso de detección e, identificación, protección e inserción de las entidades especializadas. Aunque el texto recoge la figura de las entidades especializadas en varios de sus puntos, su papel y sus funciones no se encuentran definidas con claridad.

Desde APRAMP entendemos que las entidades especializadas acreditadas deben formar parte del equipo Multidisciplinar del Mecanismo Nacional de Derivación de forma que se establezca su presencia ordenada (a través de protocolos y/o procedimientos) tanto en el proceso de identificación provisional como en la Unidad Multidisciplinar de Identificación, para el proceso de identificación definitiva

Por lo tanto el ordenamiento jurídico debe recoger los principios básicos del proceso de acreditación de las entidades especializadas y establecer una serie de requisitos más exhaustivos y de especialización para su acceso, máxime con el reconocimiento que ya existe de esta figura en marco normativo como el Protocolo Marco y en la Instrucción 6/2016 de la Secretaria de Estado de Seguridad.

Así mismo es necesario reconocer el papel impulsor de las entidades especializadas en los avances sobre el conocimiento de la trata de seres humanos y su comportamiento en nuestro país y recoger su papel activo en las acciones de sensibilización y formación especializada a terceros.

5. REFLEXIONES Y PROPUESTAS DE MEJORA

Es indudable la necesidad que en España tenemos de articular una Ley Integral de lucha contra la trata, que articule desde la perspectiva de las "*4p*", políticas públicas Estatales que nos dote de un ordenamiento jurídico, homogéneo, claro y firme que:

- Prevea el delito, poniendo el foco en tratantes y en la demanda,
- Persiga el delito, y a todos aquellos que se lucran y benefician de las víctimas
- Proteja a las víctimas y restituya sus derechos con garantías superando los procesos que las revictimicen
- Trabaje desde el Partenariado con países de origen, tránsito y destino, reconociendo el carácter global de este delito.

- Y ponga a las **supervivientes y entidades especializadas** en el centro, reconociendo y teniendo en cuenta su experiencia y conocimiento.

Es necesario por tanto articular un marco de referencia que articule el papel de las entidades y les dé ese carácter decisorio y activo que desde la teoría se les reconoce, trasponiendo en marcos jurídicos y recursos estatales las buenas prácticas y el acompañamiento integral que se ha presentado en este artículo.

Pero además es necesario que se reconozca también el papel activo de las supervivientes de trata, especialmente aquellas que de forma organizada y consciente articulan su trabajo de detección, acercamiento y acompañamiento a las víctimas y de incidencia social y política dentro o a través de entidades especializadas reconocidas.

Así mismo desde APRAMP apoyamos e impulsamos la necesidad de articular espacios donde poderes públicos, entidades especializadas y supervivientes puedan analizar, evaluar y articular mecanismos para desarrollar marcos normativos que permitan cumplir con los mandatos internacionales, perseguir a tratantes y victimarios, restituir los derechos de las víctimas y dotarles de herramientas y alternativas para que no sean revictimizadas y puedan construir una vida en dignidad fuera de la explotación.

Para desarrollar e impulsar estas acciones las entidades especializadas necesitamos de profesionales comprometidos y especializados, que comprendan y reconozcan la complejidad del delito y las necesidades de las víctimas, pero que también visibilicen y articulen mecanismos de impacto social para denunciar y poner el foco en una realidad invisibilizada, que sin embargo interpela a la sociedad en su conjunto.

Una víctima de trata, debido a la complejidad de su situación, no se acerca habitualmente a denunciar su situación a pedir ayuda a una entidad, por eso las entidades especializadas ponemos en marcha programas de detección proactiva de las víctimas, saliendo “a pie de calle” a detectar e identificar las situaciones de riesgo.

Sin embargo, cualquier profesional de cualquier ámbito, ante determinados indicios debe ser capaz de ponerse en contacto con recursos adecuados y articular coordinadamente mecanismos para detectar y atender a la presunta víctima. Esto requiere de un proceso formativo y toma de conciencia que se inicia desde lo personal y que debe contar y participar de las entidades especializadas a través de formaciones, encuentros, jornadas, prácticas, etc.

6. REFERENCIAS BIBLIOGRÁFICAS

APRAMP (2015). *Esclavas sexuales en España. Trata de mujeres y niñas paraguayas*: https://apramp.org/download/dosier_esclavas_sexuales_ninas_paraguayas/

APRAMP (2021). *Guía de intervención con víctimas de trata para ayuntamientos y trabajadores/as sociales*: https://apramp.org/download/guia-de-intervencion-con-victimas-de-trata-para-ayuntamientos-y-trabajadores-as-sociales-ed-2020/

APRAMP (2024). Portal de Transparencia. https://apramp.org/transparencia/memorias-de-actividades-historico/

GRETA (Grupo de Expertos sobre la Lucha contra la Trata de Seres Humanos). Consejo de Europa (2018). *Segundo informe de evaluación sobre España. Consejo de Europa:* https://rm.coe.int/greta-2018-7-fgr-esp/16808b51e0

GRETA. Consejo de Europa (2023). *Tercer informe de evaluación sobre* España. https://rm.coe.int/greta-2023-04-fgr-esp/1680aa99bc

La Strada International (2021). *Recommendations on victim identification and protection*: https://www.lastradainternational.org/wp-content/uploads/2021/11/LSI-Recommendations-on-Identification-and-Protection-2021.pdf

Ministerio de Igualdad (2021). *Plan Estratégico Nacional contra la Trata y la Explotación de Seres Humanos* 2021–2023. https://violenciagenero.igualdad.gob.es/planActuacion/PENTRA/PENTRA.htm

Ministerio de Igualdad (2022). *Plan CAMINO. Plan Estratégico para la Igualdad de Trato y No Discriminación de las Mujeres y Niñas en Procesos de Movilidad 2022–2026*. https://www.igualdad.gob.es/prensa/actualidad/Paginas/PlanCAMINO.aspx

Ministerio del Interior. Secretaría de Estado de Seguridad (2016). *Instrucción 6/2016. Criterios de actuación policial frente a la trata de seres humanos*. https://www.interior.gob.es/opencms/pdf/prensa/publicaciones/balances_e_informes/2016-Instruccion-Trata.pdf.

Ministerio de Sanidad, Política Social e Igualdad (2011). *Protocolo Marco de Protección de las Víctimas de Trata de Seres Humanos*. https://violenciagenero.igualdad.gob.es/informacionUtil/protocolo/home.htm

Ministerio de Sanidad, Servicios Sociales e Igualdad (2015). *Plan de Atención Integral a las Víctimas de Trata con fines de Explotación Sexual 2015–2018*. https://violenciagenero.igualdad.gob.es/planActuacion/otrasformas/home.htm

Naciones Unidas (2022). *Informe de la Relatora Especial sobre la trata de personas, especialmente mujeres y niños: misión a España*. A/HRC/50/33/Add.2. https://undocs.org/A/HRC/50/33/Add.2.

OSCE (2013). *Policy and legislative recommendations towards the effective implementation of the non-punishment provision with regard to victims of trafficking*. https://www.osce.org/files/f/documents/7/d/103085.pdf

OSCE (2022). *Joining Efforts to Protect the Rights of Trafficked Persons: A Practical Handbook — Second Edition (NRM Handbook)*. https://www.osce.org/odihr/509360

OSCE (2023). Consejo Asesor ISTAC. *Código de Buenas Prácticas para Garantizar los Derechos de las Víctimas y Supervivientes*. https://www.osce.org/files/f/documents/1/4/540373.pdf

Capítulo X

La sociedad como agente de cambio: corresponsabilidad y marcos de participación ciudadana contra la trata

RAFAEL MERINO ROS
Fundación Fernando Pombo

1. INTRODUCCIÓN

La trata de seres humanos es un delito muy grave, una flagrante violación de derechos humanos, un negocio muy rentable y un desafío para la seguridad internacional.

La única manera de hacer frente a un fenómeno de tal magnitud es implicando a toda la sociedad y actuando desde sus raíces, que están fuertemente arraigadas en nuestra cultura y las relaciones de poder de nuestra organización social, que han sido, y siguen siendo, históricamente heteropatriarcales y normalizadoras de la explotación del más vulnerable.

Por ello, un abordaje exclusivamente punitivo de la trata es insuficiente para erradicarla. Es necesario que los esfuerzos de los legisladores y de las políticas públicas no solo se concentren en identificar y corregir los factores causales de la trata, sino también en redoblar esfuerzos en la prevención, en la sensibilización, en la persecución tanto del delito como de los activos y en la protección de las víctimas. Prestando especial atención, siempre, a la interseccionalidad que atraviesa a la situación y circunstancias de las víctimas y supervivientes de trata.

A lo largo de este capítulo sentaremos, en primer lugar, las bases de la necesidad y la urgencia de actuar colaborativamente frente a la trata. En segundo lugar, analizaremos algunas tendencias y modelos de colaboración encaminados a erradicarla. Y, por último, esbozaremos una serie de propuestas incardinadas en la misión común de esta obra, que es la de concienciar y enfrentar la trata de seres humanos de manera interdisciplinar.

2. LA COLABORACIÓN COMO EJE DE ACTUACIÓN CONTRA LA TRATA

Quienes desconocen o permanecen ciegos ante la existencia de la trata de seres humanos, deberían saber que cada fase en la que se materializa este delito —captación, traslado, transporte y explotación— así como sus posibles finalidades, revisten múltiples dinámicas e intereses en atención a la demanda que exista sobre los servicios prestados o bienes producidos por las víctimas.

También deberían saber que dichas dinámicas e intereses buscan como norma general la situación de esclavitud de las víctimas. Víctimas que, cuanto más vulnerables son, más invisibles se hacen para la sociedad, más dificultades enfrentan a la hora de intentar salir de las garras de sus tratantes —y de sus *prostituidores*— y más miedo tienen de denunciar. Hablamos principalmente de mujeres y niñas, en la que interseccionan no solo su especial situación de vulnerabilidad y el género, sino también otros factores de discriminación como la edad, la raza, el sueño migratorio, posibles discapacidades o su clase social.

Que este delito pueda, sino desaparecer totalmente, al menos reducirse significativamente, exige la insoslayable colaboración de todos los actores que directa e indirectamente están, o deberían estar, implicados en prevenirlo y combatirlo. Esto es una condición *sine qua num* para ofrecer respuestas multidimensionales, coordinadas y efectivas frente a la trata de personas.

En este contexto, es de referencia obligada acudir a la Convención contra la Delincuencia Organizada Transnacional y sus protocolos de la Oficina de las Naciones Unidas contra la Droga y el Delito —en adelante, "UNODC"—, más conocida como la Convención de Palermo. En ella, además de recogerse la definición aceptada internacionalmente del concepto de trata de personas que ya ha sido expuesta en anteriores capítulos, se propuso por primera vez el famoso marco de actuación frente a la trata de las "cuatro p": la prevención de los factores y circunstancias que dan lugar a la trata de seres humanos; la protección de la víctima; la persecución del delito y de las redes de tratantes; y la promoción del partenariado público, privado y sociedad civil con estos fines.

Justamente esta última "p", la del partenariado o colaboración, es el eje central de este capítulo y la que, por tanto, pretendo que ocupe su atención de ahora en adelante, con el fin de comprender y dibujar su contribución a erradicar la trata de seres humanos.

Para ello, es esencial que comprenda que la colaboración en este contexto no ha de verse como una ocurrencia ni una iniciativa voluntaria, sino como un mandato plasmado en los principales instrumentos internacionales, europeos y nacionales, así como en los informes recientes más relevantes en materia de trata de seres humanos. Todos ellos exigen que los estados, empresas y la sociedad civil colaboren activamente contra la trata en todos sus ámbitos, fases y finalidades, como veremos a continuación.

Empezaré hablando del Informe mundial sobre la trata de personas de UNODC, que analiza anualmente la evolución de las tendencias en las finalidades de la trata de personas, los perfiles y las realidades de las víctimas, así como las posibles estrategias para combatir el fenómeno de la trata en un entorno cada vez más cambiante. Particularmente, de su informe del año 2024, que resalta precisamente la importancia de promover la cooperación estrecha entre autoridades, comunidad internacional y sociedad civil.

A tal efecto, el informe plantea la necesidad de trabajar conjuntamente en las siguientes áreas: garantizar un debido acompañamiento integral a la víctima en todo su proceso vital; prevenir la revictimización y facilitar la reintegración efectiva de la víctima; promover buenas prácticas en las fases de investigación y de apoyo institucional; favorecer la participación activa de las víctimas en los procesos judiciales; ofrecer unos mejores servicios continuos y a largo plazo a las víctimas; y respaldar el trabajo imprescindible de las organizaciones de la sociedad civil para sensibilizar y proteger a la víctima.

A nivel europeo, contamos con un marco normativo robusto contra la trata de seres humanos, conformado principalmente —pero no solo— por el Convenio del Consejo de Europa sobre la lucha contra la trata de seres humanos —Convenio n.º 197 del Consejo de Europa—, firmado en Varsovia el 16 mayo de 2005, y la Directiva 2011/36/UE del Parlamento Europeo y del Consejo, de 5 abril de 2011, relativa a la prevención y lucha contra la trata de seres humanos y a la protección de las víctimas y por la que se sustituye la Decisión marco 2002/629/JAI del Consejo. Cabe destacar que ambos instrumentos normativos significaron un avance contra la trata en el espacio europeo por su enfoque integral basado en los derechos humanos, perspectiva de género y, de forma destacada, de cooperación tanto intersectorial como transnacional, necesarias a todos los niveles para una respuesta unánime y firme contra la trata a nivel global.

Al respecto de la colaboración, la Directiva reconoce el papel esencial de las organizaciones de la sociedad civil y establece que los estados miembros de la Unión Europea deben fomentar y colaborar estrechamente con dichas organizaciones, entre ellas, las organizaciones no gubernamentales —en adelante, "ONG"— reconocidas y activas en este ámbito que trabajan con personas víctimas de la trata. Asimismo, la Directiva promueve también la cooperación horizontal entre los estados miembros, la cooperación vertical con actores subestatales y locales, así como la colaboración internacional con terceros países y organizaciones internacionales, dado el carácter transnacional del delito.

Esto muestra la clara apuesta por la colaboración *multiactor* que promueve la Directiva, siempre desde la exigencia y garantía de aplicación de un enfoque centrado en las víctimas, especialmente si estamos ante grupos de especial vulnerabilidad.

Al mismo tiempo, quiero destacar que existe una Estrategia de la Unión Europea sobre la lucha contra la trata de seres humanos 2021-2025, cuyas prioridades principales son prevenir el delito, llevar a los traficantes ante la justicia y proteger y empoderar a las víctimas.

La Estrategia, como no podía ser de otra manera, promueve la colaboración *multiactor* y transfronteriza para dar una respuesta integral a la trata de seres humanos. Por ejemplo, a nivel operativo y de políticas, propone la generación de conocimiento compartido y la interoperabilidad de los sistemas de información. Para reducir la demanda de la trata de seres humanos con fines de explotación sexual, propone que se lleven a cabo campañas de sensibilización sobre los riesgos de la trata de seres humanos de forma coordinada entre las administraciones públicas y la sociedad civil especializada. Y para actuar frente a otros tipos de trata, como la que se da con fines de explotación laboral, promueve el desarrollo de las iniciativas público-privadas con empresas que operen en sectores y entornos de alto riesgo.

Además, en línea con las orientaciones de los instrumentos normativos señalados más arriba, la Estrategia subraya la importancia de la colaboración con las organizaciones de la sociedad civil para lograr una identificación temprana de las potenciales víctimas, que permita ofrecerles una asistencia, apoyo y protección rápido y efectivo.

Por otro lado, le resultará de especial interés saber que, en consonancia con la estrategia europea, el Grupo de Expertos en la Lucha contra la Trata de Seres Humanos del Consejo de Europa —en adelante, "GRETA"—, en su tercer informe de evaluación publicado en el 2023, sugiere a España reforzar la centralidad de la colaboración *multiactor* para hacer frente de forma eficiente a la trata.

El GRETA realiza otra serie de recomendaciones a nuestro país, entre las que adquieren especial relevancia algunas como: la necesidad de fortalecer la cooperación con las ONG en la detección, atención y defensa de los derechos de las víctimas de trata; la articulación de una mayor coordinación entre el sector público y el privado para promover la formación y la reinserción al mundo laboral de víctimas; o la implantación de medidas para institucionalizar mecanismos de colaboración estables y estructurados con las Fuerzas y Cuerpos de Seguridad del Estado — en adelante, "FCSE"—, operadores jurídicos, actores sociales y el sector privado, incluido el financiero y el tecnológico.

A nivel nacional, en ausencia de una ley integral contra la trata de personas que lleva en barbecho unos años, contamos como principal instrumento para luchar contra la trata con su tipificación como delito en nuestro Código Penal —artículo 177 bis—, así como con algunos preceptos dispersos en otras normas como, por ejemplo, la Ley Orgánica 10/2022, de 6 de septiembre, de garantía integral de la libertad sexual —que refuerza el marco jurídico nacional para la prevención y la respuesta frente a la trata de seres humanos con fines de explotación sexual—, o el Real Decreto-ley 6/2022, de 29 de marzo, por el que se adoptan medidas urgentes en el marco del Plan Nacional de respuesta a las consecuencias económicas y sociales de la guerra en Ucrania.

No obstante, la futura y esperada ley integral contra la trata y la explotación de seres humanos apunta a que tendrá como uno de sus ejes de actuación la colaboración interinstitucional. De hecho, el anteproyecto de ley que recientemente se ha sometido —por segunda vez— a consulta pública, establece expresamente que uno de sus fines es promover la coordinación de los recursos públicos y la colaboración con las entidades y ONG especializadas acreditadas que desde la sociedad civil actúan contra la trata y la explotación de seres humanos.

En este sentido, me gustaría detenerme en dos propuestas elevadas por la Fundación Fernando Pombo y la Asociación Trabe al citado anteproyecto de ley —sin querer restar mérito a otras llevadas a cabo de forma muy rigurosa por otras instituciones de la abogacía y la sociedad civil—. Ambas tienen por objeto incentivar la colaboración en este contexto.

Una de ellas, consiste en articular jurídicamente la delegación parcial de la responsabilidad de la identificación en ONG especializadas. Una medida que, en mi opinión, no solo fortalecería la legitimidad y capacidad de estas organizaciones para detectar e identificar a las potenciales víctimas de trata, sino que también favorecería que las personas explotadas pudieran acceder al circuito de derechos de una forma más rápida.

La otra, centrada en generar un mayor compromiso por parte del sector privado para prevenir la trata de seres humanos en el contexto de su actividad empresarial, promueve una mayor transparencia de las políticas contra la trata que tienen las empresas, así como de las evaluaciones de riesgo y las medidas concretas que llevan a cabo para prevenir y detectar situaciones de trata en los contextos en los que opera cada empresa. Una información que, así mismo, debería exigirse a las empresas que la plasmaran en sus estrategias e informes de sostenibilidad.

Hecho este inciso, quiero destacar que en nuestro país también contamos con un Plan Estratégico Nacional contra la Trata y la Explotación de Seres Humanos 2021-2023, que orienta las políticas públicas en este contexto. Entre sus ejes de actuación está el impulso de colaboración *multiactor* para hacer frente a la trata, proponiendo para alcanzar esta meta medidas como: el fortalecimiento del tejido asociativo; la formalización de protocolos de derivación; la creación de espacios de participación y la formación conjunta de FCSE, operadores jurídicos y agentes sociales; y la generación de un espacio de diálogo permanente para la construcción colectiva de soluciones con un enfoque *victimocéntrico.*

¿Qué pretendo mostrarle con todo lo visto hasta ahora? Que independientemente desde la perspectiva desde la que se analice el marco normativo y las políticas públicas contra la trata, el partenariado no solo está en boga, sino que es quizá el patrón narrativo más recurrente en la construcción normativa y política más reciente en la lucha contra la trata.

Por eso quiero poner de manifiesto que, sin la colaboración a todos los niveles y en todos los momentos en los que acontece este delito, será más que improbable que podamos prevenir, proteger y reparar dignamente a las víctimas y supervivientes de trata de seres humanos.

3. COLABORAR NO ES UNA OPCIÓN, SI NO UNA OPORTUNIDAD PARA ERRADICAR LA TRATA

La teoría de las capacidades, desarrollada por Amartya Sen y Martha Nussbaum, sostiene que el bienestar humano no se reduce solo a recursos económicos, sino a las oportunidades reales que tienen las personas para vivir según sus valores y aspiraciones. Si enfocamos nuestro pensamiento en esta idea y la ponemos contra el espejo de la trata de seres humanos, hallaremos un buen faro para comprender cómo las víctimas de trata ven coartadas sus capacidades básicas —como la libertad, la seguridad o la autonomía— por redes criminales que las reducen a meros objetos de explotación.

Poder restaurar y garantizar dichas capacidades y mejorar el bienestar humano de las víctimas y supervivientes de trata, requiere indudablemente de la colaboración *multiactor*, en tanto que ningún sector —gobiernos, ONG, academia o sector privado— posee por sí solo las herramientas para abordar todas las dimensiones del problema, que como sabemos van desde la prevención hasta la reinserción social.

La teoría de capacidades recuerda específicamente que la lucha contra la trata de personas no solo exige liberar a las víctimas, sino también transformar las estructuras que limitan sus opciones de vida, algo que, de nuevo, sabemos que solo podemos lograr mediante alianzas que combinen recursos, conocimientos y poder de incidencia desde múltiples frentes.

Aunque por lo general caemos en el desánimo y la frustración de que nada puede cambiar, tanto usted como yo sabemos que existen herramientas para transformar dichas estructuras y dinámicas que legitiman y perpetúan la trata de personas.

Una que quiero recordarle y que considero que no apreciamos lo suficiente son los Objetivos de Desarrollo Sostenible —en adelante, "ODS"— promovidos por las Naciones Unidas.

Los ODS son un conjunto de objetivos globales para erradicar la pobreza, proteger el planeta y asegurar la prosperidad antes del 2030. ¿Suena a que es una buena solución, verdad?

Hay varios ODS vinculan su metas de algún modo a la erradicación de la trata de personas y sus consecuencias, que proponen explícitamente la colaboración *multiactor* como un paso esencial para alcanzarlas.

Por ejemplo, el ODS 5: Igualdad de género, se plantea como meta 5.2 "eliminar todas las formas de violencia contra mujeres y niñas, incluida la explotación sexual".

Para alcanzar esta meta se nos podrían ocurrir distintas estrategias como promover más alianzas entre gobiernos —para promover leyes anti-trata—, entidades sociales —para empoderar a las mujeres en riesgo de explotación— y las comunidades cercanas —para romper estereotipos machistas que normalizan la explotación—.

Otro, el ODS 8: Trabajo decente, tiene como meta 8.7. "erradicar el trabajo forzoso, la esclavitud moderna y la trata".

¿Qué acciones podríamos emprender en este caso? Una muy sencilla sería la creación de programas de colaboración entre empresas, sindicatos y entidades sociales para auditar cadenas de suministro, detectar situación de riesgo de explotación y buscar mecanismos de remediación en caso de denuncias de explotación.

Otro más, el ODS 10: Reducción de desigualdades, tiene como meta 10.7 "facilitar las migraciones seguras y ordenadas, fundamental para prevenir el negocio de la trata".

Claramente, dados los nuevos contextos migratorios que vivimos actualmente, necesitamos una colaboración entre los organismos internacionales como la Organización Internacional para las Migraciones o el Alto Comisionado de las Naciones Unidas para los Refugiados con los gobiernos locales, para articular programas que prevean mejor las causas, rutas y necesidades de protección de estas personas.

También el ODS 16: Paz, justicia e instituciones sólidas, uno de los que más interpela a los profesionales jurídicos, tiene como meta 16.2 "proteger a menores de violencia, explotación y trata".

Aunque el debate sobre este asunto siempre recae en la esfera de la políticas públicas, estará de acuerdo conmigo en que los operadores jurídicos y sociales juegan un papel crucial en esta meta, y que es necesaria una mayor colaboración entre las FCSE, la judicatura, la abogacía y las entidades sociales para identificar de forma más rápida y precisa a potenciales víctimas de trata así como para perseguir y castigar de manera más contundente a las redes criminales.

Además, recordemos que hay un ODS dedicado específicamente al tema que nos ocupa en este capítulo: el ODS 17: Alianzas para lograr los objetivos.

Aparte de los ejemplos de acciones expuestos anteriormente, existen otras que considero que deberían explorarse con mayor frecuencia como son, por ejemplo, la creación de plataformas público-privadas —como puedan ser alianzas entre empresas tecnológicas y gobiernos para compartir datos con el fin de rastrear transacciones de redes de trata—; acuerdos internacionales —importantes para que los países cooperen por ejemplo en extradiciones o protección transfronteriza de víctimas—; o la financiación conjunta de proyectos de impacto en favor de las víctimas y supervivientes de trata —entre estados y donantes privados principalmente—.

Estas consideraciones sobre los ODS que acabo de compartir con usted son, en realidad, una invitación a pensar que erradicar la trata o cualquier otra situación de violencia o discriminación sistémica, no puede ser un esfuerzo aislado, sino un ecosistema de corresponsabilidad.

Por esta razón la colaboración debe pasar a ser el nuevo mantra que guíe nuestra voluntad de mejorar la vida de los más vulnerables.

Y de algún modo ya estamos en ese escenario. Por eso, ya no hay lugar, comunidad o foro en el que no se debata sobre este asunto.

Incluso se habla de ello en el World Economic Forum, que recientemente ha publicado un interesante documento de debate en el que examina cómo las nuevas formas de colaboración *multiactor* —entre gobiernos, empresas, ONG y comunidades— están revolucionando la manera de abordar problemas sociales en entornos vulnerables.

Entre su argumentario frente a los modelos tradicionales fragmentados, el informe enfatiza la necesidad de alianzas innovadoras que combinan recursos, conocimientos y tecnología para generar soluciones escalables. Ejemplos como las plataformas digitales que conectan donantes con proyectos locales o consorcios público-privados para emplear a personas en riesgo, ilustran el cambio de paradigma hacia el que vamos en el contexto de la colaboración *multiactor*.

La clave del éxito, según este estudio, y que suscribo totalmente, radica en superar la competencia entre sectores y priorizar objetivos comunes. Esto es fundamental para no solo generar un mayor entendimiento de dónde venimos y hacia dónde vamos, sino del impacto que se puede y ha de generar. Así, destaca algunos ejemplos interesantes en los que las empresas aportan financiación y el *expertise* técnico, las ONG brindan la cercanía con las comunidades, y los gobiernos facilitan los marcos normativos.

Y todas estas experiencias, ¿no serían totalmente extrapolables a alianzas para erradicar la trata de seres humanos o apoyar a las víctimas? Yo honestamente creo que sí.

En cualquier caso, me gustaría apuntar que existen ya distintas alianzas en marcha con un recorrido y reconocimiento ya consolidado que pueden servirnos de inspiración y modelo de buenas prácticas sobre el tema que nos ocupa. A mi parecer, las siguientes diez iniciativas podrían cumplir bien este propósito:

3.1. Blue Campaign

Es una iniciativa liderada por el Departamento de Seguridad Nacional de Estados Unidos desde el 2010 para combatir la trata de personas mediante la concienciación, la formación y la colaboración *multiactor*. Durante estos años ha conseguido implicar a otras áreas del gobierno, como el FBI o algunos fiscales federales del país; a empresas como Google —que facilita el bloqueo de búsquedas relacionadas con la explotación sexual—, Airlines —que ha formado a sus tripulaciones— o la cadena de televisión estadounidense NBC —que ha producido documentales sobre el asunto—; a ONG como Polaris Project o National Human Trafficking Hotline —que ofrecen líneas telefónicas gratuitas y confidenciales para denunciar situaciones de trata—; y a comunidades locales —desde educadores y trabajadores sociales a líderes religiosos—.

Blue Campaing ha mejorado significativamente la vida de muchas víctimas al facilitar su identificación, rescate y acceso a servicios de protección gracias a su línea de denuncia nacional. Concretamente, estiman que ayudan a más de setecientas víctimas anualmente, muchas de ellas en situaciones de explotación laboral o sexual, y que en total han formado a más de doscientos mil profesionales.

3.2. Survivor Alliance

Es otra iniciativa estadounidense centrada en empoderar tanto a supervivientes de trata como a líderes en la lucha contra este delito. La red de apoyo se centra en proporcionar herramientas para la autonomía económica y emocional de las supervivientes, ofreciéndoles programas de formación profesional, mentorías y acceso a empleos dignos, en colaboración con empresas como Microsoft y universidades como Georgetown. Además, esta iniciativa desarrolla una importante labor de *advocacy*, con el fin de asegurar que las voces de las víctimas estén presentes en la creación de leyes y protocolos frente a la trata de seres humanos.

Un aspecto ejemplar de la iniciativa es el propio papel que desempeñan las víctimas y supervivientes: no solo se benefician de los programas, sino que también los diseñan y lideran. Muchas se convierten en consultoras, formadoras o defensoras de derechos, compartiendo sus experiencias tanto para preparar a profesionales —fiscales, trabajadores sociales, etc.— como para sensibilizar a la sociedad. Esta participación directa asegura que las soluciones sean realistas y centradas en las necesidades de los afectados.

3.3. Tech Against Trafficking

Es una coalición que reúne a las principales empresas tecnológicas del mundo, ONG especializadas en trata y a expertos de distinta índole con el fin de potenciar el uso de la tecnología en la lucha contra la trata de seres humanos. Su objetivo principal es identificar, evaluar y escalar herramientas tecnológicas innovadoras —basadas en inteligencia artificial, el análisis de datos o *blockchain*, por ejemplo— que ayuden a prevenir la trata, proteger a las víctimas y perseguir a los tratantes.

Entre sus principales resultados, la propia plataforma destaca la creación de un mapa interactivo en el que recoge las principales iniciativas de base tecnológica con finalidad anti-trata; la movilización de gigantes tecnológicos como Microsoft, Google y Salesforce para apoyar en proyectos piloto, desde *chatbots* de asistencia a víctimas hasta algoritmos para detectar anuncios de explotación sexual en línea; el desarrollo de principios para las empresas, los gobiernos y la sociedad civil con el fin de permitir un ecosistema de datos de la cadena de suministro más preciso y eficaz para detectar situaciones de trabajo forzoso, así como para reducir la subjetividad en la categorización de los riesgos de explotación laboral en la cadena de suministro.

3.4. Empresas contra la explotación sexual infantil

The Code —el Código de Conducta para la Protección de los Niños de la Explotación Sexual en los Viajes y el Turismo— es una iniciativa liderada por la organización ECPAT International, en colaboración con UNICEF y la Organización Mundial del Turismo, que busca movilizar al sector turístico para prevenir la explotación sexual infantil.

El proyecto involucra a empresas hoteleras, aerolíneas, agencias de viajes y plataformas digitales —actualmente son ya más de 400 empresas de 50 países — en la adopción de un código de conducta que incluye: formación a empleados para identificar y reportar situaciones de riesgo; el diseño de protocolos de denuncia adaptados a la actividad empresarial, colaboración con gobiernos y ONG para mejorar los marcos legales y políticas de protección de la infancia; y campañas de sensibilización dirigidas a los turistas y a las comunidades locales.

3.5. Red africana contra la trata

La Red de Lucha contra la Trata de Personas del Este y Cuerno de África —EHAAT— una red regional de más de cien organizaciones de la sociedad civil dedicada a mejorar la cooperación regional en el ámbito de la protección de las personas migrantes y la prevención de la trata de personas en la región del Este y Cuerno de África. Fue iniciada en 2017 por el Programa Better Migration Management, financiado por la Unión Europea y Alemania.

La red sirve de plataforma que permite a estas organizaciones colaborar, compartir conocimientos y coordinar sus estrategias de intervención directa y *advocacy* para hacer frente a los complejos retos asociados a la trata y la explotación en la región. Reúne a una amplia gama de organizaciones de países como Yibuti, Etiopía, Kenia, Somalia, Sudán del Sur, Sudán y Uganda.

3.6. PILnet's Anti-Trafficking In Persons Project

Esta organización, que aglutina a profesionales del derecho y ONG de todo mundo, es conocida por su contribución a promover el trabajo *pro bono* en el sector legal para construir sociedades más justas, equitativas y sostenibles.

En concreto, por medio de este proyecto en colaboración con el Regional Legal Impact Hub de la ONG Liberty Shared, están trabajando para mejorar el acceso a la justicia de las víctimas de la trata en Hong Kong y otros lugares del sudeste asiático. Para lo que han creado una red de abogados que colaboran *pro bono* ofreciendo asistencia letrada a víctimas de la trata, elaborando informes jurídicos o formando a otros profesionales del derecho y a ONG.

3.7. La Strada International

Es una organización con la que he tenido la suerte de interactuar y desde el primer minuto me sorprendió su encomiable labor. Es una red europea formada por ONG dedicadas a prevenir la trata de seres humanos, proteger a las víctimas y a promover sus derechos. Su objetivo central es fortalecer la respuesta coordinada frente a este delito mediante la cooperación transfronteriza, combinando la incidencia política, la investigación y estudio de casos y la litigación estratégica.

Destaca por su enfoque centrado en las víctimas y su compromiso con la perspectiva de género, abordando especialmente la explotación sexual y laboral. Uno de sus logros más relevantes es la creación de un modelo de colaboración único entre entidades de distintos países europeos, facilitando el intercambio de buenas prácticas, datos y estrategias legales para mejorar la identificación de las víctimas en terreno europeo y la persecución de redes criminales. Además, ha tenido un papel clave en la coordinación de la red internacional contra la trata promovida por la organización filantrópica Porticus.

3.8. Mediadoras interculturales supervivientes de trata

En España, algunas entidades no gubernamentales que dan apoyo integral a víctimas y supervivientes de trata de seres humanos, apuestan por formar y contratar como mediadoras sociales o interculturales a supervivientes de trata, apoyándose en sus experiencias de vida para tender puentes con otras mujeres en situación de explotación.

Este enfoque de empoderamiento entre pares facilita que las intervenciones sean cercanas y efectivas. Además, normalmente tienen un papel protagonista en campañas de sensibilización y en la formación de profesionales —con todas las precauciones debidas para evitar procesos de victimización secundaria— o participan en los procesos de diagnóstico y desarrollo de propuesta de mejoras de las políticas públicas.

3.9. Algoritmos frente a la trata

Diaconía España, en colaboración con la Universidad Camilo José Cela y expertos en tecnología, ha analizado el modus operandi seguido por los tratantes para la captación de mujeres y las técnicas más utilizadas en entornos digitales, con el fin posterior de desarrollar un algoritmo que sea capaz de favorecer la detección temprana de situaciones de trata y hacer frente a la invisibilidad de las víctimas en plataformas digitales, redes sociales, mensajería instantánea o aplicaciones de citas.

Bajo el nombre de RAIST —Red-flag Artificial Intelligence for Sexual Trafficking—, la herramienta analiza patrones de comportamiento sospechosos —como incoherencias en relatos, promesas engañosas o ausencia de información básica en los perfiles—, notifica a los usuarios el peligro y les ofrece asistencia, de modo que los profesionales pueden actuar de manera más rápida y coordinada. Diaconía complementa esta tecnología con formación a profesionales y campañas de sensibilización, para que la innovación llegue a cuantos más rincones y actores clave, mejor.

3.10. Rights For Change

Este proyecto nace a iniciativa de la Fundación Fernando Pombo y la Asociación Trabe para promover un trabajo conjunto e interdisciplinar entre la abogacía y el sector social. Su objetivo principal es mejorar el acceso a los derechos de las víctimas de trata de seres humanos con fines de explotación sexual en España, impulsando mejoras en el ámbito de la abogacía especialmente dado que tenemos un papel clave en la protección, la recuperación integral y la reparación efectiva de las víctimas y supervivientes de trata. El proyecto cuenta con el respaldo estratégico de Porticus.

Comenzó con una investigación realizada en los años 2020-2021, cuyos resultados fueron publicados en el informe *Una aproximación a la realidad de las mujeres en situación de trata diagnóstico de las barreras socio-legales en el acompañamiento de las supervivientes de la trata con fines de explotación sexual.*

El siguiente paso del proyecto fue el de generar una propuesta que abordase no solo las buenas prácticas sino también los retos que este fenómeno nos plantea como sociedades constituidas como Estado social y democrático de derecho. Dicha propuesta ha cristalizado en la obra *Cuestiones prácticas sobre trata de seres humanos: una visión interdisciplinar*, que fue presentada en el año 2022.

El itinerario recorrido para construir esta obra parte de las principales barreras identificadas en el informe de investigación citado más arriba y se centra en la subsiguiente propuesta de buenas prácticas y recomendaciones prácticas y legislativas para mejorar el acceso a sus derechos desde una perspectiva integral.

Son buenas prácticas consolidadas en el desempeño profesional de distintos profesionales que tanto desde la Asociación Trabe como desde otros espacios trabajan con un firme compromiso de contribuir al cambio social mediante la incidencia, la sensibilización, la intervención social y el desarrollo de programas y proyectos que favorecen el empoderamiento personal y colectivo desde una perspectiva de género.

Asimismo, en la obra recogemos una serie de propuestas para mejorar el marco normativo vigente en materia de trata de seres humanos que nacen del conocimiento y compromiso que han procurado al proyecto muchos profesionales de la abogacía, del mundo universitario y de la intervención social, que han querido formar parte del proyecto.

Actualmente ambas organizaciones estamos desarrollando una *app* que proporcionará información jurídica accesible y comprensible sobre los derechos y recursos que son de especial interés para este grupo de población en situación de especial vulnerabilidad. Un trabajo que estamos llevando a cabo, desde el primer día, con la opinión y participación de víctimas y supervivientes de trata.

En resumidas cuentas, estas diez iniciativas que acabamos de ver son el vivo ejemplo de que la colaboración no es un fin, sino uno de los medios más eficaces frente a la trata, sobre todo si la accionamos desde perspectivas innovadoras, *adecentadoras, desistitucionalizadoras* y empoderadoras.

4. PROPUESTAS

Una de las razones que me han llevado a escribir este capítulo es que comprenda que la trata de seres humanos va en contra de la dignidad humana y es excluyente. Que es un crimen que se nutre del silencio, la indiferencia y la fragmentación de esfuerzos. Por eso no puede existir una sociedad justa y explotadora de personas. Porque, lamentablemente, en todas las sociedades, en todo el mundo, se explotan a personas.

La otra, es convencerle de que es importante actuar con justicia, con fortaleza, con perseverancia y con más colaboración activa y coordinada que la que estamos acostumbrados en la lucha contra la trata.

Porque no es una opción, sino un imperativo ético.

Y para asumir este compromiso ético y cívico, propongo los siguientes cinco ejes de colaboración interdependientes, donde cada objetivo se alcanza únicamente mediante alianzas concretas y compromisos compartidos:

4.1. Entender el delito

Necesitamos colaborar para promover una correcta comprensión de la trata de seres humanos, de sus características principales, de su funcionamiento y de su dimensión.

Para ello hay que trabajar en el sistema educativo —desde la educación infantil hasta la enseñanza universitaria—; en el ámbito de la administración pública —en tanto que guardianes y gestores de las políticas públicas—; en el sector de las comunicaciones —para hacer llegar los mensajes y actualidad sobre la trata correctamente al público—, en la industria tecnológica—digital —no solo por su poder de influencia social sino también como detectores de situaciones de trata—; y, especialmente, entre los adolescentes y los mayores de edad varones de nuestra sociedad.

4.2. Detectar y proteger a las víctimas

Necesitamos colaborar para detectar, proteger y perseguir situaciones de trata. Porque sin mecanismos de detección temprana y protección real, las víctimas quedan atrapadas sin salida en ciclos de explotación.

Aquí podríamos sugerir infinidad de propuestas pero me gustaría centrarme en cuatro que ponen el foco en actores muy distintos.

La primera, sería promover una mayor conexión entre las FCSE y el sistema judicial para perseguir no solo a las mafias y proxenetas, sino también a sus principales cómplices, los *prostituidores* e intermediarios.

La segunda, conseguir un compromiso más firme de las plataformas digitales para implementar algoritmos éticos capaces de identificar perfiles sospechosos y para colaborar con autoridades, sin criminalizar a las víctimas.

La tercera, el trabajo que deben llevar a cabo las administraciones públicas, a todos los niveles, para evitar políticas que invisibilicen el fenómeno, como la expulsión de la prostitución a zonas oscuras o privadas, donde aumenta el riesgo para las víctimas.

Y la cuarta, la colaboración de aquellos que parecen que tienen menos poder de acción pero que en la práctica somos clave; la ciudadanía y la vecindad que sospechamos que en los espacios públicos por los que transitamos o en los edificios que vivimos, existen espacios de explotación sexual o negocios irregulares, rompiendo así la complicidad del *no te metas en problemas*.

4.3. Ofrecer una salida

Necesitamos colaborar para reparar y ofrecer alternativas reales a las víctimas y supervivientes de trata. Esto requiere de alianzas público-privadas centradas en garantizar la educación, la formación laboral adaptada y el acceso a viviendas estables, no solo a pisos de protección o programas de repatriación. También del impulso de iniciativas colaborativas para informar a las víctimas de sus derechos y de los mecanismos de atención y protección de una forma fácil y accesible. Y, sin lugar a dudas, de la participación de las víctimas y supervivientes de trata inmersas en programas de atención y reinserción, evitando soluciones simplistas que no den respuesta a sus verdaderas necesidades.

4.4. Desincentivar la demanda

Necesitamos colaborar para desincentivar la demanda de los cuerpos y fuerza de trabajo explotados. Al abordar esta cuestión se hace imperativo educar en valores en las escuelas, a las familias y por medio de líderes comunitarios, usando materiales didácticos adaptados a cada edad. También el desarrollo de campañas que desmonten mitos, como la *romantización* de la prostitución en la adolescencia o la normalización de la explotación laboral en sectores como la agricultura o el textil.

En estos días que vivimos es más que pertinente además que existan leyes que promuevan tanto la realización de auditorías colaborativas en las cadenas de suministro de todas las industrias para erradicar el trabajo forzoso, como la articulación de canales de denuncia y mecanismos de reparación seguros y confiables para las potenciales víctimas.

Sin olvidarnos que convendría revisar las políticas transfronterizas y de cooperación entre países de origen y destino para reducir la vulnerabilidad migratoria y atacar la propaganda engañosa que esconde fines de explotación sexual o laboral.

4.5. Mejorar los datos

Y por último, necesitamos colaborar para generar un mayor conocimiento y datos fiables, estandarizando las metodologías y campos de recogida de datos a nivel nacional y supranacional. Los datos son clave para comprender la dimensión y características del fenómeno en cada momento y lugar, para así poder ofrecer respuestas adaptadas y eficaces en cada caso. También es importante que los datos públicos no solo se limiten a dimensionar el fenómeno, sino también a aportar luz sobre los resultados de las políticas públicas de lucha contra la trata.

Dos formas complementarias de impulsar esto pasarían por, en primer lugar, destinar más recursos públicos y privados a la investigación y el estudio interdisciplinar del fenómeno, garantizando que sean equipos formados por juristas, psicólogos, antropólogos, trabajadores sociales, informáticos, economistas y otros perfiles; y en segundo, lugar, aprovechar el potencial de la inteligencia artificial para la sistematización y gestión de la información sobre la trata de personas.

5. UN LLAMAMIENTO A LA ACCIÓN COLECTIVA

Como hemos visto, la trata de seres humanos no se combate con gestos aislados, sino con redes de colaboración. Cada actor tiene un papel importante: el ciudadano que no consume prostitución porque es consciente del delito y sufrimiento que hay detrás; la plataforma digital que bloquea cuentas sospechosas de estar captando a mujeres y niñas para ser posteriormente explotadas; la empresa que rechaza proveedores explotadores; el jurista que salvaguarda los derechos de las víctimas; y los gobiernos que legislan y priorizan presupuestos para la protección y la reinserción de las víctimas.

La colaboración no debe ser un eslogan, sino la única vía para desmantelar un crimen cruel que se fortalece con nuestra pasividad, individualismo o lo que el filósofo Erich Fromm define como *separatidad*: la desconexión del individuo con lo que pasa en el mundo.

Quizá también sea el momento de abordar jurídicamente el concepto de colaboración, más allá de la regulación de los convenios de colaboración, patrocinios, mecenazgos y otras figuras que, si bien son necesarias para asociarse y alcanzar unos fines compartidos con la diligencia debida, no logran dar respuesta a los numerosos problemas y retos que plantean las nuevas formas de colaboración multiactor, especialmente la repercusión concreta que se pueda ocasionar en el colectivo vulnerable al que se pretende ayudar.

No obstante, el camino hacia el que nos dirigen nuestras aceleradas sociedades del capitalismo digital está sembrado de una profunda dificultad para entender el potencial de la experiencia de la colaboración. Una experiencia que le invito a vivir y poner en práctica, porque le permitirá tener una nueva brújula de realidad para entender mejor lo que ocurre en el mundo y poder construir una sociedad más justa.

6. BIBLIOGRAFÍA

African Union. *Terms of Reference for the AU-HOA Initiative on Human Trafficking and Smuggling of Migrants.* https://au.int/sites/default/files/pages/32899-file-6._au-hoai-terms_of_reference_final_adopted.pdf. Consultado el 1 de septiembre del 2025.

Asociación para la prevención, reinserción y atención de la mujer prostituida. https://apramp.org/. Consultado el 1 de septiembre del 2025.

Blue Campaign. https://www.dhs.gov/blue-campaign. Consultado el 1 de septiembre del 2025.

Communication from the Commission of The European Parliament, The Council, The European Economic and social Committee and The Committee of the Regions, on the EU Strategy on Combatting Trafficking in Human Beings 2021- 2025. https://eur-lex.europa.eu/legal-content/EN/TXT/?uri=CELEX:52021DC0171. Consultado el 1 de septiembre del 2025.

Convención contra la Delincuencia Organizada Transnacional y sus protocolos de la Oficina de las Naciones Unidas contra la Droga y el Delito. 15 de noviembre del 2020.

Diaconía España. https://diaconia.es/. Consultado el 1 de septiembre del 2025.

Directiva 2011/36/UE del Parlamento Europeo y del Consejo, de 5 abril de 2011, relativa a la prevención y lucha contra la trata de seres humanos y a la protección de las víctimas y por la que se sustituye la Decisión marco 2002/629/JAI del Consejo.

Fromm, E. (1959). *El arte de amar.* Paidos.

Fundación Fernando Pombo y Asociación Trabe (2024). *Propuestas al Anteproyecto de la Ley Orgánica Integral contra la Trata y la Explotación de Seres Humanos.* https://r4c-tratadepersonas.org/las-propuestas-de-la-asociacion-trabe-y-la-fundacion-fernando-pombo-al-anteproyecto-de-ley-contra-la-trata-en-espana/. Consultado el 1 de septiembre del 2025.

Grupo de Expertos en la Lucha contra la Trata de Seres Humanos del Consejo de Europa (2023). *13th General Report.* https://www.coe.int/en/web/anti-human-trafficking/general-reports. Consultado el 1 de septiembre del 2025.

La Strada International. https://www.lastradainternational.org/. Consultado el 1 de septiembre del 2025.

Ministerio de Interior del Gobierno de España (2021). *Plan Estratégico Nacional contra la Trata y la Explotación de Seres Humanos 2021-2023.* https://www.lamoncloa.gob.es/serviciosdeprensa/notasprensa/interior/paginas/2022/120122-plantrata.aspx. Consultado el 1 de septiembre del 2025.

Nussbaum, M. (2021). *Creating Capabilities: The Human Development Approach.* Harvard University Press.

Objetivos de Desarrollo Sostenible de las Naciones Unidas. https://www.un.org/sustainabledevelopment/es/objetivos-de-desarrollo-sostenible/. Consultado el 1 de septiembre del 2025.

Oficina de las Naciones Unidas contra la Droga y el Delito (2024). *The 2024 UNODC Global Report on Trafficking in Persons.* https://www.unodc.org/unodc/en/data-and-analysis/glotip.html. Consultado el 1 de septiembre del 2025.

PILnet's Anti-Trafficking In Persons Project. https://www.pilnet.org/our-work/anti-trafficking-in-persons/. Consultado el 1 de septiembre del 2025.

Rights For Change. https://r4ctratadepersonas.org/. Consultado el 1 de septiembre del 2025.

Survivor Alliance. https://www.survivoralliance.org/. Consultado el 1 de septiembre del 2025.

Tech Against Trafficking. https://techagainsttrafficking.org/. Consultado el 1 de septiembre del 2025.

The Code. https://thecode.org/. Consultado el 1 de septiembre del 2025.

Waldimeiry Corrêa da, S. y varios autores (2019). "La interseccionalidad en la trata de seres humanos: un encuentro necesario para el enfoque de derechos humanos". *Trata de personas, género y migraciones en Andalucía (España), Costa Rica y Marruecos. Retos y propuestas para la defensa y garantía de los derechos humanos.*

World Economic Forum (2022). *Cultivating Investment Opportunities in Fragile Contexts: Catalysing Market-Driven Solutions to Strengthen Community and Economy Resilience.* https://www.weforum.org/publications/cultivating-investment-opportunities-in-fragile-contexts-catalysing-market-driven-solutions-to-strengthen-community-and-economy-resilience/. Consultado el 1 de septiembre del 2025.

Capítulo XI

Políticas de actuación para la protección de las víctimas de trata de seres humanos: propuestas de mejora

EVA MÁRQUEZ GARCÍA

Directora del área de mujer y lucha contra la trata en Diaconía

1. INTRODUCCIÓN

En este capítulo se abordará el delito de la trata y la protección de sus víctimas desde el ámbito de las políticas públicas en España. La trata de seres humanos es una grave expresión de violencia enmarcada en la criminalidad organizada transnacional atentando de manera directa contra los derechos fundamentales de las personas y atravesada por una clara perspectiva de género e infancia, siendo sus principales víctimas las mujeres, niños y niñas.

A pesar de los avances normativos surgidos en los últimos años en el plano europeo, como el *Convenio nº 197 del Consejo de Europa sobre la lucha contra la trata de seres humanos* del 16 de mayo del 2005[28] (en adelante Convenio de Varsovia) o la *Directiva Europea 2011/36/UE relativa a la prevención y lucha contra la trata de seres humanos y a la protección de las víctimas29,* ambas normativas ratificadas por España, comprometida con su transposición y aplicación a la normativa española, aún quedan retos pendientes que se deben abordar en lo relativo a las políticas públicas de prevención, protección y asistencia a víctimas de trata en nuestro país.

La ausencia de una ley estatal de carácter integral, la brecha competencial entre las administraciones centrales, autonómicas y locales, la insuficiencia de recursos especializados, la falta de reconocimiento formal

---

[28] COE Convenio nº 197 del Consejo de Europa sobre la lucha contra la trata de seres humanos del 16 de mayo de 2005.

[29] Directiva 2011/36/UE del Parlamento Europeo y Consejo de Europa relativa a la prevención y lucha contra la trata de seres humanos y a la protección de las víctimas.

de las entidades especializadas en la protección y asistencia a víctimas, la reducida o inexistente cobertura asistencial de víctimas que no se ajustan al perfil mayoritario (mujeres víctimas de trata con fines de explotación sexual), la ausencia de un mecanismo nacional de derivación, la necesaria coordinación interinstitucional con múltiples actores involucrados en esta labor, los retos en materia de garantías en la práctica procesal y el cambio de paradigma que ha supuesto la irrupción del ámbito digital como principal medio de captación y explotación sexual, entre otras cuestiones, nos conducen a realizar una revisión profunda del modelo actual.

El presente capítulo pretende analizar las cuestiones más relevantes del sistema vigente, proponiendo líneas de actuación orientadas a reforzar el acceso efectivo a derechos, desde un enfoque victimocéntrico, por tanto, basado en los Derechos Humanos, y con perspectiva de género e infancia.

2. EL MARCO NORMATIVO EUROPEO Y DESARROLLO DE POLÍTICAS PÚBLICAS EN ESPAÑA SOBRE TRATA DE SERES HUMANOS

El Convenio de Varsovia y la Directiva 2011/36/UE son los principales instrumentos normativos de los que beben las políticas públicas españolas en materia de prevención de la trata, la persecución del delito, la protección de las víctimas, la coordinación interinstitucional en la lucha contra la trata, y la cooperación internacional necesaria para abordar este delito.

El valor principal de este convenio es su enfoque centrado en los derechos humanos (Trujillo, 2017) donde se reconoce a las víctimas como titulares de derechos (Milano, 2016) y no meros instrumentos para realizar investigaciones y prácticas procesales (enfoque victimocéntrico). Por tanto, vierte la responsabilidad sobre las autoridades nacionales en cuanto a tomar las medidas necesarias para prevenir la trata, proteger a las víctimas e investigar eficazmente el delito.

El Convenio define los derechos de las víctimas de trata a los que cada Estado debe garantizar el acceso, siendo éstos, el derecho a ser identificadas, el derecho a un periodo de restablecimiento y reflexión con el objetivo de escapar de la influencia de los tratantes, recuperarse y considerar la posibilidad de colaborar con las autoridades en la investigación del delito. El derecho a una asistencia integral, que incluye información y asesoramiento, alojamiento seguro, asistencia multidisciplinar (psicológica, social, jurídica, educativa y sociolaboral), acceso a la sanidad, servicios de traducción e interpretación, asistencia durante los procedimientos judiciales, y el acceso al mercado de trabajo y formación, etc. El derecho a un permiso de residencia renovable si su situación personal así lo requiere, o si deciden cooperar con las autoridades en la investigación, destacando que este permiso no interfiere con el derecho de solicitar asilo. El derecho a la protección de la vida privada y la identidad, cuyos datos no pueden divulgarse, ni puede permitirse la identificación de las víctimas. El derecho a la protección durante las instrucciones y los procesos judiciales, para ellas y sus familiares. El derecho a una indemnización económica por daños y perjuicios que puede ser satisfecha a través de los bienes confiscados a los tratantes, o ser proporcionada por los Estados. El derecho a la repatriación o retorno si es la voluntad de la víctima, debiendo realizarse teniendo en cuenta sus derechos, seguridad y dignidad, proporcionando asistencia para su reintegración en el país de origen[30].

En el caso de víctimas menores de edad, se tendrán en cuenta garantías adicionales tales como la presunción de minoría de edad, evaluación de riesgos en caso de retorno y aplicación del interés superior del menor, medidas especiales de protección, localización de sus familias en el caso que no esté acompañado si esto redunda en su interés superior, o nombramiento de un tutor legal que le represente y actúe en su propio interés cuando éstos no estén acompañados[31].

Son, por tanto, estos derechos los que deben regir toda la acción de las políticas públicas en favor de las víctimas de trata en España como parte de una protección efectiva encaminada a una plena restitución y participación en la sociedad y a los que se ha comprometido nuestro país en su papel de garante de los mismos a través de los diferentes instrumentos que veremos a continuación, y con la participación de los actores clave que también identificaremos a lo largo de este capítulo.

El compromiso de los Estados adheridos a este Convenio, como es España, conlleva también ser evaluados de manera periódica por parte del grupo de expertos y expertas del Consejo de Europa en materia de lucha contra la trata (en adelante GRETA). El GRETA analiza la situación en los distintos países, redactando informes en los que se identifican buenas

30 Artículos del 10 al 16 del Convenio nº 197 del Consejo de Europa sobre la lucha contra la trata de seres humanos del 16 de mayo de 2005

31 Artículo 10.4 del Convenio nº 197 del Consejo de Europa sobre la lucha contra la trata de seres humanos del 16 de mayo de 2005

prácticas y carencias, formulando recomendaciones sobre cómo mejorar la aplicación del Convenio en cada país[32].

Finalmente cabe destacar que este convenio señala que las partes "incitarán a las autoridades del Estado, así como a los agentes públicos, a cooperar con las organizaciones no gubernamentales, otras organizaciones pertinentes y los miembros de la sociedad civil, con el fin de poner en marcha proyectos de cooperación estratégica dirigidos a alcanzar los fines del presente Convenio[33]". Esto es muy importante tenerlo en cuenta dado que actualmente en España, se carece de una red pública de recursos de protección y asistencia a víctimas, siendo los existentes gestionados de manera prácticamente exclusiva, por las entidades especializadas de la sociedad civil (Miranda-Ruche y Villacampa, 2021).

Por otro lado, la Directiva Europea 2011/36/UE refuerza el marco jurídico obligando a los Estados miembro a "establecer normas mínimas relativas a la definición de las infracciones penales y de las sanciones en el ámbito de la trata de seres humanos [...], teniendo en cuenta la perspectiva de género e infancia para mejorar la prevención de este delito y la protección de las víctimas"[34]. En junio de 2024 se aprobó su modificación[35] suponiendo un avance significativo al incluir nuevas formas de explotación, poniendo un énfasis especial en la perspectiva de género, infancia y discapacidad, introduciendo la realidad de la trata que se da a través de medios digitales, especialmente cuando afecta a menores, y proponiendo una recogida de datos anonimizados en la Unión para estudiar el fenómeno de la trata y medir la eficacia de los sistemas de protección.

Si bien se considera que algunas de estas modificaciones son positivas, especialmente las relativas a la consideración de nuevos fines de explotación tales como la explotación reproductiva, el matrimonio forzado o la adopción ilegal, así como lo relativo a introducir el ámbito digital de la trata como algo a tener en cuenta en las legislaciones oportunas, hay otras

---

32 Artículos del 36 al 38 del Convenio nº 197 del Consejo de Europa sobre la lucha contra la trata de seres humanos del 16 de mayo de 2005

33 Artículo 35 del Convenio nº 197 del Consejo de Europa sobre la lucha contra la trata de seres humanos del 16 de mayo de 2005

34 Artículo 1 de la Directiva 2011/36/UE del Parlamento Europeo y Consejo de Europa relativa a la prevención y lucha contra la trata de seres humanos y a la protección de las víctimas.

35 Directiva (UE) 2024/1712 del Parlamento Europeo y del Consejo, de 13 de junio de 2024, por la que se modifica la Directiva 2011/36/UE relativa a la prevención y lucha contra la trata de seres humanos y a la protección de las víctimas.

cuestiones que se han quedado a medio camino pasando a ser recomendaciones y no obligaciones para los estados. Sigue preocupando mucho todo lo relativo a la recogida de datos, puesto que se sigue dejando fuera la realidad de la detección de potenciales víctimas que ayudan a visibilizar mejor el fenómeno. Estos datos los suelen manejar las entidades especializadas de la sociedad civil, puesto que siguen siendo las que de manera proactiva elaboran estrategias de abordaje en ámbitos de explotación, incluido el ámbito online. Esto unido al patrullaje preventivo realizado por las FCSE o la inspección de trabajo, podría dar una mayor comprensión del fenómeno, así como garantizar la adopción de políticas públicas ajustadas a la realidad basada en datos. La nueva directiva sigue manteniendo una cultura de datos estadísticos basada en registros policiales de víctimas identificadas, procedimientos judiciales y sentencias, lo cual es la punta de iceberg de la realidad de la trata.

España ya ha hecho modificaciones legislativas para tipificar y perseguir el delito conforme a la Directiva 2011/36, como fue la redacción en el año 2010 del artículo 177 bis del Código Penal[36], así como proteger a sus víctimas tal y como viene reflejado en el Estatuto de la Víctima[37] del año 2015, entre otras normas. Pero nos enfrentamos a grandes retos al carecer de una norma de carácter integral que aborde todas las dimensiones del fenómeno. Carecer de una ley integral supone que todas estas políticas están reflejadas en normativas muy dispersas y/o con rangos insuficientes, y esta fragmentación normativa impide una respuesta homogénea y eficaz (Milano, 2021).

El principal esfuerzo en España por recoger en un único instrumento normativo las principales políticas de protección a víctimas y acceso a derechos que deberían guiar cualquier acción, es el *Protocolo Marco de protección a víctimas de trata de seres humanos de 201138* (en adelante Protocolo Marco) que tiene por objeto "establecer pautas de actuación para la detección, identificación, asistencia y protección de las víctimas de trata de seres humanos, favorecer la coordinación de las instituciones implicadas en dichos procesos y definir los mecanismos de relación entre las administraciones con responsabilidades en la materia, así como los procesos de comunicación y cooperación con organizaciones y entidades con experiencia acreditada en la asistencia a las víctimas de trata, en particular aquellas que proporcionan una asistencia de carácter integral y participan en los pro-

36 Ley Orgánica 10/1995, de 23 de noviembre, del Código Penal.

37 Ley 4/2015, de 27 de abril, del Estatuto de la víctima del delito.

38 Protocolo Marco de atención a víctimas de trata de seres humanos (2011).

gramas de las administraciones públicas para la asistencia y protección de las mismas".

Sus principales objetivos tienen que ver con la definición del proceso de la identificación formal de víctimas, el establecimiento de pautas para la evaluación de riesgos, establecimiento de medidas de protección, la recogida de aspectos relativos a la denuncia, la información a víctimas sobre derechos, recursos y servicios, la evaluación de la situación de la víctima para una correcta asistencia, la concesión de un periodo de restablecimiento y reflexión, la exención de responsabilidad (en su caso) y la concesión de permisos temporales de residencia y trabajo a víctimas en situación administrativa irregular, establecimiento de actuaciones especiales en el caso de víctimas menores de edad, así como la definición de la participación de las entidades de la sociedad civil con experiencia acreditada en la atención a víctimas de trata.

El Protocolo Marco prevé la creación de mesas de seguimiento del mismo tanto a nivel nacional, lideradas por la Unidad de Trata y Extranjería de la Fiscalía General del Estado (en adelante FGE), y a nivel provincial por las fiscalías delegadas de la misma unidad, y contempla la participación de todos los actores implicados a nivel territorial, incluidas las entidades especializadas de la sociedad civil. Igualmente existen anexos al Protocolo Marco que abordan necesidades específicas tales como el documento "Actuaciones para la detección y atención a víctimas de trata de seres humanos menores de edad[39]" aprobado en el año 2017 por el Observatorio de Infancia del entonces Ministerio de Sanidad, Servicios Sociales e Igualdad, o el "Protocolo para la detección y actuación ante posibles casos de trata de seres humanos con fines de explotación sexual[40]", aprobado por la Secretaría General de Inmigración y Emigración (SGIE) del entonces Ministerio de Empleo y Seguridad Social, dirigido a profesionales de los centros de migraciones adscritos a la SGIE, así como de centros gestionados por ONG financiados por ella.

Precisamente para reforzar la coordinación con las entidades especializadas, fue aprobada la Instrucción 6/2016 de la Secretaría de Estado de

---

39 Actuaciones para la detección y atención a víctimas de trata de seres humanos menores de edad (2017). Observatorio de Infancia. Ministerio de Sanidad, Servicios Sociales e Igualdad.

40 Protocolo para la detección y actuación ante posibles casos de trata de seres humanos con fines de explotación sexual", aprobado por la Secretaría General de Inmigración y Emigración (SGIE). Ministerio de Empleo y Seguridad Social.

Seguridad[41] (en adelante Instrucción 6/2016), que enmarca la colaboración necesaria entre las Fuerzas y Cuerpos de Seguridad del Estado (en adelante FCSE), sobre quienes recae en exclusiva la labor de identificar formalmente a una víctima, y las entidades especializadas de la sociedad civil, quienes participan de manera directa en la detección, identificación, derivación, protección y asistencia a las víctimas. Esta Instrucción crea la figura de Interlocutor Social a nivel nacional y provincial tanto de la Policía Nacional como de la Guardia Civil, para favorecer una comunicación y cooperación fluida entre las FCSE y las ONG en relación con los objetivos anteriores.

En este contexto podemos concluir que una correcta coordinación entre los diferentes actores clave involucrados en la lucha contra la trata es crucial para garantizar el acceso de a los derechos contemplados en los instrumentos normativos anteriormente mencionados y que suponen los pilares en los que deberían sustentarse todas las políticas de protección y asistencia a víctimas de trata. Pero como veremos, esta fragmentación normativa, la insuficiencia del rango normativo a la hora de su aplicación, así como la brecha competencial de la administración española, en ocasiones supone grandes retos en su aplicación.

3. IDENTIFICACIÓN DE LAS VÍCTIMAS DE TRATA

La identificación formal de las víctimas de trata supone el primer paso para garantizar un acceso efectivo a derechos.

Lo primero que tenemos que tener en cuenta, es que la normativa española otorga en exclusiva la labor de identificar formalmente a una víctima de trata, a las FCSE.

El hecho de que la identificación formal de víctimas recaiga en exclusiva sobre las unidades policiales, que también tienen el mandato de la persecución del delito y el control de la inmigración irregular, en ocasiones conlleva distorsiones y dificultades para obtener dicho reconocimiento cuando las potenciales víctimas deciden no colaborar o no aportan datos útiles para las investigaciones o procedimientos penales. Es decir, existe

---

41 Instrucción 6/2016, de la Secretaría de Estado de Seguridad, sobre actuaciones de las Fuerzas y Cuerpos de Seguridad del Estado en la lucha contra la trata de seres humanos en la colaboración con las organizaciones y entidades con experiencia acreditada en la asistencia a las víctimas.

una carencia de identificación en base exclusivamente a motivos razonables, y no a certezas, tal y como dispone el Convenio de Varsovia en su artículo 10.2. Por esta razón, en el último informe de GRETA (2023) de evaluación a España, urge a nuestro país a "garantizar que, en la práctica, la identificación formal de las víctimas de la trata de seres humanos no dependa de la existencia de pruebas suficientes para iniciar un proceso penal [...] y reforzar la coordinación multiagencial en la identificación de las víctimas de la trata y la participación de ONG especializadas en el proceso de toma de decisiones que conduce a la identificación"[42].

Si bien, tanto el Protocolo Marco, como la Instrucción 6/2016 otorgan un rol principal a las entidades especializadas en el proceso de identificación formal, en la práctica, éste se limita a que el personal especializado de las ONG sea activado para asistir a las presuntas víctimas en la entrevista de identificación junto con la autoridad policial, de cara a emitir un informe de indicios que deberá ser tenido en cuenta por las FCSE sin ser vinculante en ningún caso, limitándose su actividad a dar soporte y asistencia durante la entrevista velando porque la entrevista se realice en las condiciones adecuadas para la víctima.

De la misma manera, si en el transcurso de la entrevista, la persona muestra indicios de poder encontrarse en una situación de trata de seres humanos, independientemente de que finalmente se lleve a cabo o no la identificación, la entidad podrá ofrecerle, además, un lugar seguro y anónimo con atención profesional especializada donde poder comenzar un proceso de recuperación y asistencia integral, y ser acompañada en todo el proceso. Esta cuestión se puede ver de manera más detallada en el capítulo IX del presente libro[43].

4. VÍCTIMAS EN SITUACIÓN ADMINISTRATIVA IRREGULAR

El Protocolo Marco desarrolla también la previsión contenida en el artículo 140 del *Reglamento de la Ley Orgánica 4/2000, sobre derechos y libertades de los extranjeros en España y su integración social* (en adelante LOEX), tras

---

42 Informe de evaluación a España en la III ronda de evaluación: Acceso a la justicia y medidas efectivas para las víctimas de trata de seres humanos. Junio 2023.

43 APRAMP (2025). "La perspectiva y actuación del tercer sector en la atención y asistencia a las víctimas de trata de seres humanos. Asociación para la prevención, reinserción y atención a la mujer prostituida". *La visibilización de la trata de seres humanos desde un enfoque multidisciplinar.* Tirant lo Blanch.

su reforma por la *Ley Orgánica 2/2009 y la Ley Orgánica 10/2011*[44], por lo que se entiende que, en el caso de encontrarnos ante una víctima de trata de seres humanos en situación administrativa irregular, ésta gozará de los derechos recogidos en el artículo 59bis de la LOEX. Esto es, derecho a no ser expulsada de España mientras se dilucida su situación como posible víctima de trata de seres humanos, derecho a la exención de responsabilidad en el caso que, debido a su situación de trata y explotación, se haya visto obligada a cometer algún ilícito, derecho a gozar de un periodo de restablecimiento y reflexión de al menos 90 días para que, fuera de la influencia de sus tratantes y plenamente informada, pueda decidir si quiere colaborar con las autoridades en la investigación, y derecho a retornar a su país de origen de manera segura y asistida.

Durante el periodo de restablecimiento y reflexión, o una vez cumplido el mismo, la persona debe tomar una decisión sobre su colaboración o no con las autoridades. Sea cual sea la decisión que tome, la ley prevé que pueda acceder a un permiso temporal de residencia y trabajo de dos maneras diferentes: 1. Si la víctima decide colaborar con las autoridades en la investigación del delito y el procedimiento penal, podría acceder a la concesión de un permiso temporal de residencia y trabajo por colaboración a través de la Secretaría de Estado de Seguridad. 2. Si finalmente decide no colaborar, bien sea por temor, por su situación emocional o cualquier otra causa en ese momento, puede acceder a un permiso de residencia y trabajo por situación personal a través de la Secretaría de Estado de Migraciones.

En ambos casos, son las Delegaciones y Subdelegaciones de Gobierno de los diferentes territorios quienes tendrían que tramitar y aprobar tanto el reconocimiento formal como víctimas, así como los permisos de residencia y trabajo dimanantes, tras los informes y actas dictadas por las FCSE.

Este último paso, a veces se torna complejo tanto por la disparidad de criterios a la hora de abordar la consideración de los indicios, y por tanto a la hora de identificar, así como por los plazos que se manejan en los diferentes territorios en cuanto a la resolución de la solicitud de los permisos de residencia y trabajo. También existen dificultades cuando confluyen otras necesidades en las víctimas como la necesidad de solicitar protección internacional, ya que a pesar de lo que contempla el Convenio de Varsovia,

---

[44] Real Decreto 557/2011, de 20 de abril, por el que se aprueba el Reglamento de la Ley Orgánica 4/2000, sobre derechos y libertades de los extranjeros en España y su integración social, tras su reforma por Ley Orgánica 2/2009.

hay autoridades que entienden que ambos sistemas de protección son excluyentes y no complementarios, como veremos a continuación.

5. VÍCTIMAS DE TRATA EN NECESIDAD DE PROTECCIÓN INTERNACIONAL

Es importante destacar que uno de los principales contextos en los que las redes de trata se nutren de víctimas son los flujos migratorios. En este sentido, personas que tienen que abandonar sus países por sentirse amenazadas o perseguidas bien por razones ideológicas, políticas, por su orientación sexual, conflictos armados, violencia de género estructural, etc. es una brecha de oportunidad que los tratantes y proxenetas aprovechan para captar potenciales víctimas. De la misma manera, la captación de mujeres y niñas para la trata en el país de origen, la supuesta deuda contraída, las amenazas en origen a sí misma y sus familiares si no consiente la explotación, etc. pueden ser causas suficientes para disfrutar del derecho de asilo en nuestro país. De ahí que deban tenerse en cuenta las vulnerabilidades específicas de las VTSH a lo largo del procedimiento de asilo tal y como establece la Directiva UE2024/1712 que modifica la Directiva 2011/367UE[45] en su considerando 19 y la Ley 12/2009, de 30 de octubre, reguladora del derecho de asilo y de la protección subsidiaria en su artículo 46[46].

Tal y como establece el Convenio de Varsovia en su artículo 14 y otros instrumentos normativos, los derechos que asisten a una VTSH no interfieren con su derecho a solicitar asilo, y que ambos sistemas de protección deben ser complementarios y no excluyentes tal y como reza el considerando 21 de la Directiva 2024/1712/UE, así como su artículo 11bis.

Entender esto es tremendamente importante pues en la práctica se dan una serie de distorsiones que se traducen en un claro déficit de identificación formal de VTSH cuando éstas han solicitado asilo, o viceversa, y esto se debe sobre todo a la consideración por parte de las autoridades policiales del procedimiento de la identificación formal de VTSH como un mero instrumento para acceder o residir legalmente en un país, y por tanto pone

[45] Artículo 19 de la Directiva UE2024/1712 del Parlamento Europeo y del Consejo, de 13 de junio de 2024, por la que se modifica la Directiva 2011/36/UE relativa a la prevención y lucha contra la trata de seres humanos y a la protección de las víctimas.

[46] Ley 12/2009, de 30 de octubre, reguladora del derecho de asilo y de la protección subsidiaria.

en riesgo el acceso a derechos que tiene una VTSH al ser reconocida como tal, más allá de su estatus administrativo.

Para profundizar en este tema, es importante conocer el informe diagnóstico elaborado por Diaconía (2023) llamado *"Informe de análisis de la situación de las víctimas de trata de personas en necesidad de protección internacional en España"*[47], donde se aborda la realidad en España sobre la aplicación real de ambos sistemas de protección, los retos y dificultades, así como la identificación de buenas prácticas, éstas últimas recogidas en otra publicación de Diaconía (2024) llamada *"Guía de buenas prácticas en la atención a personas víctimas de trata en necesidad de protección internacional"48.*

Precisamente una de estas buenas prácticas reflejadas en las políticas públicas de España, es el *"Procedimiento de derivación de potenciales víctimas de trata de seres humanos solicitantes de Protección Internacional en el Aeropuerto de Madrid – Barajas"* firmado el 15 de octubre de 2019 por los entonces ministerios de Trabajo, Migración y Seguridad Social, y el de Presidencia, Relación con las Cortes e Igualdad, además de las entidades que se incluyen en dicho procedimiento como Cruz Roja, Diaconía, Proyecto Esperanza, APRAMP y Fundación Cruz Blanca.

Este procedimiento pretende detectar de manera precoz, posibles indicios de trata en personas que solicitan asilo en el aeropuerto de Madrid – Barajas, de manera que una vez admitida a trámite su solicitud, puedan ser derivadas a recursos especializados seguros y anónimos que les ayuden a huir de la influencia de sus posibles tratantes, quienes en muchas ocasiones les están esperando en el propio aeropuerto, o en los recursos normalizados del sistema nacional de acogida de protección internacional. Para ello se establece un sistema de turnos entre las entidades colaboradoras, mediante el cual, cuando en el contexto de las entrevistas de asilo, la Oficina de Asilo y Refugio (OAR) observa la posible existencia de indicios de trata de seres humanos en alguna persona solicitante, activa tanto a unidades especializadas de la Policía Nacional como a la entidad correspondiente por turno para que realicen una entrevista en profundidad a la persona con el objetivo de valorar una eventual identificación formal o existencia de indicios que permita la derivación a un recurso especializado en caso de ser admitida a trámite y se permita su entrada al país.

---

47 Diaconía (2023) *Informe de análisis de la situación de las víctimas de trata en necesidad de protección internacional en España.*

48 Diaconía (2024) *Guía de buenas prácticas en la atención a personas víctimas de trata en necesidad de protección internacional.*

Esto facilita que una potencial víctima de trata, aunque aún no se haya producido la explotación en nuestro país, tenga la oportunidad interrumpir la dinámica del delito.

Si bien, este procedimiento no ha estado exento de dificultades en su aplicación, la trayectoria y años de aplicación, junto con las mesas de trabajo lideradas por la unidad de trata y extranjería de la FGE y la Fiscalía de Madrid, y compuesta por los ministerios firmantes, las entidades colaboradoras, y la Policía Nacional, ha facilitado el consenso y la organización siendo actualmente una herramienta muy útil para detectar posibles situaciones de trata en el aeropuerto, no sólo en la sala de asilo, sino también en contextos de llegadas en general, siendo que la UCRIF (Unidad contra las Redes de Inmigración Ilegal y Falsedades Documentales del Cuerpo Nacional de Policía) de Madrid ha trasladado allí un grupo de manera permanente para hacer un patrullaje continuo en este contexto. Existen igualmente otros procedimientos similares en frontera, como en el aeropuerto internacional del Prat, en Barcelona. Finalmente cabe señalar que estamos expectantes sobre el avance que suponen estos procedimientos y la relación que puedan tener en cuanto a la reforma que se está llevando a cabo sobre el Pacto Europeo de Migración y Asilo (PEMA) adoptado por el Consejo de Europa el 14 de mayo de 2024[49], y el nuevo Reglamento UE 2024/1356 del Parlamento Europeo y del Consejo de 14 de mayo de 2024, por el que se introduce el triaje de nacionales de terceros países en las fronteras exteriores (Reglamento de Triaje)[50].

Entidades como Diaconía disponen de plazas específicas para VTSH dentro del Sistema Nacional de Acogida para solicitantes de Protección Internacional, lo que confiere agilidad, anonimato y seguridad a las víctimas detectadas y/o identificadas en el aeropuerto y que son derivadas a este tipo de recursos para escapar de la influencia de sus tratantes.

---

49 Comunicación de la Comisión al Parlamento Europeo, al Consejo, al Comité Económico y Social Europeo y al Comité de las Regiones relativa al Nuevo Pacto sobre Migración y Asilo.

50 Reglamento (UE) 2024/1356 del Parlamento Europeo y del Consejo de 14 de mayo de 2024 por el que se introduce el triaje de nacionales de terceros países en las fronteras exteriores y se modifican los Reglamentos (CE) n.o 767/2008, (UE) 2017/2226, (UE) 2018/1240 y (UE) 2019/817.

6. ASISTENCIA INTEGRAL A VÍCTIMAS DE TRATA

Para entender el marco en el que se desarrollan las políticas públicas de atención integral y protección de víctimas de trata en España, debemos conocer que el estado español carece de una red pública de atención a víctimas, descansando esta función exclusivamente en los recursos gestionados por las organizaciones especializadas de la sociedad civil. Siendo estos recursos sostenidos por fondos públicos derivados de subvenciones anuales provenientes tanto de la Administración Central, como en menor medida, de fondos autonómicos o locales. Cabe destacar también que estas subvenciones suelen ser en su inmensa mayoría de carácter anual y por concurrencia competitiva, lo que confiere una tremenda inestabilidad presupuestaria para las entidades que los gestionan, teniendo en cuenta que cuando hablamos de procesos de recuperación, restablecimiento e itinerarios de inserción social y laboral, estamos hablando de procesos que pueden durar años.

En este sentido, sólo alguna Comunidad Autónoma o Ayuntamiento, desde los fondos del Pacto de Estado para Violencia de Género, ha puesto en marcha algún recurso público de gestión privada para la detección y atención integral a víctimas de trata, siendo éstos exclusivamente para mujeres VTSH con fines de explotación sexual.

Igualmente, los recursos y servicios para VTSH subvencionados por las administraciones públicas, están destinados casi en exclusiva a mujeres VTSH con fines de explotación sexual, siendo fondos gestionados por organismos gubernamentales como la Delegación del Gobierno contra la Violencia de Género (DGVG), del Ministerio del Igualdad, o bien desde la convocatoria de *subvenciones para la realización de actividades de interés general consideradas de interés social,* del Ministerio de Derechos Sociales, Consumo y Agenda 2030. Aun así, éstas últimas, están canalizadas a través del centro directivo de la propia DGVG, lo que limita igualmente el perfil de beneficiarias a las anteriormente mencionadas, por sus competencias.

Respecto a lo expuesto en el párrafo anterior, el III Informe de Evaluación de GRETA (2023) señala: "GRETA acoge con satisfacción la mayor disponibilidad y variedad de medidas de asistencia para las mujeres víctimas de explotación sexual. Sin embargo, todavía no existen centros de acogida especializados para hombres víctimas de trata, ni centros de acogida para mujeres víctimas de otras formas de explotación. Por lo tanto, GRETA insta a las autoridades españolas a aumentar el número de plazas en alojamientos especializados para víctimas masculinas y víctimas de otras formas de explotación distintas a la explotación sexual".

Es por tanto necesario repensar esta cuestión en el marco de las políticas públicas españolas ya que en la práctica es una realidad tremendamente urgente ofrecer oportunidades reales de recuperación, reinserción y protección a todas las víctimas de trata.

Otra cosa importante a tener en cuenta, visto lo anterior, es que, si bien la red de recursos asistenciales y políticas de protección recaen principalmente sobre las entidades especializadas, es importante destacar la inexistencia de criterios comunes formalmente reconocidos para considerar que una entidad de la sociedad civil tenga el estatus de "especializada" o "con experiencia acreditada".

Es necesario delimitar el concepto y reconocer a las entidades especializadas, de la misma manera que es necesario reconocer su rol formal en el marco de las políticas públicas destinadas a la asistencia y protección de víctimas de trata, tal y como ha reivindicado en múltiples ocasiones la Red Española contra la Trata de Personas (RECTP)[51], principal plataforma de entidades especializadas de la sociedad civil en España.

Aunque el papel de las entidades especializadas se ve de manera más amplia en capítulos anteriores, es importante destacar de manera resumida en este contexto, las principales cuestiones que abordan éstas en el marco de las políticas públicas de protección y asistencia a víctimas y que vienen respaldadas por los instrumentos normativos europeos anteriormente mencionados.

Entre estas funciones principales destaca su papel en la detección de posibles víctimas de trata desarrollando estrategias de abordaje en lugares de explotación tales como prostíbulos, pisos, calles, asentamientos, y también el ámbito digital. Igualmente proporcionan al Estado los recursos de asistencia y protección a víctimas y supervivientes de la trata satisfaciendo las obligaciones asumidas por el mismo, esto es ofrecer lugares de acogida anónimos y seguros para que las víctimas puedan restablecerse y

---

51 La Red Española contra la trata, en la actualidad está compuesta por las siguientes entidades miembro: *A21 España, Amar Dragoste, APRAMP, Asociación Trabe, CEAR, Diaconía, FAPMI-ECPAT, Federación Andalucía Acoge, Federación de Mujeres Progresistas, Fiet ONG, Fundación APIP-ACAM, Fundación CEPAIM, Fundación Cruz Blanca, Fundación Solidaridad Amaranta, Médicos del Mundo, Mujeres en Zona de Conflicto, Asociación Evangélica Nueva Vida, Hermanas Oblatas del Santísimo Redentor, ONG Rescate, Programa Daniela Oblatas, Asociación de Mujeres Juristas THEMIS, y Villa Teresita. Además, está compuesta por las siguientes entidades colaboradoras: ACCEM, ACNUR, Amnistía Internacional, Antena Sur contra la Trata, Cáritas Española, Cruz Roja, OIM y Save the Children España.*

recuperarse, dar atención profesional multidisciplinar encaminadas a la recuperación y a la plena inclusión social. Participan en todo el proceso de identificación formal y acompañamiento en procedimientos judiciales, incluyendo, en su caso, la personación en las causas. Emiten informes tanto para las investigaciones, los juzgados o para la acreditación administrativa como víctima de trata. Generan y difunden conocimiento sobre el fenómeno llevando a cabo investigaciones y estudios. Desarrollan acciones de sensibilización y concienciación dirigidas a múltiples actores, así como a la sociedad en general. Imparten formación especializada en materia de trata a personal de las Administraciones Públicas y profesionales de todos los sectores que en el contexto de su trabajo puedan entrar en contacto con potenciales víctimas de trata, entre otras cuestiones.

Todo ello, siempre en estrecha colaboración con las diferentes instituciones públicas y actores involucrados en la lucha contra la trata como son las FCSE, Ministerio Fiscal, Judicatura, Administraciones Públicas de los diferentes niveles, etc.

En este contexto, y respecto a lo que nos ocupa en este punto, que es el derecho que tienen las víctimas a ser asistidas, es necesario reiterar que el papel principal es asumido por las entidades especializadas. El capítulo IX de este libro profundiza en esta cuestión[52].

Igualmente, todo lo relativo a la protección de víctimas durante las instrucciones y procesos judiciales, derecho fundamental no sólo para que las víctimas estén debidamente protegidas, sino que en la medida en que esta protección se lleve a cabo con todas las garantías reside el éxito a la hora de obtener sentencias judiciales contra los tratantes, es necesario profundizar en el capítulo VI del presente libro[53].

7. NECESIDAD DE UN MECANISMO NACIONAL DE DERIVACIÓN

Actualmente en España carecemos de un Mecanismo Nacional de Derivación (en adelante MND) a diferencia de otros países europeos como Italia, Portugal o Reino Unido. Tanto el GRETA, como la Organización

---

52 APRAMP (2025) "La perspectiva y actuación del tercer sector en la atención y asistencia a las víctimas de trata de seres humanos (APRAMP)". *La visibilización de la trata de seres humanos desde un enfoque multidisciplinar.* Tirant lo Blanch

53 Sánchez – Álvarez, B. Sánchez López – Tapia, M.A. Vilches Fernández, M. (2025) "El ordenamiento jurídico español ante la trata de seres humanos". *La visibilización de la trata de seres humanos desde un enfoque multidisciplinar.* Tirant lo Blanch

para la Seguridad y Cooperación de Europa (OSCE) (2007) instan a poner en marcha en los Estados miembros un MND, como garantía de acceso a derechos de las víctimas y que está recogido en diferentes legislaciones de países europeos.

Un MND consiste en un organismo multiagencial integrado por diferentes actores involucrados en la lucha contra la trata. Su labor consiste en informar y asesorar a potenciales víctimas, terceras personas o instituciones que reporten cualquier posible situación de trata. Coordinar el proceso de identificación formal a víctimas, sin que esta función recaiga exclusivamente en las FCSE. Servir de acceso a los recursos asistenciales para las víctimas centralizando toda la red de recursos disponibles, lo que facilitaría enormemente las derivaciones y traslados a recursos especializados, especialmente en casos de urgencia, así como facilitaría el estudio del fenómeno al poder trabajar en bases de datos unificadas.

Si coincidimos en que la detección es algo que puede realizar cualquiera, necesitamos capacitar a la sociedad en general, y a determinados colectivos en particular, no sólo en la detección de posibles indicios o señales que nos hagan sospechar que estamos ante una posible situación de trata, sino también en las herramientas a su alcance para poder dar los pasos adecuados a la hora de reportar este tipo de situaciones. Ejemplo son los teléfonos 24h de las ONG especializadas, o los teléfonos contra la trata tanto de la Policía Nacional, la Guardia Civil o policías autonómicas, las bases de datos de recursos especializados, etc. pero al igual que ocurre con la dispersión normativa acerca del fenómeno, igualmente estas herramientas y bases de datos no están unificadas, ni centralizadas.

Urge, por tanto, abordar de manera prioritaria la creación de un sistema que funcione como MND, esto es, un sistema centralizado de información para cualquier ciudadano o ciudadana, víctima, entidad, servicio social público, cuerpo policial, etc. que pueda reportar posibles situaciones de trata, que permita abordar cada caso de manera coordinada de cara a la identificación formal y acceso a derechos, que centralice la derivación a recursos asistenciales, y que esté compuesto por diferentes actores clave y decisiones colegiadas, de manera que la decisión no recaiga en exclusiva sobre las FCSE resaltando así el carácter multiagencial del abordaje de la trata.

8. ACREDITACIÓN DE LA SITUACIÓN DE VÍCTIMA DE TRATA O VÍCTIMA DE EXPLOTACIÓN SEXUAL

Una de las respuestas normativas más recientes que se ha puesto en marcha en España tiene que ver con la figura de acreditación administrativa como víctimas de trata o víctimas de explotación sexual. Esta medida fue aprobada a través del *Real Decreto-ley 6/2022, de 29 de marzo, por el que se adoptan medidas urgentes en el marco del Plan Nacional de respuesta a las consecuencias económicas y sociales de la guerra en Ucrania54,* pretendiendo crear un sistema similar al ya existente para las víctimas de violencia de género en el ámbito de pareja o expareja.

Este tipo de acreditación viene a constatar una situación de trata o explotación sexual aun cuando la persona no ha querido declarar ante las autoridades o la identificación aún no se ha producido, y tiene por objeto acceder a determinados derechos, especialmente de información, asistencia y prestaciones sociales.

Podemos decir que el objetivo sería doble, por un lado, ofrecer una puerta de entrada a las víctimas y supervivientes a determinados derechos sociales, y por otro, tal y como se recoge en el art.47.3, servir de puente hacia una eventual identificación por parte de las FCSE a través de las Delegaciones de Gobierno. Sin embargo, su implementación ha evidenciado múltiples problemas, principalmente derivados de las competencias descentralizadas de aplicación y la ausencia de criterios comunes.

Esta norma prevé que, "el Gobierno y las Comunidades Autónomas, en el marco de la Conferencia Sectorial de Igualdad, diseñarán de común acuerdo, los procedimientos básicos que permitan poner en marcha los sistemas de acreditación de las situaciones de trata y explotación sexual" (art. 47.4 RD 6/2022 de 29 de marzo).

En este sentido, para dar cumplimiento a lo especificado en el art. 47 del RD 6/2022 de 29 de marzo, la Conferencia Sectorial de Igualdad, acuerda en pleno el "Sistema de acreditación administrativa de la condición de víctima de trata de seres humanos y/o explotación sexual", recogido en la

54 Real Decreto-ley 6/2022, de 29 de marzo, por el que se adoptan medidas urgentes en el marco del Plan Nacional de respuesta a las consecuencias económicas y sociales de la guerra en Ucrania.

Resolución de 7 de julio de 2022, de la Secretaría de Estado de Igualdad y contra la Violencia de Género[55].

En cuanto al procedimiento de la acreditación, éste puede iniciarse de oficio o de parte y consta de dos fases según punto cuarto del Acuerdo de la Conferencia Sectorial (2022): "En primer lugar, la emisión del informe de detección, y, en segundo, la remisión de este informe al organismo acreditador, entre los designados por cada comunidad autónoma, para que, tomando como base dicho informe, emita el documento de acreditación administrativa" previo consentimiento informado de la potencial víctima. Los informes podrán ser emitidos por los servicios públicos especializados y por entidades con experiencia acreditada en la atención a víctimas de trata y explotación sexual que estén debidamente habilitadas para ello por parte de cada una de las CCAA. Cada comunidad establecerá igualmente el organismo público encargado de emitir finalmente la acreditación administrativa en base al informe de indicios emitido. Tanto los organismos públicos encargados de emitir las acreditaciones, como los servicios públicos o entidades especializadas habilitadas para emitir informes serán objeto de publicación y actualización por parte de la DGVG.

Los principales obstáculos que ha presentado el aterrizaje de esta norma y el acuerdo que la acompaña tienen que ver con la clara diferencia de criterios de aplicación entre los diferentes territorios.

En este contexto, es necesario resaltar el trabajo que hemos realizado desde las entidades especializadas de la sociedad civil en el marco de la RECTP, tanto en grupos de trabajo interno, como a través de la participación en un grupo de trabajo específico dentro del Foro Social contra la Trata de Mujeres y Niñas con fines de explotación sexual, del Ministerio de Igualdad, para abordar esta cuestión de manera exclusiva.

Desde la sociedad civil se ha advertido en numerosas ocasiones sobre la aplicación desigual de dicho acuerdo en los diferentes territorios, no sólo en cuanto a los requisitos para acceder a esta acreditación, sino en cuanto a los objetivos finales del mismo, así como los criterios para habilitar a las entidades especializadas que pueden emitir informes. Esto se traduce en una disparidad de acceso a derechos para las potenciales víctimas puesto que

---

[55] Resolución de 7 de julio de 2022, de la Secretaría de Estado de Igualdad y contra la Violencia de Género, por la que se publica el Acuerdo de la Conferencia Sectorial de Igualdad de 27 de mayo de 2022, relativo a la acreditación administrativa de la condición de víctima de trata de seres humanos y/o explotación sexual y sus Anexos I y III.

cada territorio lo está aplicando de una manera diferente y, sobre todo, no se está respetando lo que inicialmente se planteó y es que tuviera validez para todo el territorio nacional.

Las principales conclusiones de la RECTP (2025), que emanan del *"Informe Diagnóstico de la RECTP sobre el proceso de acreditación administrativa de víctimas"* realizado desde la experiencia en terreno y previa recogida de datos en la práctica, pone de manifiesto lo anteriormente expuesto, en concreto, y de manera muy resumida, en lo relativo a los requisitos de acreditación, ya que las CCAA han puesto requisitos diferenciados para acceder a esta condición, siendo muy dispares entre sí. Incluso algunas CCAA exigen la identificación formal para expedirla, lo cual incumple su propósito principal. Relativo al carácter finalista de acreditación, muchas CCAA vinculan esta acreditación con fines específicos, como solicitar ayudas económicas, acceder a bolsas de vivienda, etc. siendo necesaria una acreditación para cada fin. Desde la RECTP se entiende que esta acreditación no debería ser finalista, sino que pudiera ser usada para diferentes trámites con la administración. También se observa que no existe un criterio común para habilitar a las entidades especializadas de cara a emitir informes de indicios que puedan dar lugar a la acreditación. Cada CCAA dictamina qué entidades pueden hacerlo en su territorio siguiendo criterios diferentes. Por otro lado, la mayoría de las CCAA no han desarrollado ningún documento que garantice la confidencialidad de la información facilitada por la víctima incumpliendo la normativa de protección de datos, y las que lo han hecho, éste no se ajusta a lo dispuesto en la L.O 3/2018 de 5 de diciembre de Protección de datos de carácter personal y garantía de los derechos digitales y al Reglamento UE 2016/679. Además, el Acuerdo de la Conferencia Sectorial contempla la comunicación de la situación y de los informes a las Delegaciones de Gobierno para proceder a una identificación formal, y esto no puede darse sin el consentimiento expreso de la víctima. En el caso de víctimas en situación administrativa irregular, se ve muy limitado el acceso a derechos y la RECTP considera que este tipo de acreditación debería poder dar paso a un permiso temporal de residencia y trabajo por situación personal.

En definitiva, la acreditación es una buena iniciativa que puede facilitar el acceso de derechos de aquellas víctimas que por la razón que sea, no se sienten preparadas para declarar ante las autoridades, y permite alternativas reales a la explotación sexual, bien sea forzada, o bien sea aceptada como método de supervivencia. Sin embargo, debe trabajarse más la homogenización en su aplicación y la transparencia del proceso para que todas las víctimas puedan acceder en igualdad de condiciones.

9. ABORDAJE DEL ÁMBITO DIGITAL EN LA LUCHA CONTRA LA TRATA

Para finalizar este capítulo, es indispensable abordar el reto que supone el ámbito digital en la lucha contra la trata y el cambio de paradigma que ha traído consigo, especialmente en lo relativo a la dinámica del delito y, más concretamente, en cuanto a la captación y explotación de sus víctimas a través de la tecnología. Si bien este libro ya aborda la realidad del impacto de la tecnología en la trata de seres humanos en su capítulo IV[56], es importante destacar algunas cuestiones a tener en cuenta.

La nueva forma de comunicarnos y socializar en el ámbito digital, a parte de ofrecernos múltiples oportunidades, supone una brecha de riesgo para la comisión del delito de la trata.

Si bien la dinámica del delito se va detectando cada vez más, la persecución del mismo presenta dificultades al carecer de normativas y políticas que aborden esta realidad de manera suficiente. Cuestiones como la ubicación de los servidores de estas plataformas en países extranjeros, el anonimato que facilitan estas páginas, la práctica inexistencia de filtros de edad efectivos, la deslocalización absoluta de los presuntos tratantes o explotadores, y la dificultad de poder seguir los flujos de dinero, supone un reto real que ha de abordarse no sólo desde lo local, sino también desde el ámbito internacional. Igualmente requiere de alianzas multisector entre lo público y lo privado a través de la colaboración de las empresas tecnológicas con las autoridades policiales, fiscales y judiciales.

Diaconía (2022) publicó un informe llamado *"Implicación e impacto de la tecnología en la trata con fines de explotación sexual"*[57] donde se presentaban las principales tendencias y brechas que supone esta nueva realidad en cuanto a la captación, explotación y control de víctimas, así como cuestiones anteriormente mencionadas. A partir de entonces, no hemos dejado de incidir sobre todas las implicaciones y retos que como sociedad debemos asumir, y la necesidad de establecer políticas públicas efectivas que aborden esta realidad.

---

56 CAPÍTULO IV. "La implicación de la tecnología de la información y de la comunicación ante el fenómeno de la trata de seres humanos". Prof. D. Pablo Fernández Alonso. *La visibilización de la trata de seres humanos desde un enfoque multidisciplinar.* Tirant lo Blanch

57 DIACONÍA (2022) *Implicación e impacto de la tecnología en la trata con fines de explotación sexual.*

Igualmente es imprescindible abordar esta realidad desde la prevención. Desde el programa #DESACTIVALATRATA de Diaconía se han desarrollado iniciativas de prevención y sensibilización en entornos digitales, dirigidas a advertir de los riesgos, peligros y dinámicas del delito, así como el papel que las redes sociales están teniendo al democratizar un marketing de la explotación sexual que busca normalizar este tipo de prácticas e incluso hacerlas deseables, como ocurre en la actualidad con plataformas como Onlyfans, que promueven un discurso proxeneta que normaliza la explotación y está atrayendo a multitud de mujeres y menores. No en vano, países tradicionalmente abolicionistas como Suecia, ha prohibido la interacción en Onlyfans al considerarla una forma de prostitución y explotación sexual (Gelis, 2025). En este sentido, y para un conocimiento más profundo se recomienda la iniciativa de sensibilización y concienciación de Diaconía llamada "The Good Agency"[58] consistente en la creación de una falsa agencia de Onlyfans Managment (OFM) que desmonta el discurso proxeneta que esconden estos supuestos emprendimientos digitales y que se basan en la distorsión del lenguaje para que la trata y la explotación sexual parezcan otra cosa. No en vano, es importante destacar que ya existen sentencias judiciales que condenan a redes de trata camufladas en este tipo de agencias, como ha ocurrido en Argentina (ESNOTA, 2023).

Por último, es relevante señalar la importancia de reconocer en la tecnología y las posibilidades que ésta ofrece, un aliado clave para la lucha contra la trata y la explotación, permitiendo el desarrollo de soluciones tecnológicas que puedan ser de utilidad para luchar contra esta lacra. Ejemplo de esto es cómo las principales unidades de investigación policial, tanto de la Policía Nacional, como de la Guardia Civil han desarrollado unidades específicas de ciber trata, especializadas específicamente en la investigación de este delito en el ámbito digital. De la misma manera, Diaconía lleva años desarrollando detección de riesgos en el ámbito digital, así como herramientas tecnológicas para prevenir la trata e interrumpir la dinámica del delito, alguna de ellas puede ser consultadas en el informe de Diaconía anteriormente mencionado.

Es, por tanto, de vital importancia que desde las políticas públicas se fomente el apoyo económico a este tipo de iniciativas y se faciliten alianzas de valor con *partners* imprescindibles en esta labor como puedan ser las empresas tecnológicas, el ámbito académico y de investigación, los medios de comunicación, etc. Por último, llamar la atención sobre el necesario abor-

[58] Diaconía (2024). Campaña The Good Agency.

daje normativo de todo lo relativo al ámbito digital tanto a nivel nacional como europeo e internacional, no sólo para prevenir el delito, sino también para poder realizar una correcta persecución de los perpetradores, de los colaboradores necesarios y para proteger a las víctimas (Fuentes, 2022).

10. CONCLUSIONES

Nuestro país ha hecho esfuerzos reales para luchar contra la trata, adhiriéndose a la normativa europea y trasponiendo las cuestiones principales en los términos propuestos, sin embargo, estos esfuerzos no son suficientes para una lucha efectiva y una protección adecuada de sus víctimas.

Esto es fruto de una dispersión normativa relativa a las políticas públicas, que carecen de rango suficiente para su aplicación de manera homogénea en cuestiones relativas a la prevención de la trata, la protección de sus víctimas, la persecución del delito y la coordinación entre los diferentes actores involucrados en la lucha contra la trata.

Necesitamos una legislación integral con rango de ley orgánica que aúne todas las acciones de lucha contra la trata (prevención, protección, persecución y cooperación) y para todas las víctimas, que no sólo resuelva esta dispersión o disparidad de acceso a derechos, sino que desarrolle nuevas dinámicas de trabajo, aborde los delitos finales tales como la prostitución o el trabajo forzado entre otros, defina formalmente el rol de cada uno de los actores implicados, incluidas las entidades especializadas de la sociedad civil, y defina las políticas públicas de protección y asistencia a víctimas, dotándolas del presupuesto necesario que permita desarrollar una red de recursos asistenciales a nivel nacional suficiente, consistente, estable y especializado.

Además, debería contener cuestiones clave como un Mecanismo Nacional de Derivación de carácter multiagencial que, de manera colegiada, pudieran encargarse de todo el proceso desde el proceso de identificación formal de víctimas, la derivación a servicios especializados de protección y asistencia integral, centralizar la información de recursos, y construir una base de datos centralizada que permitiera estudiar todo el fenómeno más allá de las estadísticas de los casos identificados o judicializados. Así mismo, esta ley debería abordar cuestiones clave como la prevención y la formación especializada a todos los agentes clave en la lucha contra la trata.

Pero la realidad es que actualmente no hay previsiones para que esta ley sea una realidad en el corto o medio plazo, por lo que es urgente acometer algunas cuestiones clave que podrían mejorar las políticas públicas para la protección de víctimas, y que tienen que ver con la garantía efectiva de acceso a derechos. Entre ellas se destaca una revisión profunda del proceso de identificación formal actual, recogida en el Protocolo Marco y que otorga de manera exclusiva a las FCSE la decisión sobre identificar a una VTSH. Recomendaciones realizadas por GRETA a España en este sentido, incluye romper esta exclusividad e integrar a otros agentes en esta decisión incluidas las entidades especializadas, así como remarcar el hecho de que la identificación formal de una víctima tiene que ser en base a motivos razonables y no a que la víctima aporte información relevante para iniciar una investigación o proceso penal, tal y como indica el Convenio de Varsovia.

Es especialmente importante tener un marco normativo claro respecto a las cuestiones que afectan las VTSH en situación administrativa irregular o en necesidad de protección internacional, siendo absolutamente necesario hacer una revisión profunda de la LOEX, así como desarrollar un reglamento de la Ley de Asilo que garantice, tal y como establece el Convenio de Varsovia, que ambos sistemas de protección son complementarios y no excluyentes. De la misma manera, ha de garantizarse a toda VTSH un permiso de residencia y trabajo no condicionado que le permita una participación social plena y segura mientras transita su proceso de recuperación y posterior a él, para evitar la revictimización.

Se hace necesario dotar a las entidades especializadas de la sociedad civil de un rol formal y establecer unas pautas claras para la acreditación o habilitación de estas entidades, con el fin de que puedan tener una participación efectiva en todo el itinerario de protección y asistencia. Esto incluye un reconocimiento oficial en tanto en cuanto están asumiendo las obligaciones del Estado en materia de protección y asistencia a VTSH. Por esta razón, es necesario que la red de recursos actual se vea ampliada, consolidada y cuente con financiación estable y suficiente para acompañar de manera adecuada a las víctimas en sus procesos de recuperación y reinserción. En este sentido, es especialmente importante que el Estado promueva y financie recursos asistenciales para VTSH diferentes a las mujeres víctimas de trata con fines de explotación sexual, es decir, para hombres, menores o mujeres que han sufrido un tipo de explotación diferente a la sexual.

Igualmente, se propone encontrar mecanismos que logren homogeneizar las brechas surgidas en el ámbito competencial y que suponen una clara disparidad en el acceso a derechos de las víctimas según en qué territorio se encuentren. Hemos visto un claro ejemplo a la hora de abordar el sistema de acreditación a víctimas de trata que gestionan las diferentes CCAA, y la disparidad de criterios en su aplicación. Es clave buscar la manera de establecer criterios comunes, especialmente cuando hablamos de víctimas de redes delictivas que en su inmensa mayoría son de carácter transnacional y que suelen tener ramificaciones en diferentes territorios del país, lo que obliga a muchas víctimas a tener que trasladarse de territorios por motivos de seguridad, perdiendo en el camino algunos derechos.

Finalmente, hay que destacar el cambio de paradigma que ha supuesto la tecnología y el ámbito digital en nuestra forma de comunicarnos y relacionarnos, y su implicación también en la dinámica delictiva, especialmente en la captación, explotación y control de las víctimas, así como en la publicidad y marketing de la explotación. El dinamismo y la rapidez del ámbito digital y la tecnología choca frontalmente con el largo tiempo que conlleva desarrollar marcos normativos consistentes para abordarlos. Esto unido al carácter global, internacional y deslocalizado del ámbito digital supone un reto a nivel normativo como nunca antes que debemos abordar con urgencia, colaboración y cooperación a nivel mundial para que esta lucha sea efectiva.

11. REFERENCIAS BIBLIOGRÁFICAS

a) Instrumentos normativos

COE Convenio nº 197 del Consejo de Europa sobre la lucha contra la trata de seres humanos del 16 de mayo de 2005. https://rm.coe.int/168008371d

Comunicación de la Comisión al Parlamento Europeo, al Consejo, al Comité Económico y Social Europeo y al Comité de las Regiones relativa al Nuevo Pacto sobre Migración y Asilo. https://eur-lex.europa.eu/resource.html?uri=cellar:85ff8b4f-ff13-11ea-b44f-01aa75ed71a1.0012.02/DOC_1&format=PDF

Directiva 2011/36/UE del Parlamento Europeo y Consejo de Europa relativa a la prevención y lucha contra la trata de seres humanos y a la protección de las víctimas. https://www.boe.es/doue/2011/101/L00001-00011.pdf

Directiva (UE) 2024/1712 del Parlamento Europeo y del Consejo, de 13 de junio de 2024, por la que se modifica la Directiva 2011/36/UE relativa a la prevención y lucha contra la trata de seres humanos y a la protección de las víctimas. https://www.boe.es/buscar/doc.php?id=DOUE-L-2024-80945

Instrucción 6/2016, de la Secretaría de Estado de Seguridad, sobre actuaciones de las Fuerzas y Cuerpos de Seguridad del Estado en la lucha contra la trata de seres humanos en la colaboración con las organizaciones y entidades con experiencia acreditada en la asistencia a las víctimas. https://rm.coe.int/esp-2-eval-report-annex-1-thb-comprehensive-plan-2015-2018/1680790618

Ley Orgánica 10/1995, de 23 de noviembre, del Código Penal. https://www.boe.es/buscar/act.php?id=BOE-A-1995-25444

Ley 12/2009, de 30 de octubre, reguladora del derecho de asilo y de la protección subsidiaria. https://www.boe.es/buscar/act.php?id=BOE-A-2009-17242

Ley 4/2015, de 27 de abril, del Estatuto de la víctima del delito. https://www.boe.es/buscar/act.php?id=BOE-A-2015-4606

Observatorio de Infancia (2017), Actuaciones para la detección y atención a víctimas de trata de seres humanos menores de edad. Ministerio de Sanidad, Servicios Sociales e Igualdad. http://www.observatoriodelainfancia.mscbs.gob.es/productos/pdf/Anexo_Protocolo_Marco_Menores_Victimas_TSH_aprobado_por_Pleno1_12_2017.pdf

Protocolo Marco de atención a víctimas de trata de seres humanos (2011). https://violenciagenero.igualdad.gob.es/wp-content/uploads/protocoloTrata.pdf

Real Decreto 557/2011, de 20 de abril, por el que se aprueba el Reglamento de la Ley Orgánica 4/2000, sobre derechos y libertades de los extranjeros en España y su integración social, tras su reforma por Ley Orgánica 2/2009.

Real Decreto-ley 6/2022, de 29 de marzo, por el que se adoptan medidas urgentes en el marco del Plan Nacional de respuesta a las consecuencias económicas y sociales de la guerra en Ucrania. https://www.boe.es/buscar/act.php?id=BOE-A-2022-4972

Reglamento (UE) 2024/1356 del Parlamento Europeo y del Consejo de 14 de mayo de 2024 por el que se introduce el triaje de nacionales de terceros países en las fronteras exteriores y se modifican los Reglamentos (CE) n.o 767/2008, (UE) 2017/2226, (UE) 2018/1240 y (UE) 2019/817. https://eur-lex.europa.eu/legal-content/ES/TXT/PDF/?uri=OJ:L_202401356

Resolución de 7 de julio de 2022, de la Secretaría de Estado de Igualdad y contra la Violencia de Género, por la que se publica el Acuerdo de la Conferencia Sectorial de Igualdad de 27 de mayo de 2022, relativo a la acreditación administrativa de la condición de víctima de trata de seres humanos y/o explotación sexual y sus Anexos I y III. https://www.boe.es/diario_boe/txt.php?id=BOE-A-2022-11630

Secretaría General de Inmigración y Emigración (SGIE), Protocolo para la detección y actuación ante posibles casos de trata de seres humanos con fines de explotación sexual, Ministerio de Empleo y Seguridad Social.

b) Bibliografía

Fuentes, A,M, (2022). "La trata de personas en entornos digitales". Revista Jurídica Valenciana nº40 (pgs. 119-139). https://www.revistajuridicavalenciana.org/wp-content/uploads/R0040_0011_06_La-trata-de-personas-en-entornos-digitales.pdf

Diaconía (2022). Implicación e impacto de la tecnología en la trata con fines de explotación sexual. https://desactivalatrata.es/3-datos-reveladores-investigacion-diaconia-tecnologia-trata/

Diaconía (2023). Informe de análisis de la situación de las víctimas de trata en necesidad de protección internacional en España. https://diaconia.es/informe-de-analisis-la-situacion-de-las-victimas-de-trata-necesidad-proteccion-internacional-espana/

Diaconía (2024). Guía de buenas prácticas en la atención a personas víctimas de trata en necesidad de protección internacional. . https://diaconia.es/guia-de-buenas-practicas-en-la-atencion-a-personas-victimas-de-trata-con-necesidad-de-proteccion-internacional/

Diaconía (2024). Campaña The Good Agency. www.thegoodagency.es

Gelis, Oscar (3 junio 2025). Hasta un año de prisión por pagar por sexo en Onlyfans: Suecia aplicará en internet su política contra la prostitución. El Diario. https://www.eldiario.es/internacional/1-ano-prision-pagar-sexo-online-onlyfans-suecia-adapta-politica-tolerancia-cero-internet_1_12348845.html

GRETA (2023). Informe de evaluación a España en la III ronda de evaluación: Acceso a la justicia y medidas efectivas para las víctimas de trata de seres humanos. https://rm.coe.int/greta-evaluation-report-on-spain-3rd-evaluation-round-greta-2023-10-ac/1680ab8d0f

Milano, V (2016). "Protección de las víctimas de trata con fines de explotación sexual: Estándares internacionales en materia de enfoque de Derechos Humanos y retos relativos a su aplicación en España". Revista electrónica de estudios internacionales. https://dialnet.unirioja.es/servlet/articulo?codigo=5819687

Milano, V (2021). "La legislación sobre trata en España: Acerca de la necesidad de abordar los vacíos legales y la fragmentación a través de un enfoque integral". La trata de mujeres y niñas con fines de explotación sexual: Sensibilización y avances en atención integral a víctimas de trata. Actas del I Congreso Internacional de Violencia de Género. UNIVERSITAS Miguel Hernández.

Miranda-Ruche, X y Villacampa, C (2021). "La atención a las víctimas de trata de seres humanos. Un análisis crítico del Protocolo Marco español desde una perspectiva comparada". Alternativas, Cuadernos de Trabajo Social. https://rua.ua.es/server/api/core/bitstreams/5fa45fe0-aec2-4a6e-af0a-ee5840af7600/content

OSCE (2004). Mecanismos Nacionales de Derivación: aunando esfuerzos para proteger los derechos de las víctimas de la trata de personas. Manual práctico. https://www.osce.org/files/f/documents/5/a/13973.pdf

Trujillo del Arco, A (2017). La trata de personas: la "trata delito" y la "trata violación de derechos humanos". Reconsideraciones sobre el concepto de trata y examen de las obligaciones de los Estados. Tesis doctoral. Instituto de Derechos Humanos Bartolomé de las Casas. https://e-archivo.uc3m.es/rest/api/core/bitstreams/0f50b3b3-3969-46cc-a1b5-8a74b2affffb/content

19 de junio de 2023. Cayó una red de trata que operaba como agencia de OnlyFans: Captaban a las víctimas bajo la promesa "sé tu propia jefa". Esnota. https://esnota.com/2023/10/19/cayo-una-red-de-trata-que-operaba-como-agencia-de-onlyfans-captaban-a-las-victimas-bajo-la-promesa-se-tu-propia-jefa/

Capítulo XII

La sociedad ante la trata de seres humanos: metodologías para medir la opinión pública sobre la trata de seres humanos

PILAR ANTOLÍNEZ-MERCHÁN
Universidad Camilo José Cela
https://orcid.org/0000-0002-9480-8902

1. INTRODUCCIÓN

La importancia de medir la opinión pública sobre la trata de seres humanos radica en varios aspectos fundamentales. En primer lugar, permite identificar lagunas en el conocimiento y conceptos erróneos sobre este problema, lo que facilita el diseño de campañas de sensibilización más efectivas. Estas campañas no solo educan al público, sino que también promueven una mayor comprensión del problema y fomentan cambios positivos en las actitudes y creencias que perpetúan la trata.

Además, la opinión pública puede influir significativamente en la formulación de políticas y legislación. Si la trata de seres humanos es percibida como un problema grave, es más probable que los legisladores actúen para fortalecer las leyes y recursos destinados a combatirla. Asimismo, medir la percepción pública permite evaluar la efectividad de las políticas y programas actuales, identificando áreas que necesitan mejoras.

En términos de prevención y protección, conocer la opinión pública ayuda a identificar comunidades o grupos particularmente vulnerables a la trata, permitiendo dirigir los esfuerzos de manera más efectiva. La percepción pública también puede guiar el diseño de intervenciones y programas que aborden las necesidades y preocupaciones específicas de la comunidad.

Finalmente, una mayor comprensión y conciencia sobre la trata de seres humanos puede generar empatía y solidaridad hacia las víctimas, facilitando su recuperación y reintegración. Además, medir y mejorar la percepción pública puede ayudar a reducir el estigma asociado con las víctimas, promoviendo un entorno más inclusivo y de apoyo. La evaluación continua de la opinión pública proporciona datos valiosos para ajustar y mejorar futuras iniciativas, y facilita la colaboración internacional en la lucha contra este problema global.

En resumen, conocer la opinión pública sobre la trata de seres humanos es esencial para diseñar intervenciones más efectivas, influir en políticas públicas, y mejorar el apoyo y la protección a las víctimas.

El objetivo principal de este capítulo es proporcionar una visión comprensiva y detallada de las metodologías utilizadas para medir la opinión pública sobre la trata de seres humanos. A través de la exploración de diversas técnicas cuantitativas y cualitativas, se busca ofrecer una guía práctica para investigadores y profesionales interesados en este campo. Los objetivos específicos son:

1. **Explorar Estudios Previos**: Revisar y analizar investigaciones anteriores sobre la opinión pública de la trata de seres humanos, identificando tendencias, hallazgos clave y lagunas en el conocimiento existente.

2. **Describir Metodologías Cuantitativas**: Presentar y explicar las metodologías cuantitativas más comunes, como encuestas, así como las escalas de medición utilizadas para evaluar la percepción pública y el análisis de contenido.

3. **Examinar Metodologías Cualitativas**: Detallar las metodologías cualitativas, incluyendo entrevistas en profundidad y grupos focales, destacando su importancia para obtener una comprensión más profunda y matizada de las opiniones y actitudes del público.

4. **Identificar Limitaciones Metodológicas**: Mostrar las diversas limitaciones metodológicas que pueden surgir en los estudios sobre la opinión pública de la trata de seres humanos.

5. **Proporcionar Recomendaciones**: Ofrecer recomendaciones prácticas para su aplicación en investigaciones futuras, con el objetivo de mejorar la precisión y efectividad de las mediciones de la opinión pública.

Estos objetivos buscan no solo informar y educar a los lectores sobre las metodologías disponibles, sino también inspirar y guiar futuras investigaciones en el campo de la trata de seres humanos.

2. ESTUDIOS SOBRE LA OPINIÓN PÚBLICA DE LA TRATA DE SERES HUMANOS

Para comprender la opinión pública sobre la trata de seres humanos, los investigadores emplean una variedad de metodologías y técnicas que permiten captar las percepciones, actitudes y conocimientos de diferentes grupos poblacionales. Entre las técnicas más comunes se encuentran las encuestas, el análisis de contenido, las entrevistas y los grupos de discusión o focus group. Cada una de estas técnicas ofrece una perspectiva única y complementaria, proporcionando una visión integral del fenómeno.

Diversos estudios han utilizado encuestas para evaluar las percepciones y conocimientos sobre la trata de personas en diferentes contextos. En Moldavia, Bogdan (2020) encontró que las poblaciones rurales tienen un conocimiento limitado sobre la trata. En EE. UU., Strohacker et al. (2021) descubrieron una falta de comprensión sobre la trata en Pensilvania, mientras que Balderas (2006) reveló que tanto estudiantes como policías en Texas consideran la trata un grave problema social. Cunningham & Cromer (2016) hallaron que el género y la aceptación de mitos influyen en la percepción de la responsabilidad de la víctima entre estudiantes universitarios. En Rusia, Buckley (2009) reveló un pesimismo generalizado sobre la capacidad del estado para abordar la trata, y en Israel, Herzog (2008) concluyó que la respuesta social y legal es percibida como indulgente. En Nigeria, Oluniyi (2012) identificó las causas de la trata entre estudiantes, y en Canadá, Wong et al. (2012) evaluaron la sensibilización de estudiantes de medicina, encontrando un conocimiento limitado sobre el tema. En Colombia, los resultados del estudio de Aceros et al (2021) indicaron que, en general, las personas tienen un buen nivel de conocimiento sobre la trata de personas, particularmente sobre las finalidades y víctimas más comunes. Persisten, sin embargo, algunos errores habituales, además de una aproximación al delito centrado en su denuncia, así como un desconocimiento sobre las rutas de asistencia a las víctimas.

El análisis de contenido ha sido otra técnica utilizada para estudiar la trata de personas. En este sentido, algunos estudios se han centrado en la representación de la trata de seres humanos por los medios de comunicación. Pajnik (2010), por ejemplo, analizó noticias en la prensa eslovena que abordan la trata para determinar cómo se enmarca el tema. Couto et al. (2012) analizaron las noticias de periódicos portugueses durante 2008 o el estudio de Dean y Changelia (2024) donde se analizan 682 artículos sobre la trata de personas en periódicos rusos desde 1997 hasta 2015. Bonilla & Mo (2019) encontraron que la opinión pública asocia principalmente la trata con la explotación sexual de mujeres extranjeras, influenciada por los mensajes mediáticos.

Las entrevistas han proporcionado una visión más profunda de las percepciones y experiencias relacionadas con la trata. Serie et al. (2017) investigaron las percepciones de los traficantes sexuales sobre la relación víctima-agresor, encontrando que muchos traficantes justifican sus acciones mediante narrativas de control y poder. En Nigeria, Okonofua et al. (2004) y en India, Pandey (2018) se centraron en las experiencias de las víctimas, revelando las múltiples formas de explotación y abuso que enfrentan. En España, Cabrera-Rodríguez & Antolínez-Merchán (2022) analizaron las percepciones de los profesionales de los medios comunicación y las entidades especializadas respecto a la cobertura de la trata de seres humanos, destacando la necesidad de una mayor formación y sensibilización. Gibbs & Strohacker (2023) y Cunha et al. (2022) se centraron en las percepciones de policías y otros profesionales, encontrando que la formación y la experiencia influyen significativamente en la capacidad de estos profesionales para identificar y apoyar a las víctimas.

Los estudios revisados muestran una tendencia generalizada de conocimiento limitado y percepciones erróneas sobre la trata de personas, especialmente en áreas rurales y entre ciertos grupos profesionales. La influencia de los medios de comunicación en la formación de opiniones públicas es significativa, perpetuando estereotipos. Además, la falta de formación adecuada entre profesionales de la salud, la policía y los medios de comunicación destaca la necesidad de programas educativos específicos. En resumen, estos hallazgos subrayan la importancia de un enfoque multifacético que combine educación, formación profesional, políticas públicas efectivas y una representación mediática responsable para abordar de manera integral el problema de la trata de personas.

3. METODOLOGÍAS CUANTITATIVAS

Las metodologías cuantitativas permiten medir la opinión pública sobre la trata de seres humanos a través de datos numéricos que pueden ser analizados estadísticamente. Estas metodologías se caracterizan por su objetividad, replicabilidad y capacidad para generalizar resultados a partir de muestras representativas. Dentro de este enfoque, destacan tres técnicas principales: las encuestas, las escalas de actitud y el análisis de contenido cuantitativo.

3.1. Encuestas y cuestionarios

La encuesta constituye una herramienta metodológica ampliamente utilizada en la investigación sobre percepciones y actitudes hacia la trata de seres humanos, especialmente en contextos educativos. Los estudios revisados emplean esta técnica para explorar el nivel de conocimiento, las creencias, los prejuicios y la disposición a actuar frente a situaciones relacionadas con la trata, particularmente entre estudiantes universitarios de diversas disciplinas.

Los cuestionarios utilizados presentan una notable diversidad en cuanto a su diseño. Algunos autores, como Welch-Brewer et al. (2021), emplean instrumentos validados como el *Perceptions, Knowledge, and Attitudes about Human Trafficking Questionnaire,* lo que garantiza una mayor fiabilidad y comparabilidad de los resultados. Otros estudios, como los de Oluniyi (2012) y Oyekanmi et al. (2024), desarrollan encuestas ad hoc adaptadas a contextos culturales específicos, lo que permite captar matices locales en la percepción del fenómeno.

En cuanto al número de ítems, los cuestionarios varían entre 15 y 50 preguntas, distribuidas en secciones temáticas que abordan: Conocimiento general sobre la trata (definiciones, tipos, actores implicados); Causas percibidas y factores de riesgo; Actitudes hacia las víctimas y los tratantes; Disposición a intervenir o denunciar; Fuentes de información y formación previa.

El tipo de preguntas incluye mayoritariamente ítems cerrados con escalas tipo Likert (de 3 a 5 puntos), preguntas dicotómicas (sí/no) y, en menor medida, preguntas abiertas para recoger opiniones cualitativas. Esta combinación permite tanto el análisis estadístico como la exploración de discursos más complejos.

La mayoría de las encuestas son autoadministradas y se aplican en formato digital o en papel, dependiendo del contexto institucional. En algunos casos, como en el estudio de Ropero-Padilla et al. (2022), se complementa la encuesta con técnicas cualitativas como grupos focales, lo que enriquece la interpretación de los datos cuantitativos.

Los estudios se centran principalmente en estudiantes universitarios de áreas como trabajo social, enfermería, medicina, justicia criminal y ciencias sociales. El muestreo es mayoritariamente no probabilístico por conveniencia, lo que responde a la accesibilidad de los participantes en entornos académicos. Algunos trabajos, como el de Balderas (2006), incorporan comparaciones entre grupos (estudiantes y policías), lo que permite identificar diferencias significativas en la percepción del fenómeno.

Para el tratamiento de los datos recogidos, varios estudios recurren al uso de software estadístico especializado. Entre los programas más utilizados se encuentran SPSS (Statistical Package for the Social Sciences), empleado en investigaciones como las de Gonçalves et al. (2020) y Salami et al. (2021). Esta herramienta permite realizar análisis descriptivos (frecuencias, medias, desviaciones estándar), pruebas de comparación de medias (t de Student, ANOVA) y análisis de correlación. En algunos casos, como en Sinha et al. (2018), se aplican análisis multivariados para explorar relaciones entre variables sociodemográficas y actitudes hacia la trata.

El uso de encuestas en este campo ofrece múltiples ventajas. En primer lugar, permite recopilar datos de manera sistemática y eficiente en poblaciones amplias, lo que facilita la identificación de patrones de conocimiento y actitud. Además, posibilita la comparación entre grupos y contextos, así como el seguimiento de cambios a lo largo del tiempo. La estandarización de los instrumentos, cuando se aplica, contribuye a la fiabilidad de los resultados y a su utilidad para el diseño de intervenciones educativas y políticas públicas. El uso de software estadístico fortalece aún más la capacidad analítica de los estudios, permitiendo una interpretación rigurosa y replicable de los datos.

En definitiva, la encuesta se consolida como una herramienta valiosa para el análisis de la opinión pública sobre la trata de seres humanos, al permitir una aproximación empírica, estructurada y comparativa a un fenómeno complejo y multidimensional.

3.2. Escalas de medición

Las escalas de actitud constituyen una herramienta metodológica clave para la medición de percepciones, creencias y predisposiciones hacia la trata de seres humanos. Su diseño y aplicación requieren el cumplimiento de ciertos criterios técnicos que garanticen la validez, fiabilidad y relevancia cultural de los datos obtenidos. En el ámbito de la investigación sobre opinión pública, estas escalas permiten captar no solo el grado de acuerdo o desacuerdo con determinadas afirmaciones, sino también la intensidad de las actitudes y su posible relación con variables sociodemográficas o contextuales.

Una de las primeras consideraciones metodológicas es el número de ítems que componen la escala. En general, se recomienda que las escalas incluyan entre 15 y 40 ítems, lo que permite un equilibrio entre la profundidad del análisis y la carga cognitiva para el participante. En este sentido, la escala desarrollada por Herrero-Villoria, Picornell-Lucas y Patiño-Alonso (2022), adaptada culturalmente al español para medir actitudes hacia la trata sexual de mujeres y niñas, consta de 15 ítems, seleccionados tras un riguroso proceso de validación lingüística y psicométrica. Por su parte, la *Sex Trafficking Attitudes Scale* (STAS), validada preliminarmente por Houston-Kolnik, Todd y Wilson (2016), incluye 22 ítems distribuidos en tres dimensiones: culpabilización de la víctima, reconocimiento del problema y empatía hacia las víctimas. En un contexto profesional, Sunny, Peck y Sonney (2023) emplearon una escala más extensa, compuesta por 40 ítems, para evaluar tanto el conocimiento como las actitudes de profesionales de enfermería pediátrica, lo que evidencia la utilidad de escalas más amplias en entornos clínicos o especializados.

El formato de respuesta más común en estas escalas es el tipo Likert, que permite medir la intensidad del acuerdo o desacuerdo con cada afirmación. La mayoría de los estudios revisados emplean escalas de cinco puntos, como es el caso de Herrero-Villoria et al. (2022) y Houston-Kolnik et al. (2016), lo que facilita la interpretación de los resultados y su comparación entre investigaciones. Este formato también contribuye a reducir la ambigüedad en las respuestas y a captar matices actitudinales relevantes.

En cuanto a las dimensiones evaluadas, una escala de actitud bien construida debe abordar múltiples aspectos del fenómeno. Entre las dimensiones más frecuentes se encuentran la culpabilización de la víctima, la empatía hacia las personas afectadas, el reconocimiento del problema, la disposición a intervenir y la percepción de la eficacia institucional. Estas dimensiones están presentes en los instrumentos revisados. Por ejemplo, la STAS incluye ítems que evalúan explícitamente la culpabilización y la empatía, mientras que la escala adaptada por Herrero-Villoria et al. (2022) incorpora elementos relacionados con la responsabilidad social y la percepción de la trata como un problema estructural. Asimismo, el cuestionario utilizado por Welch-Brewer et al. (2021), aunque más amplio en su enfoque, incluye una sección específica de actitudes que permite explorar la disposición a actuar y el apoyo a políticas públicas.

La validación psicométrica es otro aspecto fundamental. Una escala de actitud debe demostrar consistencia interna y validez estructural. Para ello, los estudios suelen aplicar análisis factoriales exploratorios y confirmatorios, así como el cálculo del alfa de Cronbach, cuyo valor debe superar el umbral de 0.70 para considerarse aceptable. En este sentido, Herrero-

Villoria et al. (2022) reportaron un alfa de Cronbach de 0.83, lo que indica una buena fiabilidad interna. De manera similar, Houston-Kolnik et al. (2016) obtuvieron valores superiores a 0.80 en las subescalas de la STAS, y confirmaron la estructura factorial del instrumento. Sunny et al. (2023), por su parte, llevaron a cabo una evaluación psicométrica completa, incluyendo análisis factorial confirmatorio, para garantizar la validez del instrumento en contextos clínicos.

En términos de aplicación, las escalas de actitud suelen administrarse de forma autoadministrada, ya sea en formato digital o en papel, y su análisis se realiza mediante software estadístico especializado como SPSS o R. Los procedimientos analíticos incluyen estadísticas descriptivas, análisis de correlación, comparaciones entre grupos (por ejemplo, según género, edad o formación previa) y regresiones múltiples para identificar predictores de actitudes. En el estudio de Welch-Brewer et al. (2021), por ejemplo, se emplearon técnicas estadísticas avanzadas para analizar la sección de actitudes del cuestionario, lo que demuestra la utilidad de integrar escalas actitudinales en diseños metodológicos más amplios.

Finalmente, dado que la trata de seres humanos es un tema altamente sensible, es imprescindible considerar aspectos éticos y contextuales en el diseño y aplicación de las escalas. Garantizar el anonimato de las respuestas, evitar formulaciones que puedan inducir culpa o estigmatización, y adaptar los ítems al contexto cultural específico son prácticas recomendadas. La adaptación realizada por Herrero-Villoria et al. (2022) constituye un ejemplo de buenas prácticas en este sentido, al incorporar una validación lingüística rigurosa y la revisión por parte de expertos en el tema.

En conjunto, las escalas de actitud ofrecen una vía robusta y sistemática para explorar la opinión pública sobre la trata de seres humanos. Su correcta construcción y validación permiten captar con precisión las creencias y predisposiciones sociales, facilitando así el diseño de intervenciones educativas, campañas de sensibilización y políticas públicas basadas en evidencia.

3.3. Análisis de contenido

El análisis de contenido es una técnica metodológica que permite examinar de forma sistemática, objetiva y replicable los mensajes comunicativos, con el fin de identificar patrones, frecuencias y relaciones entre variables. En el estudio de la representación mediática de la trata de seres humanos (TSH), esta técnica resulta especialmente útil para comprender cómo se construyen socialmente las narrativas en torno al fenómeno y qué marcos interpretativos predominan en el espacio público.

El proceso comienza con la selección de un corpus representativo, que puede variar en función del objetivo del estudio y del periodo temporal analizado. Por ejemplo, Dean y Changelia (2021) trabajaron con una muestra extensa de 682 artículos publicados entre 1997 y 2015 en medios centrales y regionales rusos, lo que les permitió observar la evolución del discurso a lo largo de casi dos décadas. En contraste, Pajnik (2007) seleccionó 147 artículos publicados en Eslovenia entre 2003 y 2005, mientras que Couto et al. (2010) analizaron 85 piezas de prensa portuguesa correspondientes al año 2008. Estas diferencias en el tamaño y alcance del corpus responden a distintas estrategias de investigación, pero en todos los casos se busca garantizar la relevancia y diversidad del material analizado.

Una vez definido el corpus, se procede a la delimitación de las unidades de análisis. En el estudio de Couto et al., dada la brevedad de los textos periodísticos, se optó por utilizar la frase como unidad mínima de codificación. Dean y Changelia, por su parte, utilizaron el artículo completo como unidad para el análisis de sentimiento (positivo, negativo o neutral), mientras que el contenido temático fue codificado a nivel de oración. Pajnik también trabajó a nivel textual, identificando marcos discursivos implícitos en los artículos.

La siguiente etapa consiste en la definición de categorías de análisis, que pueden derivarse de la literatura previa (codificación a priori) o emerger inductivamente del propio material (codificación abierta). Dean y Changelia combinaron ambos enfoques: establecieron categorías temáticas como derechos humanos, crimen organizado, migración o corrupción, y también identificaron códigos emergentes como secuestro, legislación o trabajo de ONG. Couto et al. aplicaron una estrategia inductiva, utilizando el programa informático QSR NVivo para organizar y jerarquizar las categorías. Pajnik, por su parte, identificó cuatro marcos interpretativos principales: criminalización, nacionalización, victimización y regularización, que estructuran de forma implícita la manera en que se presenta la trata en los medios eslovenos.

La codificación de los datos se realiza siguiendo criterios previamente establecidos para garantizar la coherencia y la fiabilidad del análisis. En el estudio de Dean y Changelia, la codificación fue realizada por dos investigadoras en distintos países, y se validó mediante la comparación de una muestra común de artículos y sesiones de revisión conjunta. Couto et al.

también recurrieron a un co-codificador, alcanzando un índice de fiabilidad del 0.95, lo que indica un alto grado de acuerdo entre codificadores.

Finalmente, los datos codificados pueden ser sometidos a tratamiento estadístico o análisis cualitativo, según el enfoque del estudio. Dean y Changelia aplicaron pruebas de chi-cuadrado para explorar relaciones entre variables como el tipo de encuadre, la región geográfica y el periodo temporal. En cambio, los estudios de Couto et al. y Pajnik se centraron en el análisis cualitativo de los significados y marcos discursivos, proporcionando una comprensión más profunda de las narrativas mediáticas.

El análisis de contenido ofrece ventajas significativas, como la posibilidad de trabajar con grandes volúmenes de información, la replicabilidad de los resultados y la objetividad en la interpretación. No obstante, requiere una cuidadosa definición de las categorías y una validación rigurosa del sistema de codificación para evitar sesgos. En el estudio de la trata de seres humanos, esta técnica permite observar cómo se construye socialmente el fenómeno, qué actores dominan el discurso, qué representaciones de las víctimas se promueven y qué marcos ideológicos subyacen en la narrativa colectiva.

4. METODOLOGÍAS CUALITATIVAS

Las técnicas cualitativas de investigación social se caracterizan por ser métodos de observación directa, lo que implica un contacto personal entre el investigador y el sujeto investigado. Este enfoque busca generar un discurso libre y espontáneo, centrado en:

- Creencias: Expectativas y orientaciones de valor respecto al objeto de la investigación.
- Deseos: Motivaciones internas, tanto conscientes como inconscientes.

El análisis de este discurso debe revelar relaciones de sentido en relación con el objeto de estudio. Estas relaciones solo pueden identificarse en su contexto de enunciación, es decir, en la situación de interacción personal que constituye el marco de aplicación de la técnica.

En los estudios de opinión pública, estas relaciones de sentido que emergen de las técnicas cualitativas no pueden ser capturadas por las encuestas estadísticas debido a la formalización rígida de preguntas y respuestas, y la falta de contexto de enunciación. La plenitud significativa de un discurso solo se alcanza en una situación de comunicación total.

4.1. Entrevistas semiestructuradas

Las entrevistas cualitativas constituyen una herramienta metodológica clave para explorar en profundidad las percepciones, actitudes y experiencias relacionadas con la trata de seres humanos. Esta técnica permite acceder a significados subjetivos, discursos complejos y dinámicas sociales que no siempre son captadas por los métodos cuantitativos. En los estudios revisados, se observa una amplia diversidad en cuanto a los perfiles de los participantes, los tipos de entrevistas empleadas, el número de entrevistas realizadas y los temas abordados.

En cuanto a la población objetivo, los estudios se dirigen a distintos actores clave en la comprensión y abordaje del fenómeno. Algunos trabajos se centran en profesionales del ámbito sanitario, como médicos, enfermeras, matronas y estudiantes de enfermería (Jacobson et al., 2022; Ropero-Padilla et al., 2022; Ruiz-González et al., 2022), mientras que otros exploran las percepciones de profesionales del sistema judicial y policial, como jueces, fiscales o agentes de policía (Cunha et al., 2022; Murnan et al., 2024). También se incluyen estudios dirigidos a actores del tercer sector y organizaciones gubernamentales y no gubernamentales (Nguyen & Le, 2021; Stoklosa et al., 2022), así como investigaciones centradas en víctimas o sobrevivientes de trata, con especial atención a sus procesos de reintegración y experiencias vividas (Pandey, 2018; Okonofua et al., 2004). Finalmente, algunos estudios abordan las percepciones de educadores y personal escolar (Rizo et al., 2021), o incluso de traficantes condenados, lo que aporta una perspectiva poco habitual pero relevante (Serie et al., 2017).

Respecto al tipo de entrevistas, la mayoría de los estudios emplean entrevistas semiestructuradas, lo que permite mantener una guía temática común sin limitar la espontaneidad y profundidad de las respuestas. Algunos trabajos complementan esta técnica con grupos focales (Ropero-Padilla et al., 2022), especialmente cuando se busca fomentar la interacción entre participantes y explorar discursos colectivos. En términos de cantidad, el número de entrevistas varía considerablemente entre estudios, oscilando entre 10 y 40 entrevistas individuales, dependiendo del diseño metodológico, la accesibilidad a los participantes y los objetivos específicos de la investigación.

En cuanto al número de preguntas, los guiones de entrevista suelen incluir entre 8 y 20 preguntas abiertas, organizadas en torno a ejes temáticos claramente definidos. Estos ejes incluyen, entre otros: el nivel de conocimiento sobre la trata de seres humanos, las actitudes hacia las víctimas y los perpetradores, las experiencias profesionales en la identificación y atención de casos, las percepciones sobre la eficacia de las políticas públicas, y las barreras institucionales o estructurales que dificultan la intervención.

Los temas abordados reflejan la complejidad del fenómeno y varían según el perfil de los participantes. Por ejemplo, en estudios con profesionales de la salud, se exploran aspectos como la formación recibida, la detección de señales de trata en contextos clínicos y la coordinación interinstitucional (Jacobson et al., 2022; Ruiz-González et al., 2022). En investigaciones dirigidas a actores judiciales o policiales, se analizan las percepciones sobre la credibilidad de las víctimas, los estereotipos de género y raza, y las limitaciones del sistema legal (Cunha et al., 2022; Murnan et al., 2024). En el caso de las víctimas, los estudios se centran en sus trayectorias vitales, los procesos de victimización y reintegración, y las estrategias de afrontamiento (Pandey, 2018; Okonofua et al., 2004).

En conjunto, estos estudios demuestran la riqueza y versatilidad de las entrevistas cualitativas como herramienta para captar la complejidad de la opinión pública y las experiencias relacionadas con la trata de seres humanos. Su aplicación permite no solo comprender mejor las percepciones individuales y colectivas, sino también identificar vacíos institucionales, necesidades formativas y oportunidades de mejora en las políticas de prevención, atención y reintegración.

4.2. Grupos focales

El grupo focal o focus group es una técnica cualitativa que permite reconstruir el sentido social de un fenómeno a través de una situación discursiva grupal. A diferencia de las entrevistas individuales, esta metodología no se centra en las experiencias personales aisladas, sino en la producción colectiva de un discurso social. Mediante la interacción entre los participantes, estimulada por el moderador, se generan representaciones compartidas que reflejan ideologías, actitudes y marcos culturales propios de los grupos sociales convocados.

En el contexto del estudio de la trata de seres humanos, los grupos focales han sido empleados para explorar las percepciones, conocimientos y actitudes de futuros profesionales de la salud, particularmente estudiantes de enfermería. Los estudios de Ropero-Padilla et al. (2022) y Shue-McGuffin y Jordan (2024) aplican esta técnica para analizar cómo los estudiantes de enfermería de la Universidad de Almería, en el primer caso y de la Universidad de Carolina del Norte en el segundo, identifican y abordan casos de trata en contextos clínicos, así como las barreras y necesidades formativas que enfrentan.

Ambos estudios diseñaron sus grupos de discusión considerando criterios de homogeneidad interna —en este caso, estudiantes del mismo ámbito profesional— para favorecer la comunicabilidad, y al mismo tiempo, promovieron la diversidad de experiencias dentro del grupo para enriquecer el discurso. En el estudio de Ropero-Padilla et al., se organizaron 11 grupos focales con entre 8 y 11 participantes cada uno tras una simulación clínica, mientras que Shue-McGuffin y Jordan realizaron dos sesiones grupales como parte de una intervención educativa. En ambos casos, el tamaño de los grupos se mantuvo dentro del rango óptimo (5 a 10 personas), lo que facilitó una dinámica fluida y participativa.

Los guiones de discusión incluyeron entre 8 y 12 preguntas abiertas, estructuradas en torno a ejes temáticos como el conocimiento previo sobre la trata de personas, la capacidad percibida para identificar señales de alerta, las experiencias clínicas relacionadas, las barreras institucionales y personales para intervenir, y las expectativas respecto a la formación profesional. La dinámica grupal permitió que los participantes reconstruyeran discursivamente el objeto de estudio a partir de sus vivencias, generando un campo semántico compartido que reveló tanto convergencias como tensiones en sus representaciones.

Desde el punto de vista metodológico, estos estudios se apoyan en una muestra estructural, es decir, no estadística, sino basada en relaciones sociales relevantes para el objeto de estudio. En este caso, se seleccionaron estudiantes de enfermería como grupo social clave en la detección e intervención en casos de trata, dada su posición estratégica en el sistema de salud.

El uso de grupos focales presenta varias ventajas metodológicas. En primer lugar, permite acceder a un discurso social grupal, es decir, a representaciones colectivas que emergen de la interacción entre los participantes. Esta característica es especialmente útil para identificar lugares comunes, consensos y tensiones en torno a un fenómeno socialmente complejo como la trata de seres humanos. Además, la técnica favorece la reflexión crítica y el aprendizaje mutuo entre los participantes, lo que puede enriquecer tanto el contenido como la profundidad del análisis. También permite observar cómo se construyen y negocian las opiniones en tiempo real, lo que aporta una dimensión dinámica al estudio de las actitudes y creencias.

En suma, los grupos focales se revelan como una herramienta metodológica valiosa para captar las representaciones sociales compartidas sobre la trata de seres humanos, especialmente en contextos formativos. Su aplicación permite no solo identificar carencias y necesidades, sino también comprender cómo se articulan los discursos colectivos que configuran la respuesta institucional y profesional ante este fenómeno.

5. LIMITACIONES METODOLÓGICAS DE LOS ESTUDIOS DE LA OPINIÓN PÚBLICA SOBRE LA TRATA DE SERES HUMANOS

Los estudios cuantitativos, especialmente aquellos basados en encuestas, presentan diversas limitaciones metodológicas que deben ser consideradas tanto en la planificación de nuevas investigaciones como en la interpretación crítica de sus resultados. Una de las principales es la representatividad de la muestra, que puede verse comprometida cuando se trabaja con colectivos específicos, como estudiantes universitarios, cuyos perfiles no reflejan necesariamente a la población general. Por ejemplo, en el estudio de Wong et al. (2011), la muestra se limitó a una única facultad de medicina en Canadá, lo que impide generalizar los resultados a todos los estudiantes de medicina del país. Asimismo, en investigaciones como las de Gonçalves et al. (2020), Salami et al. (2022) y Kenny et al. (2023), la predominancia de mujeres en la muestra puede sesgar los resultados, al igual que en el estudio de Herrero-Villoria et al. (2022), donde la mayoría de los participantes eran españoles, excluyendo otras nacionalidades relevantes.

Otra limitación frecuente es el diseño muestral no probabilístico, que puede introducir sesgos de selección. En el estudio de Cunningham y Cromer (2016), los participantes se autoseleccionaron, lo que probablemente atrajo a personas con mayor interés en el tema, reduciendo la representatividad. De forma similar, Kenny et al. (2023), la muestra se centró en estudiantes de una única institución al servicio de la comunidad hispana en el sureste de los Estados Unidos. Además, el tamaño de muestra reducido, como en el estudio de Oyekanmi, Taiwo y Shittu (150 jóvenes), limita la capacidad de generalizar los hallazgos a toda la población juvenil del estado de Ogun.

En cuanto a la validez de los datos, las encuestas en línea presentan riesgos como la duplicación de respuestas, especialmente cuando se utilizan enlaces públicos, como ocurrió en el estudio de Sinha et al. (2019). También es común la deseabilidad social, donde los encuestados responden de forma que consideran socialmente aceptable, lo que puede distorsionar los resultados. A esto se suma la comprensión limitada de las preguntas, que puede afectar la calidad de las respuestas, especialmente en temas complejos como la trata de seres humanos.

Otra limitación importante es la superficialidad de los datos obtenidos. Las encuestas estructuradas y los cuestionarios cerrados restringen la profundidad de las respuestas, impidiendo captar matices importantes en las percepciones del público. Por ejemplo, en el estudio de Kenny et al. (2023), se omitieron mitos comunes sobre la trata laboral frente a la trata sexual, lo que limita la comprensión integral del fenómeno. Además, los diseños transversales predominantes no permiten analizar cambios en las actitudes a lo largo del tiempo ni establecer relaciones causales entre variables.

A pesar de sus contribuciones, los estudios que emplean escalas de actitud presentan varias limitaciones metodológicas. En primer lugar, la mayoría utiliza diseños transversales y muestras no probabilísticas, lo que restringe la generalización de los resultados. Además, estas escalas suelen aplicarse en contextos educativos o profesionales muy específicos —como una universidad concreta o un grupo profesional determinado—, lo que reduce su aplicabilidad a otras poblaciones. Otra limitación importante es la fiabilidad moderada de algunos constructos, especialmente en las dimensiones de conocimiento, lo que sugiere la necesidad de revisar y mejorar los ítems. Aunque algunos estudios incluyen análisis factorial confirmatorio, otros se limitan a análisis exploratorios, dejando pendiente la validación estructural completa de las escalas. Finalmente, pocos estudios evalúan la sensibilidad al cambio, es decir, la capacidad de las escalas para detectar mejoras tras intervenciones educativas, lo cual es esencial para su uso en programas de formación.

Respecto al análisis de contenido, una de las principales limitaciones es la posible reducción de la complejidad del lenguaje. Al codificar los mensajes en categorías cuantificables, se corre el riesgo de simplificar en exceso el contenido, perdiendo matices importantes como la ironía, el sarcasmo, las ambigüedades o las referencias culturales implícitas. Esto puede afectar la interpretación del mensaje original y limitar la profundidad del análisis.

Otra dificultad importante es la subjetividad en la codificación. Aunque el análisis de contenido busca ser sistemático y objetivo, la interpretación de los textos puede variar entre codificadores, especialmente si las categorías no están claramente definidas o si el proceso de formación no es riguroso. Esta variabilidad puede comprometer la fiabilidad y la validez de los resultados. Aunque algunos estudios combinan enfoques deductivos e inductivos, como en el caso de Dean y Changelia (2021), o aplican estrategias basadas en la teoría fundamentada, como Couto et al. (2010), la construcción de categorías puede estar influida por los marcos teóricos y sesgos del equipo investigador. Otra limitación relevante es la dependencia de la fiabilidad intercodificador. Si bien Dean y Changelia (2021) y Couto et al. (2010) implementaron procedimientos rigurosos de validación, como la codificación cruzada y el cálculo de índices de acuerdo, esta práctica no siempre se aplica de forma sistemática, lo que puede comprometer la consistencia de los resultados.

Los estudios cualitativos, por su parte, también enfrentan limitaciones metodológicas. La generalización de los resultados es limitada debido al uso de muestras pequeñas y no representativas. Sin embargo, su valor reside en la profundidad y riqueza del discurso, así como en su capacidad para revelar estructuras ideológicas y formaciones discursivas que atraviesan a los grupos sociales. Además, la subjetividad en la interpretación de los datos puede introducir sesgos personales, afectando la objetividad de los hallazgos. En los grupos focales también nos podemos encontrar la posible inhibición del discurso en contextos donde existen jerarquías, desigualdades o relaciones de poder entre los participantes. Por ello, es fundamental cuidar la composición del grupo y evitar combinaciones socialmente no comunicables (por ejemplo, supervisores y subordinados, o víctimas y profesionales). Asimismo, la presión del grupo puede llevar a la conformidad o a la autocensura, lo que limita la expresión de opiniones divergentes.

6. CONCLUSIONES Y RECOMENDACIONES

Este capítulo ha abordado de manera integral las metodologías empleadas para medir la opinión pública sobre la trata de seres humanos, destacando tanto enfoques cuantitativos como cualitativos. Las encuestas y cuestionarios estructurados, ampliamente utilizados en investigaciones sociales, permiten obtener datos de grandes muestras y realizar análisis estadísticos robustos. No obstante, presentan limitaciones en cuanto a la profundidad de la información obtenida y la representatividad de ciertos segmentos poblacionales. Por su parte, las entrevistas en profundidad y los grupos focales ofrecen una comprensión más rica y matizada de las percepciones individuales, aunque su capacidad de generalización es limitada debido al tamaño reducido de las muestras y a la subjetividad inherente al análisis cualitativo.

Para mejorar la calidad, validez y utilidad de los estudios sobre la opinión pública en torno a la trata de seres humanos, es fundamental adoptar un enfoque metodológico riguroso y adaptado a la complejidad del fenómeno. A continuación, se presentan una serie de recomendaciones generales que pueden aplicarse a distintos tipos de estudios, con indicaciones específicas según corresponda a metodologías cuantitativas, cualitativas o mixtas.

En primer lugar, se recomienda ampliar y diversificar las muestras utilizadas en los estudios, especialmente en investigaciones cuantitativas como encuestas o análisis de contenido. Incluir participantes de diferentes regiones, contextos socioeconómicos, niveles educativos y grupos demográficos mejora la representatividad de los resultados y permite captar una mayor diversidad de percepciones.

Otra estrategia clave es el diseño longitudinal, que permite observar cómo evolucionan las actitudes y percepciones a lo largo del tiempo. Esta aproximación puede aplicarse tanto en estudios cuantitativos como cualitativos.

El uso de métodos mixtos —combinando encuestas, entrevistas en profundidad, grupos focales y análisis de contenido— permite integrar la amplitud de los datos cuantitativos con la profundidad interpretativa de los enfoques cualitativos. Esta combinación enriquece la comprensión del fenómeno y permite validar los resultados desde múltiples perspectivas.

La triangulación de datos es otra práctica recomendable, ya que fortalece la credibilidad de los hallazgos al contrastar información obtenida por diferentes métodos o fuentes. Por ejemplo, los resultados de una encuesta pueden complementarse con el análisis de contenido de medios de comunicación o con testimonios recogidos en entrevistas.

En estudios que utilicen escalas de actitud o instrumentos psicométricos, es fundamental seguir un proceso riguroso de diseño, validación y análisis estadístico. Esto incluye la generación de ítems a partir de enfoques teóricos y empíricos, la validación de contenido mediante expertos y población objetivo, la realización de pruebas piloto, y el análisis factorial para asegurar la estructura interna del instrumento. La reducción de ítems debe equilibrar la brevedad con la fiabilidad, y la redacción debe ser clara, neutral y culturalmente adecuada.

Se recomienda realizar una prueba piloto del cuestionario con una pequeña muestra representativa antes de su aplicación definitiva. Esta prueba permite verificar la comprensión de las preguntas, la estructura lógica del cuestionario y la adecuación de las preguntas filtro. Además, proporciona información sobre el porcentaje de no respuesta, la idoneidad del marco muestral, la variabilidad de la población, la preparación de los entrevistadores y el coste estimado del trabajo de campo, tanto en tiempo como en recursos.

En el ámbito cualitativo, se sugiere estandarizar las unidades de análisis y los guiones de entrevista o discusión, así como documentar detalladamente los procesos de codificación y análisis. La formación de los investigadores en técnicas de análisis cualitativo es esencial para reducir la subjetividad y aumentar la fiabilidad de los resultados.

En el caso de los grupos focales, es importante cuidar la composición de los grupos para evitar relaciones jerárquicas o de poder que puedan inhibir la expresión libre de los participantes. Se recomienda evitar combinaciones socialmente no comunicables (por ejemplo, supervisores y subordinados, o víctimas y profesionales) y fomentar un entorno seguro y horizontal que favorezca la participación equitativa.

El uso de tecnología avanzada también puede mejorar la eficiencia y precisión de la recolección y análisis de datos. Herramientas como plataformas de encuestas en línea o software de análisis cualitativo (como NVivo o Atlas.ti) pueden facilitar el procesamiento de grandes volúmenes de información, especialmente en el análisis de contenido digital.

Además, se sugiere fomentar la colaboración interdisciplinaria entre investigadores de distintas áreas (sociología, criminología, psicología, comunicación, derecho, etc.) y con organizaciones que trabajen directamente en la lucha contra la trata. Esta colaboración enriquece el enfoque metodológico y facilita el acceso a recursos y poblaciones clave.

Finalmente, es esencial promover la formación continua de los equipos de investigación en nuevas metodologías, técnicas de análisis y enfoques éticos. Esto garantiza la actualización constante de las prácticas investigativas y refuerza la calidad de los estudios.

Implementar estas estrategias puede ayudar a superar las limitaciones identificadas y mejorar la calidad y validez de los estudios sobre la opinión pública en torno a la trata de seres humanos, proporcionando datos más robustos y útiles para la toma de decisiones y la implementación de políticas públicas inclusivas y basadas en evidencia.

7. REFERENCIAS BIBLIOGRÁFICAS

Aceros, J., Duque, T., Monsalve, Y. A., & Silva, A. (2021). Percepción pública de la trata de personas. Lecciones para la acción estatal y ciudadana en la prevención de la trata de personas en Santander. *Revista Estudios Socio*-Jurídicos, *23 (2)*, 243-272. https://doi.org/10.12804/revistas.urosario.edu.co/sociojuridicos/a.9454

Balderas, M. D. C. (2006). *Human trafficking: A comparative analysis of the perceptions of college students and police officers* (Doctoral dissertation). Retrieved from the University of Texas at Arlington, ProQuest Dissertations and Theses.

Bogdan, L. (2020). Public perception of human trafficking: a case study of Moldova. *Comparative Migration Studies, 8, 42.* https://doi.org/10.1186/s40878-020-00201-5

Bonilla, Tabitha & Mo, Cecilia Hyunjung (2019). The evolution of human trafficking messaging in the United States and its effect on public opinion, *Journal of Public Policy, Cambridge University Press, vol. 39(2),* pages 201-234, June. https://doi.org/10.1017/S0143814X18000107

Buckley, M. (2009). Public Opinion in Russia on the Politics of Human Trafficking. *Europe-Asia Studies, 61*(2), 213–248. http://www.jstor.org/stable/27752227

Cabrera-Rodríguez, E., & Antolínez-Merchán, P. (2022). Invisibilised human rights: Trafficking in human beings in the media in Spain. [Derechos humanos invisibilizados: La trata de seres humanos en los medios de comunicación en España]. *Comunicar, 73,* 107-118. https://doi.org/10.3916/C73-2022-09

Couto, D., Machado, C., Martins, C y Gonçalves, R. A., (2012) The media construction of human trafficking in the Portuguese press. *Analise Psicologica, Volumen 30,* Issue 1-2 Pág. 231-246. https://doi.org/ 10.14417/ap.551

Cunha, A., Gonçalves, M. & Matos, M. (2022). Exploring Perceptions of Portuguese Police about Human Trafficking Victims and Perpetrators. *Crime Law Soc Change* **77**, 253–273. https://doi.org/10.1007/s10611-021-09991-w

Cunningham, K. C., & Cromer, L. D. (2016). Attitudes About Human Trafficking: Individual Differences Related to Belief and Victim Blame. *Journal of interpersonal violence, 31*(2), 228–244. https://doi.org/10.1177/0886260514555369

Dean, L.A., Changelia, K. (2024). The Social Construction of Human Trafficking Victims in the Russian Media. *Eur J Crim Policy Res.* https://doi.org/10.1007/s10610-024-09590-0

De Shalit, A., Roots, K., & van der Meulen, E. (2021). Knowledge Mobilization by Provincial Politicians: The United Front against Trafficking in Ontario, Canada. *Journal of Human Trafficking, 9*(4), 568–586. https://doi.org/10.1080/23322705.2021.1934370

Esparza Velandia, M.; Rojas Galvis, M.A.; Aceros, J.C. & Ramírez Gómez, E. (2024). Perceptions of human trafficking in impoverished contexts: An analysis of frameworks. *Rev. Crim. [online], vol.66,* n.3, pp.111-127. https://doi.org/10.47741/17943108.665.

Gibbs, J.C. & R Strohacker, E.R. (2023). Prostitution, renamed? Police perceptions of human trafficking, *Policing: A Journal of Policy and Practice*, Volume 17, paad093, https://doi.org/10.1093/police/paad093

Gonçalves, M., Monteiro, I., & Matos, M. (2020). Trafficking in Human Beings: Knowledge of Portuguese College Students. *Journal of Human Trafficking*, *6*(4), 467–479. https://doi.org/10.1080/23322705.2019.1631622

Herrero-Villoria, C., Picornell-Lucas, A., & Patino-Alonso, C. (2022). Cultural Adaptation and Validation into Spanish of the Scale to Measure Attitudes Towards the Sex Trafficking of Women and Girls in Students of the University of Salamanca. *Violence against women*, *28*(12-13), 3242–3265. https://doi.org/10.1177/10778012211038971

Herzog, S. (2008). The lenient social and legal response to trafficking in women: An empirical analysis of public perceptions in Israel. *Journal of Contemporary Criminal Justice, 24,* 314-333. https://doi.org/10.1177/104398620831822

Houston-Kolnik, J. D., Todd, N. R., & Wilson, M. (2016). Preliminary Validation of the Sex Trafficking Attitudes Scale. *Violence against women*, *22*(10), 1259–1281. https://doi.org/10.1177/1077801215621178

Jacobson, D., Mason, R., Bruder, R., & Du Mont, J. (2022). A protocol for a qualitative study on sex trafficking: Exploring knowledge, attitudes, and practices of physicians, nurses, and social workers in Ontario, Canada. *PloS one*, *17*(9), e0274991. https://doi.org/10.1371/journal.pone.0274991

Kenny, M. C., Helpingstine, C., & Borelus, T. (2023). Conspiracy Theories of Human Trafficking: Knowledge and Perceptions Among a Diverse College Population. *Journal of Human Trafficking*, 1–15. https://doi.org/10.1080/23322705.2023.2225367

Murnan, A., England, G., Matthews, C., Boch, S., Qasem, I., Bates, S., & Manchak, S. (2024). *"They Don't Give a Damn About Us"*: A Qualitative Study on Experiences and Perceptions Underlying Racial Disparities in Sex Trafficking Specialty Docket Programs. *Journal of Human Trafficking*, 1–15. https://doi.org/10.1080/23322705.2024.2321091

Nguyen, O. & Le, T. (2021) Perceptions of governmental and nongovernmental actors of human trafficking victims: The case of Vietnam. International Journal for Crime, Justice and Social Democracy 10(2): 127-139. https://doi.org/10.5204/ijcjsd.1559

Okoli, N., & Idemudia, U. (2020). Survivor's Perceptions of Human Trafficking Rehabilitation Programs in Nigeria: Empowerment or Disempowerment? *Journal of Human Trafficking*, *8*(2), 211–229. https://doi.org/10.1080/23322705.2020.1777382

Okonofua, F. E., Ogbomwan, S. M., Alutu, A. N., Kufre, O., & Eghosa, A. (2004). Knowledge, attitudes and experiences of sex trafficking by young women in Benin City, South-South Nigeria. *Social Science & Medicine, 59,* 1315-1327. https://doi.org/10.1016/j.socscimed.2004.01.010

Oluniyi, O. (2012). Students' perception of the relative causes of human trafficking in Nigeria. *Mediterranean Journal of Social Sciences, 3(3)*, 493–498. https://doi.org/10.5901/mjss.2012.v3n3p493

Oyekanmi, O.O., Taiwo, O.N., & Shittu, G.S. (2024). Students' Perception of Human Trafficking Among Youths in Ogun State. *International Journal of Research and Innova-*

tion in Social Science (IJRISS), vol. 8(7), pages 397-412. https://dx.doi.org/10.47772/IJRISS.2024.807034

Pajnik, M. (2010). Media Framing of Trafficking. *International Feminist Journal of Politics, 12*(1), 45–64. https://doi.org/10.1080/14616740903429114

Pandey, S. (2018) Reintegration as an end of Trafficking Ordeal: A Qualitative Investigation of Victims' Perceptions. *International Journal of Criminal Justice Sciences Vol 13* Issue 2. 447-480. https://doi.org/110.5281/zenodo.2658088

Raker K. A. (2023). An examination of nurse educators' Knowledge, Attitudes, Instructional Beliefs, and Instructional Practices of human trafficking. *Journal of professional nursing: official journal of the American Association of Colleges of Nursing, 47,* 35–45. https://doi.org/10.1016/j.profnurs.2023.04.002

Rizo, C. F., Klein, L. B., Chesworth, B. R., Franchino-Olsen, H., Villodas, M. L., Macy, R. J., & Martin, S. L. (2021). Educating students about sex trafficking and responding to students' needs: Principals' perceptions and practices. *Journal of Human Trafficking,* 7(2), 202-223. https://doi.org/10.1080/23322705.2019.1698922

Ropero-Padilla, C., Rodríguez-Arrastia, M., Molina-Torres, G., Márquez-Hernández, V. V., Gutiérrez-Puertas, L., Aguilera-Manrique, G., Rodríguez-García, M. C., & Roman, P. (2022). Nursing students' perceptions of identifying and managing sex trafficking cases: A focus group study. *Journal of nursing management, 30*(6), 1540–1548. https://doi.org/10.1111/jonm.13486

Ruiz-Gonzalez, C., Roman, P., Benayas-Perez, N., Rodriguez-Arrastia, M., Ropero-Padilla, C., Ruiz-Gonzalez, D., & Sanchez-Labraca, N. (2022). Midwives' experiences and perceptions in treating victims of sex trafficking: A qualitative study. *Journal of advanced nursing, 78*(7), 2139–2149. https://doi.org/10.1111/jan.15165

Salami, T., Babu, J., & Hari, C. (2021). Criminal Justice Students' Perceptions of Human Trafficking Victims: Assessing Bias and Helping Behavior. *Journal of Criminal Justice Education, 33*(1), 93–109. https://doi.org/10.1080/10511253.2021.1952287

Serie, C. M. B., Krumeich, A., van Dijke, A., de Ruiter, E., Terpstra, L., & de Ruiter, C. (2017). Sex Traffickers' Views: A Qualitative Study into Their Perceptions of the Victim–Offender Relationship. *Journal of Human Trafficking, 4*(2), 169–184. https://doi.org/10.1080/23322705.2017.1337439

Shue-McGuffin KD, Jordan KS. (2024) Improving Nurse Practitioner Students' Knowledge and Confidence in the Identification and Management of Human Trafficking Victims. *Adv Emerg Nurs* 01;46(2):158-168. https://doi.org/10.1097/TME.0000000000000515

Sinha, R., Tashakor, E., & Pinto, C. (2018). Identifying Victims of Human Trafficking in Central Pennsylvania: A Survey of Health-Care Professionals and Students. *Journal of Human Trafficking, 5*(2), 165–175. https://doi.org/10.1080/23322705.2018.1448956

Stoklosa, H., Alhajji, L., Finch, L., Williams, S., Prakash, J., Sfakianaki, A. K., Duthely, L. M., & Potter, J. E. (2022). "Because the resources aren't there, then we fail. We fail as a society": A Qualitative Analysis of Human Trafficking Provider Perceptions of Child Welfare Involvement among Trafficked Mothers. *Maternal and child health journal, 26*(3), 623–631. https://doi.org/10.1007/s10995-021-03342-w

Strohacker, E., Gibbs, J. C., & Woolford, S. (2021). Pennsylvanians' Perceptions of the Nature and Extent of Human Trafficking. *Journal of Human Trafficking, 9*(2), 212–228. https://doi.org/10.1080/23322705.2021.1898249

Sunny, C. E., Peck, J. L., & Sonney, J. (2023). Pediatric Nurse Practitioner Knowledge of and Attitudes Toward Human Trafficking: A Psychometric Evaluation. *Journal of pediatric health care: official publication of National Association of Pediatric Nurse Associates & Practitioners, 37*(3), e6–e15. https://doi.org/10.1016/j.pedhc.2023.02.001

Welch-Brewer, C.L., Nsonwu, M., Busch-Armendariz, N., & Heffron, L.C. (2021). Perceptions, Knowledge, and Attitudes about Human Trafficking Questionnaire: Extending Its Utility with Social Work Students. *Social Work Research.* Volume 45, Issue 4, Pages 257–268. https://doi.org/10.1093/swr/svab018

Wong, J. C., Hong, J., Leung, P., Yin, P., & Stewart, D. E. (2011). Human trafficking: an evaluation of Canadian medical students' awareness and attitudes. *Education for health (Abingdon, England), 24*(1), 501.